Japanisch
ohne Mühe
Band 1

Die Methode für jeden Tag

Japanisch
ohne Mühe
Band 1

VON

Toshiko MORI
&
Catherine GARNIER

Deutsche Übersetzung und Bearbeitung von
Dorothea McEwan

Zeichnungen von J.-L. Goussé

Der Sprachverlag
Körnerstrasse 12 HH
50823 Köln
Deutschland

© Assimil 1990/2014   ISBN 978-2-7005-0150-6

Der Assimil-Verlag bietet folgende Sprachkurse an:

Grundkurse Niveau A1–B2 / Reihe "ohne Mühe"

Amerikanisch • Arabisch • Brasilianisch • Bulgarisch
Chinesisch • Chinesische Schrift • Dänisch
Deutsch (als Fremdsprache) • Englisch • Finnisch
Französisch • Griechisch • Hindi • Indonesisch
Italienisch • Japanisch • Kanji-Schrift • Koreanisch
Kroatisch • Latein • Luxemburgisch • Niederländisch
Norwegisch • Persisch • Polnisch • Portugiesisch
Rumänisch • Russisch • Schwedisch • Spanisch
Thai • Tschechisch • Türkisch • Ungarisch
Vietnamesisch

Vertiefungskurse Niveau B2–C1 / Reihe "in der Praxis"
Englisch • Französisch • Italienisch • Spanisch

Weitere Sprachkurse in Vorbereitung

... Aktuelles und weitere Infos unter www.AssimilWelt.com

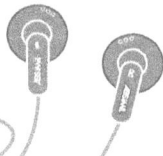

Die Tonaufnahmen
mit den fremdsprachigen Texten aller Lektionen und Verständnisübungen aus diesem Kurs – insgesamt 300 Min. Spieldauer – können Sie im Internet oder bei Ihrem Buchhändler bestellen: **日本語 (Japanisch)**

Band 1 = 3 Audio-CDs – 120 Min.   ISBN 978-3-89625-148-0
1 MP3-CD – 120 Min.   ISBN 978-3-89625-112-1
Band 2 = 4 Audio-CDs – 180 Min.   ISBN 978-3-89625-149-7

VORWORT

Die japanische Sprache hat ca. 127 Mio. Sprecher in Japan sowie in Brasilien und den USA, wo die Nachfahren japanischer Emigranten eine größere Sprechergruppe bilden.

Die Sprache zeichnet sich vor allem durch ihr komplexes Schriftsystem aus; es ist eine Mischung aus chinesischen Schriftzeichen (Kanji), bei denen jedem Zeichen eine Bedeutung zugeordnet werden kann, und den Silbenschriften Hiragana (für den indigenen Wortschatz) und Katakana (für Personen- und Ortsnamen sowie neuere Lehnwörter), bei denen es sich um reine Silbenalphabete mit je 46 Grundsilben handelt. Das heißt, daß jedes Wort im Japanischen grundsätzlich in einem der beiden Systeme geschrieben und gelesen werden kann. Außerdem gibt es ein lateinisches Alphabet, in Japan als Rōmaji bezeichnet (wobei es innerhalb des Rōmaji noch die drei anerkannten Transkriptionssysteme Hepburn, Nippon und Kunrei gibt). Mit der Schrift wurden auch viele chinesische Begriffe ins Japanische übernommen.

Das Japanische hat einen melodischen Akzent, bei dem die Betonung durch eine Veränderung der Tonhöhe erfolgt. Jedoch ist Japanisch keine Tonsprache wie z.B. das Chinesische, da Wörter keinen festgelegten, bedeutungstragenden Ton besitzen. Sein Silbenvorrat liegt bei rund 150 Silben.

VI

Was die Struktur des Japanischen betrifft, so ist es eine agglutinierende Sprache, d.h., sie besitzt eine Vielzahl von grammatischen Suffixen, deren Funktion mit den Flexionen, Präpositionen und Konjunktionen der europäischen Sprachen vergleichbar ist. Im Gegensatz zum Deutschen werden japanische Nomen nicht dekliniert; ebenso gibt es keine grammatischen Geschlechter, Artikel, Pluralformen und Kasus.

INHALT

Vorwort V
Japanisch ohne Mühe mit Assimil IX
Passive und aktive Phase X
Aufbau der Lektionen XI
Arbeitsweise XIV
Hinweise zu Satzstruktur und Grammatik XV
Die Aussprache des Japanischen XVI
Die japanische Schift XVIII

VERZEICHNIS DER LEKTIONEN

1 Schnell! 1
2 Die Picasso-Ausstellung 5
3 Das Frühstück 9
4 Am Zoll 13
5 Einkäufe 17
6 Der Turm von Tokio 23
7 Wiederholung und Anmerkungen 27
8 Das Kino 31
9 Im Chinarestaurant 37
10 Das Fernsehen 43
11 Der Morgen 49
12 Im Kaffeehaus 53
13 Die Verabredung 59
14 Wiederholung und Anmerkungen 65
15 Sich vorstellen 69
16 Sonntag 75
17 Der Flohmarkt 81
18 In der Buchhandlung 87
19 Das Konzert 93
20 Rauchen verboten 101
21 Wiederholung und Anmerkungen 107
22 Auf der Post 113

23 Die Arbeit 119
24 Die Wohnung 125
25 Der Roman 131
26 Reise nach China 137
27 Ankunft am Flughafen 143
28 Wiederholung und Anmerkungen 149
29 Der Geburtstag 157
30 Sommerferien 165
31 Ausverkauf 173
32 Die Autobahn 181
33 Hachiko 189
34 Beim Häusermakler 195
35 Wiederholung und Anmerkungen 203
36 Die Familiennamen 207
37 Hachiko (Fortsetzung) 217
38 Das Formular 223
39 Ein Brief an die Eltern 231
40 Ein Fabrikbesuch 239
41 Ein origineller Mensch 247
42 Wiederholung und Anmerkungen 253
43 Die Science Fiction 259
44 Im Hotel 265
45 Die Bank 273
46 Beim Arzt 279
47 Die Musik 289
48 ... vom Herbst 297
49 Wiederholung und Anmerkungen 305

ANHÄNGE

Anhang I (Hiragana- und Katakana-Tabellen) 312
Anhang II: Index 317
Literaturhinweise 356

JAPANISCH OHNE MÜHE MIT ASSIMIL

Sie halten hier den ersten der beiden Bände des Kurses „Japanisch ohne Mühe" in Händen. Dieser Kurs richtet sich zum einen an Personen, für die das Japanische noch eine völlig unbekannte Sprache ist, zum anderen aber auch an Personen, die bereits über Japanischkenntnisse verfügen und diese gerne auffrischen möchten. Er vermittelt Ihnen auf mühelose und entspannte Weise in 99 Lektionen modernes und lebensnahes Japanisch. Insgesamt erlernen Sie in den beiden Bänden dieses Kurses ca. 2.000 Vokabeln, davon ca. 900 in diesem ersten Band.

Japanisch ohne Mühe präsentiert Ihnen die Sprache so, wie man ihr im täglichen Leben begegnet. Durch den lebendigen Kontext werden Sie sich sehr schnell wohl fühlen. Die Assimil-Methode bietet eine natürliche Progression: Lassen Sie sich leiten, und Sie werden bequem Ihr Ziel erreichen.

Das Geheimnis der natürlichen Assimilierung bei Assimil ist die **Regelmäßigkeit** des Lernens: 15-20 Minuten täglich in Gesellschaft Ihres Kurses, und Sie werden schnell Fortschritte machen. Haben Sie einmal wenig Zeit, so vermindern Sie die Lerndosis lieber, als daß Sie sie ganz streichen. Sie müssen nicht pro Tag eine Lektion durcharbeiten, sondern können eine Lektion auf zwei oder mehrere Tage verteilen. Lernen Sie nicht „zwischen Tür und Angel" oder wenn Sie unter Streß stehen oder zu müde sind. Wählen Sie zum Lernen einen Ort und eine Tageszeit, der bzw. die auf Ihre Lerngewohnheiten abgestimmt ist.

Lernen Sie **nicht auswendig**. Die bessere Art, sich eine Fremdsprache anzueignen – oder besser: zu assimilieren – ist wiederholtes Lesen und vor allem Anhören der Dialoge und Übungstexte.

Lesen Sie auf jeden Fall die vorliegende **Einleitung** und die **Erläuterungen zur Aussprache**. Beides ist eine wichtige Ergänzung zu den Tonaufnahmen; außerdem finden Sie hier wichtige Informationen zu der verwendeten Transkription der japanischen Laute.

Im Anschluß an die letzte Lektion des Kurses finden Sie zwei Tabellen mit den Hiragana- und den Katakana-Zeichen (mehr dazu unten im Abschnitt *DIE JAPANISCHE SCHRIFT*).

Den Abschluß des Kurses bildet ein umfangreiches **Wörterverzeichnis Japanisch – Deutsch**, das das gesamte in diesem Kurs vermittelte Vokabular umfaßt.

Wie bei allen Assimil-Kursen empfehlen wir Ihnen auch hier, sich täglich ca. 20-25 Minuten lang mit dem Lernstoff und den Tonaufnahmen zu beschäftigen. Dabei sollten Sie realistisch bleiben und sich nicht überschätzen: Wenn Sie es einmal nicht schaffen, genug Lernzeit aufzubringen, so lesen Sie zumindest einige Sätze der Lektion, einige Absätze aus den Anmerkungen, oder hören Sie sich einige Minuten die Tonaufnahmen an. Vertrauen Sie auf Ihre natürliche Assimilierungsfähigkeit, und versuchen Sie, nicht zu viel auf einmal aufnehmen zu wollen. Gehen Sie auf jeden Fall erst dann zu einer neuen Lektion über, wenn Sie den Lektionstext und die Texte der beiden Übungen gut verstehen.

PASSIVE UND AKTIVE PHASE

Wie alle Assimil-Kurse gliedert sich auch dieser Kurs in eine passive und eine aktive Phase (auch „2. Welle" genannt). Bis Lektion 49, d.h., bis zum Ende von Band 1, lernen Sie zunächst passiv, d.h., Sie sollen die Texte lediglich beim Lesen und Anhören verstehen. Dabei sollten Sie die Aufnahmen möglichst oft anhören, sich mit der Aussprache vertraut machen, die Anmerkungen lesen und die Übungen absolvieren. In dieser Phase bilden Sie noch keine eigenen Sätze, sondern sammeln lediglich passive Kenntnisse an.

Mit Lektion 50, also mit Band 2, beginnt die „aktive Phase" oder auch „2. Welle", für die Sie von nun an täglich etwa 5-10 Minuten mehr einplanen müssen. Sie finden nun am Ende jeder Lektion den Hinweis „Zweite Welle", gefolgt von einer Lektionsnummer. Das bedeutet: Nachdem Sie Ihre aktuelle Lektion wie gewohnt passiv studiert haben, gehen Sie zurück zu der angegebenen Lektion in Band 1 und arbeiten diese aktiv durch, d.h., Sie versuchen, den deutschen Dialog auf der rechten Buchseite – wie ein Dolmetscher – auf Japanisch wiederzugeben, wobei Sie die linke Buchseite zudecken. Dies üben und wiederholen Sie so lange, bis Sie den Text korrekt in die Fremdsprache übersetzen können.

Sie können (und sollten) ebenso mit der Verständnisübung der jeweiligen Lektion verfahren, d.h., auch hier versuchen, die deutschen Sätze auf Japanisch wiederzugeben.

Zur Kontrolle haben Sie jedes Mal die fremdsprachigen Sätze auf der gegenüberliegenden Buchseite.

Im Laufe dieser „Aktivierung" werden Sie angenehm überrascht sein, wie viele Kenntnisse Sie bereits – ohne Mühe und intuitiv – erworben haben, und daß Sie schon eine Menge Wortschatz und Strukturen passiv „assimiliert" haben. Gleichzeitig werden Sie feststellen, daß Sie Ihre bislang erworbenen Kenntnisse vertiefen und festigen und gleichzeitig Ihren Wortschatz erweitern. Außerdem zeigt Ihnen die 2. Welle die Schwierigkeiten auf, die noch bei Ihnen bestehen, und Sie werden herausfinden, was Sie noch einmal wiederholen müssen.

AUFBAU DER LEKTIONEN

A. Lektionstext

Auf jeder linken Buchseite finden Sie den fremdsprachigen Lektionstext, auf der gegenüberliegenden Buchseite die sinngemäße deutsche Übersetzung. Um Ihnen vor allem am Anfang das Verständnis zu erleichtern, steht an vielen Stellen unter der sinngemäßen Übersetzung auch die wörtliche Übersetzung in runden Klammern (...). Zahlen in Klammern am Satzende im japanischen Dialog verweisen auf die Anmerkungen (siehe Punkt C.).

B. „Rōmaji"-Umschrift und vereinfachte Assimil-Lautschrift

In den ersten 34 Lektionen finden Sie unter jedem japanischen Lektionssatz und bis Lektion 27 auch unter den Sätzen der Verständnisübung zum einen die offizielle lateinische „Rōmaji"-

Umschrift des Satzes (im Buch wird diese Umschrift als „internationale Transkription" bezeichnet) und außerdem in runden Klammern eine von Assimil entwickelte vereinfachte Lautschrift mit den Buchstaben des deutschen Alphabets (im Buch „umschriebene Lautschrift" genannt). Ab Lektion 36 entfällt die Assimil-Lautschrift bei den Texten; es bleibt die „Rōmaji"-Umschrift, die Sie dann wahrscheinlich kaum noch benötigen, da Sie schon gut in der Lage sein werden, die japanischen Zeichen zu lesen.

C. Anmerkungen

Eingeklammerte Zahlen im japanischen Lektionstext verweisen auf die Anmerkungen, die immer auf der gleichen Buchdoppelseite zu finden sind; das erspart Ihnen umständliches Hin- und Herblättern. Die Anmerkungen enthalten in Kürze wichtige Informationen zum Verständnis des jeweiligen Satzes, eines Satzteils oder eines Wortes bzw. deren Grammatik, ergänzenden Wortschatz, Synonyme und Antonyme zu bestimmten Wörtern und gelegentlich landeskundliche Details.

D. Verständnisübung mit Lösung

Die 1. Übung jeder Lektion ist eine aus wenigen japanischen Sätzen bestehende Verständnisübung, in der das Vokabular der aktuellen Lektion und auch der letzten Lektionen wieder aufgegriffen und in einen anderen Kontext eingebettet wird. Anhand dieser Übung können Sie feststellen, ob Sie den bisher angetroffenen Wortschatz verstanden und assimiliert haben. Die Lösung dieser Übung finden Sie in Form der deutschen Übersetzung der Übungssätze auf der gegenüberliegenden Buchseite.

E. Lückentextübung mit Lösung

Die 2. Übung jeder Lektion ist eine Lückentextübung, die ebenfalls auf dem bislang kennengelernten Vokabular basiert. Hier sollen Sie auf der Grundlage der angegebenen deutschen Sätze in die darunter stehenden japanischen Sätze fehlende Wörter in Rōmaji-Umschrift einsetzen. Die „Lücken" werden durch Punkte dargestellt, wobei jeder Punkt für einen Buchstaben steht. Die Lösung zu dieser Übung, d.h. die Wörter, die Sie einsetzen müssen, finden Sie auf der rechten Buchseite.

F. Wiederholungslektionen

Jede 7. Lektion ist eine Wiederholungslektion. Hier wird in systematischer Form die Grammatik der vergangenen sechs Lektionen wiederholt, vertieft und anhand von Beispielen erläutert. In diesen Lektionen finden Sie u.a. auch Listen oder Übersichten, die Sie vielleicht in den Lektionen vermißt haben.

G. Illustrationen

Schenken Sie auch unseren Illustrationen ein bißchen Aufmerksamkeit. Jede Karikatur dreht sich um einen Satz aus der jeweiligen Lektion. Vielleicht helfen Ihnen die Illustrationen, sich bestimmte Wendungen oder Ausdrücke besser zu merken, weil Sie sie mit einem Bild bzw. einer Situation assoziieren können.

H. Tonaufnahmen

Sie können zwar auch mit dem Buch alleine lernen, wir empfehlen Ihnen dennoch dringend, zusätzlich die Tonaufnahmen (drei Audio-CDs) zu erwerben. Sie enthalten sämtliche japanischen Lektionstexte sowie die japanischen Texte der Verständnisübungen. Professionelle Sprecherinnen und Sprecher gewährleisten eine hohe Authentizität in Aussprache, Betonung und Satzmelodie. Zu Beginn werden die Lektionstexte relativ langsam und außerdem in den ersten sechs Lektionen zweimal gesprochen; im Laufe der Lektionen steigert sich das Sprechtempo bis hin zu dem typischen Japanisch, wie Sie es unter Japanern hören.

ARBEITSWEISE

1. Hören Sie sich zunächst die komplette Lektion mehrmals hintereinander auf den Tonaufnahmen an, und vergleichen Sie die Aussprache mit der vereinfachten Lautschrift unter dem Lektionstext.

2. Hören Sie sich dann die Aufnahmen erneut an, und lesen Sie den japanischen Text Satz für Satz laut mit. Machen Sie sich vor allem am Anfang keinen Streß mit der Aussprache. Akzeptieren Sie, daß Ihr Ohr sich erst allmählich an die fremden Laute gewöhnt und Sie eine gewisse Zeit brauchen, um diese zu hören und zu erzeugen. Lesen Sie parallel auch die Übersetzung auf der rechten Seite.

3. Lesen Sie die den jeweiligen Sätzen zugeordneten Anmerkungen.

4. Hören Sie sich am Ende die Lektion noch einmal komplett auf den Tonaufnahmen an.

5. Lesen Sie dann jeden Satz so oft laut, bis Sie ihn wiederholen können, ohne ins Buch zu sehen. Längere Sätze können Sie in Abschnitte unterteilen und diese wiederholen.

6. Hören Sie sich die Lektion noch einmal komplett an.

7. Wenn Sie den gesamten Lektionstext verstanden, sich mit der Aussprache vertraut gemacht und die Anmerkungen gelesen haben, absolvieren Sie die Verständnisübung, am besten schriftlich.

8. Arbeiten Sie anschließend, am besten schriftlich, die Lückentextübung durch, natürlich ohne zwischendurch auf die Lösung zu sehen!

9. Gehen Sie erst dann zur nächsten Lektion über, wenn Sie den Text der aktuellen Lektion problemlos verstehen können!

HINWEISE ZU SATZSTRUKTUR UND GRAMMATIK

Die japanischen Nomen (Hauptwörter) sind sehr einfach anzuwenden: Es gibt keine grammatikalischen Geschlechter, keinen Singular (Einzahl), keinen Plural (Mehrzahl) und keine Artikel (Geschlechtswörter): たまご *tamago* kann „das Ei", „die Eier", „ein Ei", „Eier", „mein Ei", „dein Ei" usw. heißen; じどうしゃ *jidôsha* (dschidoocha) kann „der Wagen", „mein Wagen", „sein Wagen", „Wagen", „ihre Wagen" usw. bedeuten. Ein japanischer Satz muß nicht zwingend ein Nomen aufweisen.

Bei den Verben (Tätigkeitswörter) gibt es verschiedene Formen; im Moment genügt es zu wissen, daß sie nicht wie im Deutschen konjugiert werden. たべます *tabemasu* (tabemaß') heißt „ich esse", „du ißt", „er/sie/es ißt", „wir essen", „ihr eßt", „sie essen", manchmal auch alles von „ich werde essen" bis hin zu „sie werden essen". Innerhalb der ersten 15 Lektionen werden Sie die meisten gebräuchlichen Formen gelernt haben. Es gibt auch unregelmäßige Verben, jedoch nur drei. Unterschiede in der Verwendung bestimmter Verben und auch Verb-Endungen sind gelegentlich in der Frage begründet, ob man von sich selbst spricht oder von einer anderen Person.

Die Adjektive (Eigenschaftswörter) unterscheiden sich grundlegend von den deutschen, denn im Japanischen sind sie Verben. Das heißt: Sie verändern ihre Form, je nachdem, ob man in der Gegenwart spricht, in der Vergangenheit oder z.B. in der Verneinung: 小さい *chiisai* (tschi-ißaj) heißt „das ist klein", aber auch „ich bin klein, du bist klein, er ist klein" usw. bis hin zu „sie sind klein". 小さくない *chiisakunai* (tschi'ißakunaj) heißt „das ist nicht klein", es kann aber auch „ich bin nicht klein, er ist nicht klein, ihr seid nicht klein" usw. bedeuten.

Besondere Aufmerksamkeit verdient das Thema Satzbau. Das Verb oder das Adjektiv steht immer am Satzende und alle Ergänzungen (der Satzgegenstand, sofern vorhanden) befinden sich vor dem Verb. Ein Satz wie „Es gibt Brot und Kaffee auf dem Tisch" lautet auf Japanisch „Tisch auf Brot und Kaffee es gibt". Um die Satzergänzungen zu strukturieren, benutzt das Japanische eine Vielzahl von sog. enklitischen Partikeln, die nicht immer eindeutig ins Deutsche zu übersetzen sind. Sie geben

Auskunft darüber, welche grammatische Funktion ein Wort hat. Nehmen wir als Beispiel den Satz パンをたべます *pan o tabemasu* (paßu o tabemaß'): パン *pan* heißt „Brot", たべます *tabemasu* „essen". Das を *o* zwischen beiden zeigt an, daß パン *pan* die Ergänzung zu たべます *tabemasu* ist. Die Übersetzung würde daher lauten „ich (du, er, wir, ihr, sie) esse Brot". Ein anderes Beispiel: バスでいきます *basu de ikimasu* (baßu de ikimaß'): バス *basu* heißt „Bus", いきます *ikimasu* „gehen". Das で *de* zwischen beiden drückt aus, daß いきます *ikimasu* mittels バス *basu* ausgeführt wird. Daher würde der Satz bedeuten „ich (du, er ...) fahre mit dem Bus". In der wörtlichen Übersetzung geben wir die Bedeutung dieser Partikel jeweils in eckigen Klammern an.

DIE AUSSPRACHE DES JAPANISCHEN

Die Aussprache des Japanischen ist relativ einfach. Fast alle Laute existieren auch in der deutschen Sprache, und die wenigen unbekannten Laute werden Sie mit ein bißchen Übung schnell beherrschen.

Auf ein paar Besonderheiten wollen wir kurz hinweisen. Zunächst einige Bemerkungen zu den Konsonanten:

• Im Japanischen werden die Laute l und r mit denselben Silbenzeichen dargestellt, nämlich in der Rōmaji-Umschrift mit ‚ra', ‚ri', ‚ru', ‚re' und ‚ro', aber eigentlich liegt dieser Laut zwischen l und r. Daher geben wir ihn in der vereinfachten Assimil-Lautschrift mit einem (l) wieder, also: (la), (li), (lu), (le), (lo), (ljo) ...

• In der Rōmaji-Umschrift finden wir häufig doppelte Konsonanten wie tt oder kk. Im Deutschen wird der Vokal vor einem Doppelkonsonanten sehr kurz ausgesprochen, z.B. „Matte" oder „Mokka". Im Japanischen dagegen werden die beiden Konsonanten einzeln ausgesprochen, d.h. man spricht (t-t) bzw. (k-k): Die Wörter *shitte*, *ikka*, *rokka* werden daher (schit'te), (ik'ka) und (lok'ka) ausgesprochen. Ein Doppelkonsonant hat keinen Einfluß auf die Länge des vorangehenden Vokals.

• Der Konsonant, der in der Rōmaji-Umschrift mit *s* wiedergegeben wird, wird stets wie das „scharfe" ß ausgesprochen. Daher verwenden wir dieses in unserer Lautschrift, auch dann, wenn es am Wortanfang vorkommt.

• In der Rōmaji-Umschrift gibt es eine Gruppe von Silben, die folgendermaßen geschrieben werden: *za, zi, zu, ze, zo*. Die Aussprache des Buchstabens *z* im Japanischen ist dieselbe wie die des stimmhaften s in bestimmten deutschen Wörtern: *za* wird wie sa in „ein**s**am" gesprochen, *zu* wie su in „Ver**su**chung", *ze* wie se in „Rei**s**ende" und *zo* wie so in „ver**so**rgen". In der Assimil-Lautschrift schreiben wir dafür (Sa), (Su), (Se), (So).

• In der Rōmaji-Umschrift finden sich außerdem die Silben *ja, ji, jo, ju*. Der Buchstabe *j* wird immer wie der Anlaut von „**Dsch**ungel" gesprochen. In der Assimil-Lautschrift umschreiben wir diesen Laut mit (dscha), (dschi), (dscho), (dschu) ...

Sehen wir uns nun die Vokale an:

• Einige Vokale müssen lang ausgesprochen werden. In der Rōmaji-Umschrift werden diese Vokale mit einem Querstrich auf dem Vokal oder einem kleinen Zirkumflex (^) gekennzeichnet. In der Assimil-Lautschrift werden sie verdoppelt: *sô* – (ßoo); *ikimachô* – (ikimaschoo). Es ist sehr wichtig, die Vokale lang auszusprechen, da sonst unverständliche Wörter entstehen.

• In der Rōmaji-Umschrift werden Sie oft auf ein *u* stoßen. Dieses Zeichen kann je nach Zusammenhang (ü) ausgesprochen werden oder aber auch als Laut zwischen ö und u oder – und das ist am häufigsten der Fall – gar nicht! In diesen Fällen kennzeichnen wir den fehlenden Laut durch ein Apostroph: *arimasu ka* wird (alimaß'ka).

Hören Sie sich stets sehr aufmerksam die Tonaufnahmen an, und lesen Sie parallel die Sätze im Lehrbuch. Sie werden dann sehr schnell hinter die Geheimnisse der japanischen Aussprache kommen. Auf Erklärungen zur Betonung und zum Wortakzent werden wir hier verzichten; sie sind in diesem Stadium nicht erforderlich. Sie werden selbst schnell ein Ohr hierfür entwickeln und feststellen, daß z.B. bei Fragesätzen wie im Deutschen die Stimme am Satzende angehoben wird und daß Aussagesätze eher einen monotonen Stimmverlauf haben.

XVIII

DIE JAPANISCHE SCHRIFT

Was die japanische Schrift ein wenig kompliziert macht, ist die Tatsache, daß sie aus zwei verschiedenen Schriftsystemen besteht, die Kanji und die Kana, wobei sich die Kana noch einmal in Hiragana und Katakana unterteilen. Für beide Systeme gilt, daß die Wörter in der Regel ohne Leerzeichen aneinandergereiht und am Zeilen- oder Spaltenende an fast beliebigen Stellen ohne Bindestrich getrennt werden.

Die Kanji-Zeichen sind aus dem Chinesischen entlehnte Ideogramme (Begriffszeichen). Jedes dieser Zeichen hat eine feste Bedeutung. Beispiel: Das Zeichen 人. Es hat die Bedeutung „Mensch". Die Chinesen sprechen dieses Zeichen anders aus als die Japaner, und die Vietnamesen sprechen es wiederum völlig anders aus usw. Und wenn wir dieses Zeichen im Deutschen verwenden würden, würden wir es wie „Mensch" aussprechen. In der Alltagssprache benutzt man ca. 2.000 Kanji.

Hiragana und Katakana sind rein phonetische Zeichensysteme. Jedes Zeichen stellt eine Silbe dar; diese hat keine Bedeutung, sondern gibt einen Laut oder eine Lautkombination wieder. Hiragana wird für den indigenen, also einheimischen, Wortschatz verwendet; Katakana ist für Fremdwörter und Eigennamen reserviert. Kinder, die noch nicht viele Kanji gelernt haben, schreiben überwiegend mit Hiragana; gebildete Erwachsene schreiben mit der Mischschreibweise. Der wesentliche Inhalt japanischer Texte wird mit Kanji geschrieben, und auch komplexe Begriffe werden mit nur wenigen Kanji dargestellt. So läßt sich am Gesamtanteil und am Schwierigkeitsgrad der Kanji eines Textes erkennen, für welche Alters- bzw. Bildungsgruppe er vorzugsweise geschrieben wurde.

Im Anhang finden Sie je eine Übersicht über die Hiragana- und Katakana-Zeichen in tabellarischer Form.

In unserem Zusatzband „Japanisch ohne Mühe – Die Kanji-Schrift" (ISBN 978-2-7005-0152-0) finden Sie neben vielen interessanten Details zur Geschichte und Entwicklung der Kanji-Schrift sowie den verschiedenen Lesarten ausführliche Informationen zur Bedeutung der 926 Kanji-Zeichen aus den Bänden

1 und 2 von „Japanisch ohne Mühe", genaue Strich-für-Strich-Anleitungen für die Schreibung aller Zeichen sowie zahlreiche Wortbeispiele.

VIEL SPASS MIT DIESEM BUCH!

1 ichi (itschi)

第一課

<ruby>第<rt>だ</rt></ruby><ruby>一<rt>いっ</rt></ruby><ruby>課<rt>か</rt></ruby>

da i i k ka
(daj ik' ka)

1 — 早<rt>はや</rt>く。(1) (2)
　　ha ya ku
　　(hajaku)

2 　行<rt>い</rt>きましょう。(3)
　　i ki ma shô
　　(ikimaschoo)

3 — わかりました。
　　wa ka ri ma shi ta
　　(uakalimasch'ta)

4 　どこ　へ。
　　do ko　e
　　(doko e)

5 — あそこ　へ。
　　a so ko　e
　　(aßoko e)

ANMERKUNGEN

(1) Jeder Satz wird so geschrieben, wie er richtig auf japanisch geschrieben werden muß. Es folgen erstens die internationale Transkription und zweitens die Über-

Erste Lektion
(te / eins / Lektion)

1 — Schnell.
2 Gehen wir.
3 — Ich habe verstanden.
4 Wohin?
(wohin / [Richtungsangabe])
5 — Dorthin.
(dorthin / [Richtungsangabe])

ANMERKUNGEN (Fortsetzung)

tragung in die Lautschrift gemäß der deutschen Aussprache (umschriebene Lautschrift).

(2) Sehen Sie sich das chinesische Schriftzeichen in diesem Satz genau an. Kleine Hiragana-Zeichen stehen über dem großen Zeichen. Auf diese Art wird im Japanischen die Aussprache dieses Zeichens angegeben. Wenn ein chinesisches Schriftzeichen verwendet wird, geben wir Ihnen die richtige Aussprache auf drei verschiedenen Weisen an: a) zunächst einmal wie hier mit den kleinen Hiragana-Zeichen 早 (く) , b) mit der internationalen Transkription: *haya* und schließlich c) mit der umschriebenen Lautschrift: (haja). Sie werden sehen, wie schnell Sie sich angewöhnen, nur auf die erste Schreibweise zu schauen!

(3) Wir kommen noch einmal auf die Schrift zu sprechen. Die chinesischen Schriftzeichen, die in China verwendet werden, beziehen sich auf unveränderliche japanische Verben, aber sind veränderlich. In diesem Satz verwenden wir die Form *ikimashô* (ikimaschoo), man kann aber auch die Formen *iku, ikanai* (ikanaj) usw. antreffen. Was die Verben anlangt, so behält man das chinesische Schriftzeichen für den Teil des Wortes, der unveränderlich ist, hier das *i*, und für den Rest verwendet man Hiragana-Zeichen: 行きましょう *i ki ma shô*.

3 san (ßan)

6 — 暑い です ね。
a tsu i de su ne
(azu.i deß' ne)

7 — そう です ね。(4)
sô   de su ne
(ßoo deß' ne)

練習
renshû
(lenschüü)

1. 早く。
   hayaku
   (hajaku)

2. 行きましょう。
   ikimashô
   (ikimaschoo)

3. 早く 行きましょう。
   hayaku ikimashô
   (hajaku ikimaschoo)

4. わかりました。
   wakarimashita
   (uakalimasch'ta)

… に 言葉 を 入れ なさい。
   ni koto ba o i re   na sa i
(... ni kotoba o ile naßaj)

Ergänzen Sie die fehlenden Wörter.
(... / [Ortsangabe] / Wort / [Erg. 4. F.] / stecken Sie)

1. *Wohin? Dorthin.*

   doko e? . . . . . e

yon (jon) 4

6 — Es ist warm!
(warm sein / das ist / [übereinstimmend])

7 — Ja, wirklich!
(so / das ist / [übereinstimmend])

ANMERKUNGEN (Fortsetzung)

(4) Die Japaner verwenden mit Vorliebe diese kurzen Worte am Satzende (man nennt sie Endpartikel), weil sie dem Satz eine ganz spezifische Bedeutung geben können. Hier zeigt das ね *ne* dem Gesprächspartner an, daß man seine Situation genau versteht und daß man seine Meinung teilt: 暑い です ね *a tsu i de su ne* (azu.i deß' ne) = „es ist warm" (ich glaube, daß Sie das denken und ich denke es auch). そう です ね *sô de su ne* (ßoo deß' ne) „ja" (ich glaube es, ganz wie Sie). In der wörtlichen Übersetzung weisen wir auf das Wort ね *ne* mit dem Ausdruck [übereinstimmend] hin.

Übungen

1. Schnell.
2. Gehen wir dorthin.
3. Gehen wir schnell (beeilen wir uns).
4. Ich habe verstanden.

2. *Es ist warm!*

atsui desu . .

3. *Gehen wir dorthin.*

iki . . . . .

Antwort:
1. - asoko -. **2.** - ne. **3.** - mashô.

LEKTION 1

第二課 　　　　　　　ピカソ 展

da ni ka　　　　　　　　　pi ka so te n
(daj ni ka)　　　　　　　 (pikaßo ten)

1 — 見ました か。(1)
    mi ma shi ta　ka
    (mimasch'ta ka)

2 — 何 を。
    na ni　o
    (nani o)

3 — ピカソ 展。(2)
    pi ka so　te n
    (pikaßo ten)

4 — まだ です。
    ma da　de su
    (mada deß')

5 — いい です よ。(3)
    i i　de su　yo
    (i.i deß' jo)

6 — そう です か。(4)
    sô　de su　ka
    (ßoo deß' ka)

7 　あした 行きます。
    a shi ta　i ki ma su
    (asch'ta ikimaß')

ANMERKUNGEN

(1) Wir werden sehr oft auf das Zeichen か *ka* stoßen. Es ist unmöglich, es zu übersetzen und es ist auch gar nicht nötig, denn es zeigt ganz einfach an, daß der Satz eine Frage ist. Es steht immer am Satzende und erfordert keine Änderung der Satzstellung.

Die Picasso-Ausstellung	**Zweite Lektion**
(Picasso - Ausstellung)	(te / zwei / Lektion)

1 — Haben Sie gesehen?
   (angeschaut haben / [Frage])

2 — Was?
   (was / [Erg. 4. F.])

3 — Die Picasso-Ausstellung.
   (Picasso - Ausstellung)

4 — Noch nicht.
   (noch nicht / das ist)

5 — Sie ist wirklich gut!
   (gut sein / das ist / [behauptend])

6 — Ach ja?
   (so / das ist / [Frage])

7 Ich werde morgen gehen.
   (morgen / gehen)

ANMERKUNGEN (Fortsetzung)

(2) Das letzte Hiragana-Zeichen dieses Satzes: ん bildet die einzige Ausnahme der Silbenregel: Es entspricht keiner Silbe, sondern dem Buchstaben *n* am Ende einer Silbe.

(3) よ *yo* (jo) ist ebenfalls eine Endpartikel. In der ersten Lektion haben wir die Endpartikel *ne* vorgestellt. よ *yo* (jo) nun bedeutet das Gegenteil von *ne:* was ich hier ausdrücke, ist meine eigene Meinung, sie ist nur für mich bindend: いい です よ *ii desu yo* (i.i deß' jo): = (ich persönlich finde) das ist gut! In der wörtlichen Übersetzung weisen wir auf dieses Wort mit dem Ausdruck [behauptend] hin.

(4) Wir haben in der Einleitung die langen Vokale erwähnt. Hier nun ein einfaches Beispiel: *sô* (ßoo). Das entsprechende japanische Schriftzeichen ist そう . Hier stoßen wir auf eine der wenigen Rechtschreibregeln, die wir uns merken müssen: diese beiden Hiragana-Zeichen sind eigentlich そ *so* und う *u*, das man, wenn es allein steht, wie „u" ausspricht. Aber zusammengesetzt müssen die beiden Zeichen wie *sô* (ßoo) ausgesprochen werden. Auch bei uns im Deutschen gibt es in der Rechtschreibung und bei der Aussprache ab und zu Ausnahmen!

7 shichi (schitschi) *oder* nana (nana)

練習

renshû
(lenschüü)

1. 見ました か。
   mimashita ka
   (mimasch'ta ka)
2. まだ 見ません。
   mada mimasen
   (mada mimaßen)
3. 見ました か。
   mimashita ka
   (mimasch'ta ka)
4. 見ました。
   mimashita
   (mimasch'ta)
5. そう です か。
   sô desu ka
   (ßoo deß' ka)

…に 言葉 を 入れ なさい。
 ni koto ba o i re na sa i
(... ni kotoba o ile naßaj)

Ergänzen Sie die fehlenden Wörter.
(... / [Ortsangabe] / Wort / [Erg. 4. F.] / stecken Sie)

1. *Ich habe gesehen.*

   mimashi . .

****

hachi (hatschi) 8

Übungen
1. Haben Sie es gesehen?
2. Noch nicht.
3. Haben Sie es gesehen?
4. Ja.
5. Ach, ja.

---

2. *Haben Sie gesehen?*

   mimashita . .

3. *Das ist wirklich gut!*

   ii desu . .

4. *Ist das gut?*

   ii desu . .

Antwort:
1. - ta. 2. - ka. 3. - yo. 4. - ka.

****

LEKTION 2

第三課
だい さん か
da i sa n ka
(daj san ka)

朝 食
ちょう しょく
chô shoku
(tschooschoku)

1 - おはよう ございます。(1) (2)
o ha yô go za i ma su
(ohajoo goSa.imaß')

2 - おはよう ございます。(1) (2)
o ha yô go za i ma su
(ohajoo goSa.imaß')

3 - パン を 食べます か。
　　　　　　　　た
pa n o ta be ma su ka
(pan o tabemaß' ka)

4 - 食べます。
　　た
ta be ma su
(tabemaß')

5 - コーヒー を 飲みます か。(3)
　　　　　　　　　　の
kô hî o no mi ma su ka
(koohii o nomimaß' ka)

6 - 飲みます。
　　の
no mi ma su
(nomimaß')

7 - ビール を 飲みます か。(3)
　　　　　　　　　の
bî ru o no mi ma su ka
(biilu o nomimaß' ka)

8 - 飲みません。
　　の
no mi ma se n
(nomimaßen)

Das Frühstück   **Dritte Lektion**
(Frühstück)   (te / drei / Lektion)

1 — Guten Tag.
2 — Guten Tag.
3 — Möchten Sie Brot?
  (Brot / [Erg. 4. F.] / essen / [Frage])
4 — Ja.
  (essen)
5 — Möchten Sie einen Kaffee?
  (Kaffee / [Erg. 4. F.] / trinken / [Frage])
6 — Ja.
  (trinken)
7 — Möchten Sie ein Bier?
  (Bier / [Erg. 4. F.] / trinken / [Frage])
8 — Nein.
  (nicht trinken)

ANMERKUNGEN

(1) Man kann auf vielerlei Arten „Guten Tag" auf japanisch sagen. Die Form, die wir hier verwenden, benutzt man, wenn man jemanden zum ersten Mal an einem Tag am Morgen trifft.

(2) よう vgl. Lektion 2, Anmerkung 4. よ = yo (jo), う = u, aber wenn sie zusammengesetzt sind, müssen sie wie yô (joo), mit einem langen o ausgesprochen werden.

(3) Was wir in der Anmerkung 2 erklärt haben, gilt allerdings nur für die Hiragana-Zeichen. Im Katakana sind die langen Vokale mit einem Bindestrich gekennzeichnet: コ = ko, コー = kô (koo); ヒ = hi, ヒー = hî (hii); ビ = bi, ビー = bî (bii).

Vergessen Sie nicht: Sie brauchen sich die Kana-Zeichen oder die chinesischen Schriftzeichen noch nicht zu merken, Sie sollen zunächst nur versuchen, sie zu identifizieren und zu verstehen, wie die Sprache aufgebaut ist. Auf diese Art und Weise werden Sie sehen, daß Sie sich die Zeichen merken werden. Und das wird schneller gehen als Sie glauben!

9 - りんご を 食べます か。
ri n go o ta be ma su ka
(lingo o tabemaß' ka)

10 - 食べません。
ta be ma se n
(tabemaßen)

11 - それでは 卵 を 食べます か。
so re de wa ta ma go o ta be ma su ka
(ßoledeua tamago o tabemaß' ka)

12 - 食べます。
ta be ma su
(tabemaß')

練習

**renshû
(lenschüü)**

1. コーヒー を 飲みます か。
kôhî o nomimasu ka
(koohii o nomimaß' ka)

2. 飲みます。
nominasu
(nomimaß')

3. コーヒー を 飲みます。
kôhî o nomimasu
(koohii o nomimaß')

4. ビール を 飲みます か。
bîru o nomimasu ka
(biilu o nomimaß' ka)

5. 飲みません。
nomimasen
(nomimaßen)

9 — Möchten Sie einen Apfel?
(Apfel / [Erg. 4. F.] / essen / [Frage])

10 — Nein.
(nicht essen)

11 — Nun, möchten Sie Eier?
(nun / Eier / [Erg. 4. F.] / essen / [Frage])

12 — Ja.
(essen)

Übungen
1. Möchten Sie Kaffee?
2. Ja.
3. Ich trinke Kaffee.
4. Trinken Sie Bier?
5. Nein.

…に 言葉 を 入れ なさい。

ni koto ba o i re na sa i

(... ni kotoba o ile naßaj)

Ergänzen Sie die fehlenden Wörter.
(... / [Ortsangabe] / Wort / [Erg. 4. F.] / stecken Sie)

1. *Ich esse Eier.*

tamago . tabemasu

13 jû san (dschüü ßan)

2. *Möchten Sie Brot?*

pan o tabemasu . .

3. *Ja.*

tabe . . . .

****

第四課 税関

da i yo n ka　　　　　　　　　**ze i ka n**
(daj jon ka)　　　　　　　　　**(Sejkan)**

1 — カメラ を 持って います か。(1)
　　ka me ra o mo t te   i ma su ka
　　(kamela o mot'te imaß' ka)

2 — はい、 持って います。
　　ha i,　 mo t te　 i ma su
　　(haj, mot'te imaß')

3 — どこ に あります か。
　　do ko ni a ri ma su ka
　　(doko ni alimaß' ka)

4 — トランク の 中 に あります。
　　to ra n ku no na ka ni a ri ma su
　　(tolanku no naka ni alimaß')

5 — トランク の 中 に 何 が あります か。
　　to ra n ku no na ka ni na ni ga a ri ma su ka
　　(tolanku no naka ni nani ga alimaß' ka)

4. *Trinken Sie Kaffee?*

   kôhî o nomi . . . . ka

5. *Nein.*

   nomi . . . . .

Antwort:
1. - o -. **2.** - ka. **3.** - masu. **4.** - masu -. **5.** - masen.

****

Am Zoll	**Vierte Lektion**
(Zoll)	**(te / vier / Lektion)**

1 — Haben Sie einen Fotoapparat?
   (Fotoapparat / [Erg. 4. F.] / besitzen / [Frage])

2 — Ja, ich habe einen.
   (ja / besitzen)

3 — Wo ist er?
   (wo / [Ortsangabe] / sich befinden / [Frage])

4 — Er ist in meinem Koffer.
   (Koffer / [Beziehungswort] / innen / [Ortsangabe] / sich befinden)

5 — Was ist in Ihrem Koffer?
   (Koffer / [Beziehungswort] / innen / [Ortsangabe] / was / [Satzgegenstand] / sich befinden / [Frage])

ANMERKUNGEN

(1) Sehen Sie sich genau das Wort 持って *motte* (mot'te) an. Wir treffen hier zum ersten Mal zwei aufeinanderfolgende *tt* (vgl. Einleitung, Seite VII). In der Schrift wird die Verdoppelung durch das kleine Zeichen っ angegeben. Es ist übrigens dasselbe Zeichen, das auf das doppelte *k* im Titel der ersten Lektion hinweist: だい いっか *dai ikka* (daj ik' ka). Sehen Sie sich auch den Satz 11 genau an: けっこう *kekkô* (kek' koo). Und dann schwindeln Sie ein bißchen und schauen sich den Titel der 6. Lektion an!

6 - 洋服 と 本 が あります。
　　yô fu ku to　ho n ga　　a ri ma su
　　(joofuku to hon ga alimaß')

7 - それ だけ です か。
　　so re da ke de su ka
　　(ßole dake deß' ka)

8 - はい、 そう です。
　　ha i,　　sô　de su
　　(haj, ßoo deß')

9 - お 酒？
　　o sa ke
　　(o ßake)

10- ありません。
　　a ri ma se n
　　(alimaßen)

11- はい、 けっこう です。
　　ha i,　　ke k kô　　　de su
　　(haj, kek'koo deß')

練習
renshû
(lenschüü)

1. 洋服 を 持って います か。
　 yôfuku o motte imasu ka
　 (joofuku o mot'te imaß' ka)

2. はい、 持って います。
　 hai, motte imasu
　 (haj, mot'te imaß')

3. どこ に あります か。
　 doko ni arimasu ka
　 (doko ni alimaß' ka)

4. あそこ に あります。
　 asoko ni arimasu
　 (aßoko ni alimaß')

6 — Da sind Kleider und Bücher.
  (Kleider / und / Bücher / [Satzgegenstand] / sich befinden)
7 — Ist das alles?
  (das / nur / das ist / [Frage])
8 — Ja, das ist alles.
  (ja / so / das ist)
9 — Alkohol?
  ([ungezwungen] - Alkohol)
10 — Ich habe keinen.
  (sich nicht befinden)
11 — Gut, in Ordnung.
  (ja / vollkommen / das ist)

Übungen

1. Haben Sie Kleider?
2. Ja, ich habe Kleider.
3. Wo sind sie?
4. Sie sind dort.

17 jû shichi (dschüü schitschi) *oder* jû nana (dschüü nana)

…に 言葉 を 入れ なさい。
ni koto ba o i re na sa i
(... ni kotoba o ile naßaj)

Ergänzen Sie die fehlenden Wörter.
(... / [Ortsangabe] / Wort / [Erg. 4. F.] / stecken Sie)

1. *Haben Sie Bücher?*

hon o motte imasu ..

2. *Ich habe einen Koffer.*

toranku . motte imasu

3. *Wo ist er?*

. . . . ni arimasu ka

****

第五課 　　　　　買物

da i go ka　　　　　ka i mo no
(daj go ka)　　　　　(ka.imono)

1 - どこ へ 行きます か。
do ko e i ki ma su ka
(doko e ikimaß' ka)

2 - デパート へ 行きます。(1)
de pâ to e i ki ma su
(depaato e ikimaß')

3 - 一緒 に 行きます。(2)
i s sho ni i ki ma su
(isch'scho ni ikimaß')

ANMERKUNGEN

(1) パー *pâ* (paa). Sie erinnern sich doch an die Anmerkung 3 in der Lektion 3: Der Bindestrich zeigt, daß das *a* lang ist. Wir verwenden diesen Bindestrich nur mit einem Katakana-Zeichen.

4. *Er ist dort.*

asoko ni ari . . . .

5. *Haben Sie einen Fotoapparat?*

kamera . motte imasu ka

6. *Nein.*

motte ima . . .

Antwort:
1. - ka. **2.** - o -. **3.** doko -. **4.** - masu. **5.** - o -. **6.** - sen.

****

Einkäufe   **Fünfte Lektion**
                                    (te / fünf / Lektion)

1 — Wohin gehen Sie?
(wo / [Richtungsangabe] / gehen / [Frage])
2 — Ich gehe zum Kaufhaus.
(Kaufhaus / [Richtungsangabe] / gehen)
3 — Ich gehe mit Ihnen dorthin.
(zusammen / [umstandswörtlich] / gehen)

ANMERKUNGEN (Fortsetzung)
(2) Noch eine Erklärung zum kleinen Zeichen っ : Diesmal weist es nicht auf ein doppeltes *t* oder *k* hin, sondern auf *schsch:* いっしょ *issho* (isch'scho). Beachten Sie bitte genau das letzte Hiragana-Zeichen, das etwas kleiner geschrieben wird: ょ . Wir sind diesem Zeichen schon einmal in der 2. Lektion begegnet, aber in voller Größe: よ = *yo* (jo). Da die 46 Zeichen des Kana-Systems kein Zeichen für eine Silbe haben, die mit *sh* (sch) beginnt, mit Ausnahme von *shi* (schi), mußte eine Regelung für die Schreibweise der Silbe *sho* (scho) getroffen werden: *shi* し und ein klein geschriebenes ょ *yo* (jo) werden wie しょ *sho* (scho) gelesen.

LEKTION 5

4 何を買いますか。
   なに   か
   na ni o ka i ma su   ka
   (nani o ka.imaß' ka)

5 - 靴下を買います。
    くつした   か
    ku tsu shi ta   o   ka i ma su
    (kuzuschita o ka.imaß')

6 - 着きました。
    つ
    tsu ki ma shi ta
    (zukimasch'ta)

7 入りましょう。(3)
   はい
   ha i ri ma   shô
   (ha.ilimaschoo)

8 - ここに靴下があります。
         くつした
    ko ko ni ku tsu shi ta ga   a ri ma su
    (koko ni kuzuschita ga alimaß')

9 - でも高いですね。
       たか
    de mo   ta ka i   de su   ne
    (demo takaj deß' ne)

10- そうですね。
    sô   de su   ne
    (ßoo deß' ne)

11 やめます。
   ya me ma su
   (jamemaß')

4 Was kaufen Sie?
(was / [Erg. 4. F.] / kaufen / [Frage])

5 — Ich kaufe Socken.
(Socken / [Erg. 4. F.] / kaufen)

6 — Hier sind wir!
(angekommen sein)

7 Gehen wir hinein!

8 — Hier gibt es Socken!
(hier / [Ortsangabe] / Socken / [Satzgegenstand] / sich befinden)

9 — Aber sie sind teuer!
(aber / teuer sein / das ist / [übereinstimmend])

10 — Ja wirklich!
(so / das ist / [übereinstimmend])

11 Ich gebe auf.
(aufgeben)

ANMERKUNGEN (Fortsetzung)

(3) 入りましょう *hairimashô* (ha.ilimaschoo). Erinnern Sie sich? Schlagen Sie die 1. Lektion auf: aber ja, 行きましょう *ikimashô* (ikimaschoo). Schauen Sie sich genau das Ende der beiden Wörter an: しょう An erster Stelle steht ein *shi* (schi) し, dann ein kleines *yo* (jo) ょ, dann ein *u* う. Von der Anmerkung 2 in dieser Lektion wissen Sie, daß ein *shi* (schi), し, mit einem kleinen *yo* (jo), ょ, ein *sho* ergibt. Das *u* う wird uns hinzugefügt, weil das *ô* von *shô* lang ist: しょう = *shô* (schoo).

*****

<ruby>練習<rt>れんしゅう</rt></ruby>
renshû
(lenschüü)

1. あそこ に <ruby>靴下<rt>くつした</rt></ruby> が あります。
   asoko ni kutsushita ga arimasu
   (aßoko ni kuzuschita ga alimaß')

2. ここ に トランク が あります。
   koko ni toranku ga arimasu
   (koko ni tolanku ga alimaß')

3. どこ へ <ruby>行<rt>い</rt></ruby>きます か。
   doko e ikimasu ka
   (doko e ikimaß' ka)

4. <ruby>洋服<rt>ようふく</rt></ruby> を <ruby>買<rt>か</rt></ruby>います。
   yôfuku o kaimasu
   (joofuku o ka.imaß')

5. どこ に あります か。
   doko ni arimasu ka
   (doko ni alimaß' ka)

…に <ruby>言葉<rt>ことば</rt></ruby> を <ruby>入<rt>い</rt></ruby>れ なさい。
　 ni　koto ba　o　　i re　　na sa i
(... ni kotoba o ile naßaj)

Ergänzen Sie die fehlenden Wörter.
(... / [Ortsangabe] / Wort / [Erg. 4. F.] / stecken Sie)

1. *Was kaufen Sie?*

   nani . kaimasu ka

2. *Was essen Sie?*

   . . . . o tabemasu ka

Übungen

1. Dort gibt es Socken.
2. Hier gibt es Koffer.
3. Wohin gehen Sie?
4. Ich kaufe Kleider.
5. Wo gibt es welche?

---

3. *Wohin gehen Sie?*

   doko . ikimasu . .

4. *Ich gehe dorthin.*

   . . . . .́ . . ikimasu

5. *Das ist teuer!*

   takai desu . .

Antwort:
1. - o -. 2. nani -. 3. - e - ka. 4. asoko e -. 5. - ne.

第六課
だいろっか
da i ro k ka
(daj lok' ka)

東京タワー
とうきょう
tô kyô ta wâ
(tookjoo tauaa)

1 — 東京 タワー を 知って います
　　とうきょう　　　　　　し
　　tô kyô ta wâ　o shi t te　i ma su
　　(tookjoo tauaa o schit'te imaß'

　　か。(1)
　　ka
　　ka)

2 — はい、 知って います。
　　ha i,　shi t te　i ma su
　　(haj, schit'te imaß')

3 — ここ から どう 行きます か。
　　　　　　　　　　　　い
　　ko ko　ka ra　dô　i ki ma su　ka
　　(koko kala doo ikimaß' ka)

4 — まず 目黒 駅 まで 歩きます。(2)
　　　　めぐろ えき　　　ある
　　ma zu　me gu ro e ki　ma de　a ru ki ma su
　　(maSu megulo eki made alukimaß')

5　近い です。
　　ちか
　　chi ka i　de su
　　(tschikaj deß')

6　そこ から 渋谷 駅 まで
　　　　　　　しぶや えき
　　so ko　ka ra　shi bu ya e ki　ma de
　　(ßoko kala schibuja eki made

　　電車 で 行きます。(2) (3)
　　でんしゃ　　い
　　den sha　de　i ki ma su
　　denscha de ikimaß')

ni jû yon (ni dschüü jon) 24

Der Turm von Tokio
(Tokio-Turm)

Sechste Lektion
(te / sechs / Lektion)

1 — Kennen Sie den Turm von Tokio?
(Tokio-Turm / [Erg. 4. F.] / kennen / [Frage])

2 — Ja, ich kenne ihn.
(ja / kennen)

3 — Wie kommt man von hier aus dorthin?
(hier / von / wie / gehen / [Frage])

4 — Zuerst müssen Sie zu Fuß zum Megurobahnhof gehen.
(zuerst / Meguro-Bahnhof / bis / zu Fuß gehen)

5   Der ist ganz in der Nähe.
(nahe sein / das ist)

6   Von dort fährt man mit dem Zug bis zum Shibuyabahnhof.
(dort / von / Shibuya-Bahnhof / bis / Zug / [Mittel] / gehen)

ANMERKUNGEN

(1) Der Turm von Tokio ist ein Aussichtsturm, der dem Eiffelturm nachgebaut ist. Er ist um einige Meter höher und wurde erst 1958 gebaut. Viele japanische und ausländische Touristen besuchen ihn, um von dort aus das Panorama zu bewundern.

(2) Meguro und Shibuya heißen zwei Stadtviertel und Bahnhöfe. Die beiden Bahnhöfe liegen ein paar Minuten voneinander entfernt auf einer der zwei Hauptverkehrslinien, die die wichtigsten Stadtteile Tokios miteinander verbindet.

(3) 電車 *densha* (denscha). In der Lektion 5 haben wir Ihnen in den Anmerkungen 2 und 3 erklärt, wie man *sho* schreibt. *Sha* (scha) schreibt man nach dem gleichen Prinzip: *shi* (schi) + ein kleines *ya* (ja): しゃ = *sha* (scha). Wir haben also bisher mit *sh* die Silben *shi* (schi) し, *sho* (scho) しょ und *sha* (scha) しゃ gelernt.

LEKTION 6

7　それから 渋谷駅から タワー
　　so re ka ra　shi bu ya e ki　ka ra　ta wâ
　　(ßolekala schibuja eki kala tauaa

　　まで バス で 行きます。
　　ma de ba su　de　i ki ma su
　　made baßu de ikimaß')

8　タワー に 水族館 が あります。
　　ta wâ　ni su i zo ku ka n ga　a ri ma`su
　　(tauaa ni ßu.iSokukan ga alimaß')

9　おもしろい です。
　　o mo shi ro i　de su
　　(omoschiloj deß')

10　おみやげ の 店 も たくさん
　　o mi ya ge　no　mi se mo　ta ku sa n
　　(omijage no miße mo takußan

　　あります。
　　a ri ma su
　　alimaß')

練習
renshû
(lenschüü)

1. タワー へ 行きます。
   tawâ e ikimasu
   (tauaa e ikimaß')
2. 着きました。
   tsukimashita
   (zukimasch'ta)
3. 入りました。
   hairimashita
   (ha.ilimasch'ta)
4. タワー まで 歩きました。
   tawâ made arukimashita
   (tauaa made alukimasch'ta)

7 Dann fährt man vom Shibuyabahnhof mit dem Bus bis zum Turm.
(dann / Shibuya-Bahnhof / von / Turm / bis / Bus / [Mittel] / gehen)

8 Im Turm gibt es ein Aquarium.
(Turm / [Ortsangabe] / Aquarium / [Satzgegenstand] / sich befinden)

9 Es ist interessant.
(interessant sein / das ist)

10 Es gibt auch viele Andenkengeschäfte.
(Geschenk / [Beziehungswort] / Geschäft / auch / viele / sich befinden)

5. タワー に 店 が たくさん あります。
tawâ ni mise ga takusan arimasu
(tauaa ni miße ga takußan alimaß')

Übungen

1. Ich gehe zum Turm.
2. Ich bin angekommen.
3. Ich bin eingetreten.
4. Ich bin zu Fuß bis zum Turm gegangen.
5. Beim Turm gibt es viele Geschäfte.

27 ni jû shichi (ni dschüü schitschi) *oder* ni jû nana (ni dschüü nana)

…に 言葉 を 入れ なさい。
　ni kotoba o　i re　nasai
(… ni kotoba o ile naßaj)

Ergänzen Sie die fehlenden Wörter.
(… / [Ortsangabe] / Wort / [Erg. 4. F.] / stecken Sie)

1. *Ich gehe nach Meguro.*

   meguro . ikimasu

2. *Ich bin nach Meguro gegangen.*

   meguro e iki . . . .

****

第七課　　　　　　　　　まとめ

da i na na ka　　　　　　　　ma to me
(daj nana ka)　　　　　　　　(matome)

Schauen wir uns an, was wir bisher gelernt haben, Sie werden erstaunt sein!

1. Die Verben. Sie haben sicher schon die gleichen Endsilben bemerkt: in der

Lektion 2, 5, 6:	行きます	*ikimasu* (ikimaß')
Lektion 3:	食べます	*tabemasu* (tabemaß')
und:	飲みます	*nomimasu* (nomimaß')
Lektion 4, 5, 6:	あります	*arimasu* (alimaß')
Lektion 5:	買います	*kaimasu* (ka.imaß')
Lektion 6:	歩きます	*arukimasu* (alukimaß')

Nun, die Endsilbe ます *masu* (maß') bleibt bei **ALLEN** Verben, in **ALLEN PERSONEN** der **GEGENWART** und

3. *Ich bin von Meguro nach Shibuya gegangen.*

meguro . . . . shibuya made ikimashita

4. *Ich bin von Shibuya zum Turm von Tokio gegangen.*

shibuya kara tôkyô-tawâ . . . . iki . . . .

5. *Ich fahre mit dem Bus dorthin.*

basu . . ikimasu

6. *Fahren wir mit dem Bus.*

basu de iki . . . . .

Antwort:
1. - e -. **2.** - mashita. **3.** - kara -. **4.** - made - mashita. **5.** - de -.
6. - mashô.

***

****

Wiederholung und Anmerkungen Siebte Lektion
(te / sieben / Lektion)

in den meisten der Zukunft unverändert (vgl. Lektion 2, Satz 7). Für die Verneinung verwenden wir die Endsilbe ません *masen* (maßen):

たべます *tabemasu* (tabemaß') „ich (... sie) essen".
たべません *tabemasen* (tabemaßen) „ich (... sie) essen nicht".
のみます *nomimasu* (nomimaß') „ich (... sie) trinken".
のみません *nomimasen* (nomimaßen) „ich (... sie) trinken nicht".
かいます *kaimasu* (ka.imaß') „ich (... sie) kaufen".
かいません *kaimasen* (ka.imaßen) „ich (... sie) kaufen nicht".

Jetzt können Sie sicherlich schon selbst die Verneinung der anderen Verben bilden.

Wir haben noch eine weitere Serie Endsilben in der Lektion 2, Satz 1: 見ました *mimashita* (mimasch'ta); Lektion 1, Satz 3: わかりました *wakarimashita* (uakalimasch'ta); Lektion 5, Satz 6: 着きました *tsukimashita* (zukimasch'ta). Die Endung ました *mashita* (masch'ta) anstatt ます *masu* (maß') drückt die Vergangenheit aus. Vergessen wir nicht Lektion 1, Satz 2: 行きましょう *ikimashô* (ikimaschoo) und Lektion 5, Satz 7: 入りましょう *hairimashô* (ha.ilimaschoo). Die Endung ましょう *mashô* (maschoo) anstatt ます *masu* (maß') drückt einen Befehl oder eine Aufforderung an sich selbst oder Sie und Ihre Begleiter aus: „Gehen wir!", „Gehen wir hinein!".

Damit haben Sie nach diesen wenigen Lektionen bereits vier grundlegende Formen der Verben gelernt, die Sie bei allen anderen Verben, die wir bisher gelernt haben, anwenden können. Das ist doch schon eine schöne Leistung, nicht wahr?

2. In den Lektionen 5 und 6 haben wir das Wort あります *arimasu* (alimaß') gelernt. Es wird mit der Bedeutung „es gibt" verwendet, aber eigentlich heißt es „sich befinden, existieren (an einem bestimmten Ort)". Man kann es daher nur in Verbindung mit Gegenständen verwenden. Wenn wir über Menschen sprechen, müssen wir ein anderes Wort benutzen. Beachten Sie die folgende Konstruktion: „Es gibt Geschäfte": 店 が あります *mise ga arimasu* (mißegaalimaß'). 店 *mise* (miße) ist der Satzgegenstand von あります *arimasu* (alimaß'). „Geschäfte existieren (sich befinden) (an diesem Ort)".

3. Da wir gerade von Satzgegenstand sprechen - ist Ihnen aufgefallen, daß mit Ausnahme von あります *arimasu* (alimaß'), kein einziger Satz einen Satzgegenstand aufweist? Wenn wir z.B. „ich" oder „wir" usw. im Deutschen sagen müssen, so ist das im Japanischen nicht der Fall. Es gibt natürlich entsprechende Worte,

aber eine der wichtigsten Regeln ist, daß **die japanische Sprache den Satzgegenstand nur ausdrücken muß, wenn dies für das Verständnis unbedingt notwendig ist.**

Wenn jemand Sie anschaut und fragt:

ビール を 飲みます か

bîru o nomimasu ka (biilu o nomimaß' ka) (Bier / [Erg. 4. F.] / trinken / [Frage]) und sonst keine weitere Angabe macht, so ist es klar, daß die Frage an Sie gerichtet ist. Diese Frage drückt automatisch aus: „Wollen **Sie** ein Bier?". Wenn Ihr Gesprächspartner diese Frage an eine andere Person richten wollte, so müßte er den Namen der Person als Satzgegenstand verwenden. In Ihrer Antwort müssen Sie ebenso verfahren. Wenn sich Ihre Antwort auf Sie selbst bezieht, so ist es klar, daß Sie „Ich" meinen. Und 飲みます *nomimasu* (nomimaß') genügt uns, um zu sagen: „**Ich** trinke".

4. Will man mit „ja" antworten, so verwendet man sehr selten nur ein Wort, das „ja" (im Falle von Nein „nein") bedeutet. Man wiederholt vielmehr das Verb in seiner bejahenden, bzw. verneinenden Form. Um die Antwort zu verstärken, kann man auch vor dem Wort *hai* (haj) benutzen, das „ja" bedeutet. Vgl. Lektion 4, Satz 2:
はい、持っています *hai, motte imasu* (haj, mot'te imaß') „ja, ich habe einen" und Lektion 6, Satz 2: はい、知っています *hai, shitte imasu* (haj, schit'te imaß') „ja, ich weiß". Dieses Wort aber ist, wie gesagt, nicht unbedingt erforderlich.

5. In der Einleitung haben wir von zehn Partikeln gesprochen. Sie erinnern sich doch, das sind die kleinen Silben, die die Funktion des vorhergehenden Wortes anzeigen. Wir haben, ohne daß Sie es so richtig bemerkt haben, schon sieben benutzt, und zwar mehr als einmal:
を *o* in den Lektionen 2, 3, 4, 5, 6 als Erg. 4. F.

- が　*ga* in den Lektionen 4, 5, 6 als Satzgegenstand.
- に　*ni* in den Lektionen 4, 5, 6 zur Ortsangabe für den Ort, an dem sich etwas befindet.
- へ　*e* in den Lektionen 1 und 5 zur Ortsangabe für den Ort, an den man sich begibt.
- で　*de* in der Lektion 6 drückt stets das Mittel aus.
- から　*kara* drückt stets den Ausgangspunkt aus: von, ab (Lektion 6).
- まで　*made* ist das Gegenstück zu *kara* und drückt stets den Endpunkt aus (Lektion 6): bis.

Natürlich haben Sie sich nicht alles gemerkt, aber das macht nichts, wir sind ja auch noch lange nicht fertig!

6. In den Anmerkungen zu jeder Lektion haben wir sehr viel über die Schrift gesprochen. In den ersten sechs Lektionen haben Sie bereits die kompliziertesten Rechtschreibregeln gelernt. Wir werden sie natürlich immer wieder wiederholen, es genügt daher nur etwas Aufmerksamkeit, und mit der Zeit werden Sie sie beherrschen. Erinnern wir uns:

- Das Hiragana-Zeichen ん, das nur als *n* am Ende einer Silbe (vgl. Lektion 2, Anmerkung 2) transkribiert wird.
- Das Zeichen う *u* in der Hiragana-Schrift gibt an, daß

****

第八課(1)　　　　　映画

dai hak ka　　　　　　　　　　　ei ga
(daj hak' ka)　　　　　　　　　　(ejga)

1 - 昨日　何　を　しました　か。
　　kinô　nani　o　shi ma shi ta　ka
　　(kinoo nani o schimasch'ta ka)

2 - 友達　が　来ました。
　　tomo dachi ga　ki ma shi ta
　　(tomodatschi ga kimasch'ta)

das *o* der vorhergehenden Silbe lang ausgesprochen wird
(vgl. Lektion 2, Anmerkung 4: そう *sô* (ßoo)).

● Der Bindestrich im Katakana gibt an, daß der vorhergehende Vokal lang ausgesprochen wird (vgl. Lektion 3, Anmerkung 3).

● Das kleine Zeichen っ weist darauf hin, daß der folgende Konsonant verdoppelt wird: いっか *ikka* (ik' ka), もって *motte* (mot'te), いっしょ *issho* (isch'scho) (vgl. Lektion 4, Anmerkung 1, Lektion 5, Anmerkung 2).

● Die Schreibweise für sh (sch) vor einem Konsonant - mit Ausnahme von し *shi* (schi) - ist: し *shi* (schi) + ein kleines よ *yo* (jo) oder ein kleines や *ya* (ja): しょ *sho* (scho), しゃ *sha* (scha) (vgl. Lektion 5, Anmerkung 2 und Lektion 6, Anmerkung 3).

In den Anmerkungen und den Wiederholungen haben wir viel von der Schrift gesprochen. Aber beruhigen Sie sich, das wird nicht so weitergehen! In den ersten sieben Lektionen haben wir bereits auf fast alle Fälle hingewiesen, in denen der Gebrauch der Kana etwas komplizierter ist. Im Moment geht es nicht darum, alles auswendig zu lernen, sondern darum, das System zu verstehen, damit Sie die folgenden Lektionen leichter lesen können. Sie werden sehen, wenn Sie bei der nächsten Wiederholungslektion angelangt sind, werden Ihnen die Schreibweisen ganz klar vorkommen... und bei der darauffolgenden Wiederholungslektion werden Sie gar nicht mehr daran denken! Achten Sie bitte auf die Aussprache - denken Sie an die langen Vokale!

****

Das Kino   **Achte Lektion**
(Kino)   **(te / acht / Lektion)**

1 — Was haben Sie gestern gemacht?
(gestern / was / [Erg. 4. F.] / gemacht haben / [Frage])

2 — Ein Freund ist gekommen.
(Freund / [Satzgegenstand] / gekommen sein)

ANMERKUNGEN

(1) Das kleine っ (ein Hiragana-Zeichen, das normalerweise so ausgesprochen wird wie „zu" wenn es in Normalgröße gedruckt ist) deutet an, daß das nachfolgende *k* verdoppelt wird (vgl. Lektion 7, Anmerkung 6).

3 一緒 に 映画 に 行きました。
is sho ni   ei ga ni   i ki ma shi ta
(isch'scho ni ejga ni ikimasch'ta)
(2) (3) (4)

4 - 何 の 映画 を 見ました か。(5)
nan no   ei ga o   mi ma shi ta ka
(nan no ejga o mimasch'ta ka)

5 - アメリカ の 映画 を 見ました。
a me ri ka no   ei ga o   mi ma shi ta
(amelika no ejga o mimasch'ta)

6 チャップリン の 「モダン・
cha p pu ri n   no   mo da n.
(tschap'plin no modan

タイムズ」 を 見ました。(6)
ta i mu zu   o   mi ma shi ta
tajmS' o mimasch'ta)

ANMERKUNGEN (Fortsetzung)

(2) Unter den Partikeln, die wir in der Lektion 7, Absatz 5 ausführlich besprochen haben, wird uns に *ni* noch einiges Kopfzerbrechen bereiten. Aber trotz allem werden wir Sie bis zur nächsten Wiederholungslektion mit fast

3 Wir sind zusammen ins Kino gegangen.
(zusammen / [umstandswörtlich] / Kino / [Ziel] / gegangen sein)

4 — Welchen Film haben Sie gesehen?
(was / [Beziehungswort] / Film / [Erg. 4. F.] / angeschaut haben / [Frage])

5 — Wir haben einen amerikanischen Film gesehen.
(Amerika / [Beziehungswort] / Film / [Erg. 4. F.] / angeschaut haben)

6 Wir haben „Moderne Zeiten" von Chaplin gesehen.
(Chaplin / [Beziehungswort] / Moderne Zeiten / [Erg. 4. F.] / angeschaut haben)

ANMERKUNGEN (Fortsetzung)

allen Verwendungsmöglichkeiten des Wortes に *ni* vertraut gemacht haben. Hier wird es mit dem Wort 一緒 *issho* (isch'scho) verwendet und dient dazu, eine Funktion auszudrücken, die einem deutschen Umstandswort entspricht: 一緒に *issho ni* (isch'scho ni): „gemeinsam".

(3) 映画 *eiga* (ejga). Die Japaner verwenden ein einziges Wort, wo wir im Deutschen zwei haben. 映画 *eiga* (ejga) heißt entweder „ein Film" oder „das Kino" ganz allgemein.

(4) Hier ist es wieder, das Wort に *ni*, aber dieses Mal folgt es einem Substantiv, das eine Tätigkeit ausdrückt: 映画 *eiga* (ejga) „das Kino", und es steht vor einem Verb, das eine Fortbewegung ausdrückt: 行きました *ikimashita* (ikimasch'ta) „gegangen sein". In diesem Fall drückt に *ni* einfach aus, daß diese Tätigkeit das Ziel des Bewegungsverbs ist.

(5) Das Wort 何 „was" gibt es in zwei Formen: なに *nani* (vgl. Satz 1), aber auch なん *nan*, wenn es vor dem Wort の *no* steht.

(6) Die Haken werden wie Anführungszeichen verwendet, um einen Buchtitel oder einen Filmtitel, ein Markenzeichen usw. zu zitieren.

7 - おもしろかった です か。
o mo shi ro ka t ta   de su   ka
(omoschilokat'ta deß' ka)

8 - わかりません。
wa ka ri ma se n
(uakalimaßen)

9　眼鏡 を 忘れました。
me gane o   wasu re ma shi ta
(megane o uaßulemasch'ta)

10　よく 見えません でした。(7)
yo ku   mi e ma se n   de shi ta
(joku mi.emaßen desch'ta)

練習
renshû
(lenschüü)

1. 友達 と 一緒 に 買物 に 行きました。
tomodachi to issho ni kaimono ni ikimashita
(tomodatschi to isch'scho ni ka.imono ni ikimasch'ta)

2. 何 を 買いました か。
nani o kaimashita ka
(nani o ka.imasch'ta ka)

3. 映画 の 本 を 買いました。
eiga no hon o kaimashita
(ejga no hon o ka.imasch'ta)

4. 眼鏡 を 買いました か。
megane o kaimashita ka
(megane o ka.imasch'ta ka)

5. 買いません でした。
kaimasen deshita
(ka.imaßen' desch'ta)

7 — War es gut?
   (interessant gewesen sein / das ist / [Frage])
8 — Ich weiß nicht.
9 Ich hatte meine Brille vergessen.
   (Brille / [Erg. 4. F.] / vergessen haben)
10 Ich habe nicht gut gesehen.
   (gut / nicht gesehen haben)

ANMERKUNGEN (Fortsetzung)

(7) Hier stoßen wir auf eine neue Verbform. Sie ist ganz einfach die Verneinungsform von ました *mashita* (masch'ta): よく 見えました *yoku miemashita* (joku mi.emasch'ta) „ich habe gut gesehen",
よく 見えません でした。

yoku miemasen deshita (joku mi.emaßen desch'ta) „ich habe nicht gut gesehen".

Übungen
1. Ich bin mit einem Freund einkaufen gegangen.
2. Was haben Sie gekauft?
3. Ich habe ein Buch über das Kino gekauft.
4. Haben Sie eine Brille gekauft?
5. Nein.

…に 言葉 を 入れ なさい。
　ni koto ba o　i re　 na sa i
(... ni kotoba o ile naßaj)

1. *Haben Sie Filme von Chaplin gesehen?*

chappurin . . . . . . o mimashita ka

2. *Haben Sie gut gesehen?*

. . . . mie . . . . ka

37 san jû shichi *oder* san jû nana

3. Welches Buch haben Sie gekauft?

. . . . hon o kaimashita ka

4. Ein Freund ist gekommen.

tomodachi . . . mashita

****

第九課(1)　　　中華　料理(1)

dai kyû ka　　　　　chû ka　　ryô ri
(daj kjüü ka)　　　　　　　(tschüüka ljooli)

1 - 今晩　中華 料理を食べましょうか。(2)
kon ban chû ka ryô ri o ta be ma shô　　ka
(konban tschüüka ljooli o tabemaschoo ka)

2 - ああ、　いい　です　ね。
　　a a,　　　i i　　de su　ne
(aa i.i deß' ne)

ANMERKUNGEN

(1) Hier haben wir den letzten schwierigen Punkt in der Rechtschreibung. Es gibt zahlreiche Silben mit einem Laut, den man Halbvokal nennt. Ein Halbvokal ist im Deutschen das **j**, in unserer Lektion das *y* in *kyû* und *ryô* (kjüü, ljoo), wie Sie schon bemerkt haben, wird er in der internationalen Transkription mit dem Buchstaben y wiedergegeben wird. Wir können *yu* (jü) und *yo* (jo) mit dem Silbensystem, - dem Kana-System (Hiragana und Katakana) -, schreiben: ゆ, よ. Aber wir können kein *k* oder *r* allein schreiben. Das Japanische verwendet daher zwei verschieden große Silbenzeichen: Man nimmt das Kana-Zeichen für *ki* oder *ri*: き oder り in der normalen Größe und fügt das Zeichen für *yu* (jü) oder *yo* (jo) hinzu, ゆ oder よ und schreibt es klein. Daher schreibt man *kyu* (kjü) きゅ, *kyo* (kjo) きょ, *ryu* (ljü) りゅ und *ryo* (ljo) りょ. Und da in unserem Fall die Vokale *u* und *o* lang sind, weist

5. *Ich bin nicht dorthin gegangen.*

iki . . . .

Antwort:
1. - no eiga -. **2.** yoku - mashita -. **3.** nan no -. **4.** - ga ki -. **5.** - masen deshita.

****

Im Chinarestaurant	Neunte Lektion
(China-Küche)	(te / neun / Lektion)

1 — Gehen wir heute abend ins Chinarestaurant?
(heute abend / China-Küche / [Erg. 4. F.] / essen wir / [Frage])

2 — Ah! Das ist eine gute Idee!
(ah / gut sein / das ist / [übereinstimmend])

ANMERKUNGEN (Fortsetzung)

man auf die Länge der Vokale mit einem Kana-Zeichen う *(u)* hin (vgl. Lektion 2, Anmerkung 4): *kyû* (kjüü) きゅう, *ryô* (ljoo) りょう.

Ein Problem stellt sich uns, wenn auf *ch* (tsch) ein anderer Vokal als *i* folgt, in unserem Fall ein *u*: *chû* (tschüü). Erinnern Sie sich? Blättern Sie zur Lektion 5 zurück, dort haben wir dieselbe Schwierigkeit mit *sh* (sch) gehabt. Man hilft sich folgendermaßen: Ein großes *chi* (tschi) ち und ein kleines *yu* (jü) ゅ, *yo* (jo) ょ oder *ya* (ja) ゃ ergeben *chu* (tschü) ちゅ, *cho* (tscho) ちょ oder *cha* (tscha) ちゃ. Und wenn das *u* oder *o* lang ist: *chû* (tschüü) ちゅう, *chô* (tschoo) ちょう.

(2) 料理 *ryôri* (ljooli). Dieses Wort bedeutet „Küche" und meint die Art und Weise der Speisenzubereitung. Aber man verwendet das Wort auch im Sinne von Restaurant in Verbindung mit dem Namen des Landes. 中華 料理 *chûka ryôri* (tschüüka ljooli) „chinesische Küche" oder „chinesisches Restaurant, 日本 料理 *nihon ryôri* (nihon ljooli) „japanische Küche" oder „japanisches Restaurant". ドイツ料理 *doitsu ryôri* (do.izu ljooli) „deutsche Küche" oder „deutsches Restaurant".

3 中華 料理 が 大好き です。
　chûka ryôri ga daisuki desu
　(tschüüka lyooli ga dajßuki deß')

4 - 私 も。
　watakushi mo
　(uatakuschi mo)

5 スープ と 肉 と 魚 を
　sûpu to niku to sakana o
　(ßuupu to niku to ßakana o

とりましょう。(3)
torimashô
tolimaschoo)

6 - そう です ね。
　sô desu ne
　(ßoo deß' ne)

7 - お箸 で 食べます か。(4)
　o hashi de tabemasu ka
　(o haschi de tabemaß' ka)

8 - いいえ、フォーク で 食べます。
　iie, fôku de tabemasu
　(iije, fooku de tabemaß')

(3)

9 - おねがい します。フォーク を
　onegai shimasu.　fôku o
　(onega.i schimaß') (fooku o

下さい。
kudasai
koudassaill')

10- はい、どうぞ。
　hai, dôzo
　(haj, dooSo)

3 Ich liebe die chinesische Küche!
(China-Küche / [Satzgegenstand] / sehr geliebt / das ist)

4 — Ich auch!
(ich / auch)

5 Wir werden eine Suppe essen, Fleisch und Fisch.
(Suppe / und / Fleisch / und / Fisch / [Erg. 4. F] / nehmen wir)

6 — Ja.
(so / das ist / [übereinstimmend])

7 — Essen Sie mit Stäbchen?
([ungezwungen] - Stäbchen / [Mittel] / essen / [Frage])

8 — Nein, ich esse mit einer Gabel.
(nein / Gabel / [Mittel] / essen)

9 — Eine Gabel, bitte!
(ich bitte Sie) (Gabel / [Erg. 4. F.] / geben Sie)

10 — Ja. Hier, bitte schön.
(ja / bitte)

ANMERKUNGEN (Fortsetzung)

(3) Erinnern Sie sich? Dieser kleine Strich zeigt an, daß der Vokal im Fremdwort, das in Katakana-Schriftzeichen geschrieben wird, lang ist.

(4) 箸 *hashi* (haschi) heißt „Stäbchen". Warum お 箸 *o hashi*? Sehr häufig werden Worte, die die alltäglichsten Gegenstände bezeichnen, mit einem kleinen お *o* eingeleitet. In der wörtlichen Übersetzung weisen wir auf das *o* mit dem Ausdruck [ungezwungen] hin.

Bitte beunruhigen Sie sich nicht, die Flut der Anmerkungen wird nicht anhalten! Aber wir müssen uns noch ein bißchen mit der Rechtschreibung befassen, und wir werden langsam etwas schwierigere Sätze verwenden! ... Wir versprechen Ihnen, daß die nächste Wiederholungslektion die letzte Lektion sein wird, in der wir uns mit Details der Rechtschreibung beschäftigen. Danach werden wir sie nur noch wiederholen.

11- ありがとう。
a ri ga tô
(aligatoo)

12 おいしい です か。
ó i shi i de su ka
(o.ischi.i deß' ka)

13- とても おいしい です。
to te mo o i shi i de su
(totemo o.ischi.i deß')

14- また 来ましょう。
ma ta ki ma shô
(mata kimaschoo)

練習
renshû
(lenschüü)

1. テレビ が 大好き です。
terebi ga daisuki desu
(telebi ga dajßuki deß)

2. とても 暑い です ね。
totemo atsui desu ne
(totemo azu.i deß' ne)

3. 昨日 スープ と 魚 を 食べました。
kinô sûpu to sakana o tabemashita
(kinoo ßuupu to sakana o tabemasch'ta)

4. フォーク で 食べません。
fôku de tabemasen
(fooku de tabemaßen)

5. お 箸 を 下さい。
o hashi o kudasai
(o haschi o kudaßaj)

11 — Danke.
12 Schmeckt es gut?
(köstlich sein / das ist / [Frage])
13 — Es schmeckt köstlich!
(sehr / köstlich sein / das ist)
14 — Wir werden wiederkommen.
(wieder / kommen wir)

Übungen
1. Ich sehe sehr gern fern.
2. Es ist sehr heiß!
3. Gestern habe ich Suppe und Fisch gegessen.
4. Ich esse nicht mit einer Gabel.
5. Stäbchen, bitte!

…に 言葉 を 入れ なさい。
　ni koto ba o   i re   na sa i
(... ni kotoba o ile naßaj)

1. *Ich esse sehr gern Fleisch.*

   niku .. daisuki desu

2. *Man ißt Fisch mit einer Gabel.*

   sakana . fôku .. tabe ....

43 yon jû san

3. *Es schmeckt köstlich!*

. . . . . . oishii desu

4. *Ein Stück Brot, bitte.*

pan o . . . .

5. *Morgen gehe ich ins Chinarestaurant.*

ashita chûka ryôri . . . .

****

第十課(1)　　　　　テレビ
dai juk ka　　　　　　　te re bi
(daj dschük' ka)　　　　　(telebi)

1- お 相撲 を 見ました か。(2)
　　o　su mô　o　mi ma shi ta　ka
　(o ßumoo o mimasch'ta ka)

よく テレビ を 見ます か。

2- はい、 テレビ で 見ました。
　　ha i,　te re bi　de　mi ma shi ta
　(haj, telebi de mimasch'ta)

yon jû yon **44**

6. *Gute Idee!*

. . desu . .

Antwort:
1. - ga -. **2.** - o - de - masu. **3.** totemo -. **4.** - kudasai. **5.** - ni ikimasu. **6.** ii - ne.

****

Das Fernsehen   **Zehnte Lektion**
(Fernsehen)   **(te / zehn / Lektion)**

1 — Haben Sie schon eine Sumô-Vorstellung gesehen?
([ungezwungen] - Sumô / [Erg. 4. F.] / angeschaut haben / [Frage])

2 — Ja, ich habe sie im Fernsehen gesehen.
(ja / Fernsehen / [Mittel] / angeschaut haben)

ANMERKUNGEN

(1) じゅ *ju* (dschu). Es wird wie das *shu* (schu) und *chu* (tschu) aus einem großen *ji* (dschi) じ und einem kleinen *yu* (jü) ゅ gebildet. Sie erinnern sich doch sicher, daß ein kleines っ + か *kka* ergibt.

(2) Sumô ist ein Sport, oder besser ein sehr beliebter Zuschauersport in Japan. Nur Sumô-Profis können ihn ausüben. Zur Spielregel gehört es, soviel wie möglich zu wiegen! Die Teilnehmer sind richtiggehende Ungetüme von 150 kg, sie haben nichts mehr mit dem kleinen zierlichen Japaner zu tun. Der Kampfsport spielt sich in einem engen Kreis ab, in dem sich die beiden Kämpfer gegenüberstehen. Sieger ist, wer den anderen aus dem Kreis stößt. Das Fernsehen strahlt viele Sumô-Wettkämpfe aus, und die Sumô-Kämpfer sind richtige Stars!
お 相撲 *o sumô* (o ßumoo): wir begegnen hier wieder dem kleinen Zeichen お *o*, das eine Art von Vertrautheit ausdrückt (vgl. Lektion 9, Anmerkung 4).

3 - また お 相撲 の シーズン
　　 ma ta　o　su mô　no　shî zu n
　　(mata o ßumoo no schiiSun
です ね。
de su　ne
deß' ne)

4 - そう です ね。
　　sô　　de su　ne
　　(ßoo deß' ne)

5 - よく テレビ を 見ます か。
　　yo ku　te re bi　o　mi ma su　ka
　　(joku telebi o mimaß' ka)

6 - 時々 見ます。(3)
　　toki doki mi ma su
　　(tokidoki mimaß')

7 - テレビ で 何 を 見ます か。
　　te re bi　de　nani　o　mi ma su　ka
　　(telebi de nani o mimaß' ka)

8 - ニュース と ホーム・ドラマ を
　　nyû　su　to　hô　mu. do ra ma　o
　　(njüüßu to hoomu.dolama o
見ます。(4)
mi ma su
mimaß')

9 - どちら が 好き です か。(5)
　　do chi ra　ga　su ki　de su　ka
　　(dotschila ga ßuki deß' ka)

10- どちらも 好き です。
　　do chi ra mo　su ki　de su
　　(dotschilamo ßuki deß')

ANMERKUNGEN (Fortsetzung)

(3) Man verwendet dieses kleine Zeichen 々, um eine Wiederholung von identischen Kanji-Zeichen, den chinesischen Schriftzeichen, zu vermeiden. Hier steht es als hätten wir 時時 *tokidoki*.

yon jû roku **46**

3 — Die Sumô-Saison ist wieder da.
(wieder / [ungezwungen] - Sumô / [Beziehungswort] / Saison / das ist / [übereinstimmend])

4 — Das stimmt!
(so / das ist / [übereinstimmend])

5 — Sehen Sie oft fern?
(oft / Fernsehen / [Erg. 4. F.] / anschauen / [Frage])

6 — Manchmal.
(manchmal / anschauen)

7 — Was schauen Sie sich im Fernsehen an?
(Fernsehen / [Mittel] / was / [Erg. 4. F.] / anschauen / [Frage])

8 — Ich schaue die Nachrichten und Serien an.
(Nachrichten / und / Serien / [Erg. 4. F.] / anschauen)

9 — Was sehen Sie lieber?
(welches von den beiden / [Satzgegenstand] / geliebt / das ist / [Frage])

10 — Ich sehe beides gern.
(die beiden / geliebt / das ist)

ANMERKUNGEN (Fortsetzung)

(4) ホーム・ドラマ. Home-Drama: Wenig Schauspieler, wenig Ausstattung, viel Gefühl und viele Tränen - das sind die Komponenten der Serien, die manchmal eine Viertelstunde, manchmal eine ganze Stunde dauern, tagsüber ausgestrahlt werden und Familiendramen zum Gegenstand haben: Probleme zwischen Partnern, zwischen Eltern und Kindern usw.

(5) どちら *dochira* (dotschila) heißt wörtlich: „welche der beiden Seiten?". Hier, in Verbindung mit einem Adjektiv, verwendet man das Wort, um zwei Gegenstände miteinander zu vergleichen; man braucht im Japanischen keinen Ausdruck wie „der, die, das... ste" im Deutschen hinzuzufügen.

LEKTION 10

練習
renshû
(lenschüü)

1. どちら が 高い です か。
   dochira ga takai desu ka
   (dotschila ga takaj deß' ka)
2. よく テレビ を 見ます。
   yoku terebi o mimasu
   (joku telebi o mimaß')
3. テレビ で 映画 を 見ました。
   terebi de eiga o mimashita
   (telebi de ejga o mimasch'ta)
4. テレビ が 大好き です。
   terebi ga daisuki desu
   (telebi ga dajßuki deß')
5. テレビ の ニュース が 好き です。
   terebi no nyûsu ga suki desu
   (telebi no njüüßu ga ßuki deß')

…に 言葉 を 入れ なさい。
  ni koto ba o i re na sa i
(... ni kotoba o ile naßaj)

1. *Schauen Sie sich oft Sumô-Vorstellungen an?*

   o sumô . . . . ka

****

yon jû hachi **48**

Übungen

1. Welcher von beiden kostet mehr?
2. Ich sehe oft fern.
3. Ich habe einen Film im Fernsehen gesehen.
4. Ich sehe sehr gern fern.
5. Ich sehe gern die Nachrichten.

---

2. *Ich schaue mir die Nachrichten und Filme an.*

. . . . eiga o mimasu

3. *Welcher von den beiden ist näher?*

. . . . chikai desu ka

4. *Ich habe es im Fernsehen gesehen.*

. . . . mimashita

5. *Ach so?*

. . . desu ka

Antwort:
1. - o yoku mimasu -. 2. nyûsu to -. 3. dochira ga -. 4. terebi de -. 5. a sô -.

****

LEKTION 10

第十一課 朝

dai jû ik ka (daj dschüü ik' ka) 　　asa (aßa)

1 - 朝 何 時 に 起きます か。(1)
asa nan ji ni o ki ma su ka
(aßa nan dschi ni okimaß' ka)

2 - 十 一 時 に 起きます。(1)
jû ichi ji ni o ki ma su
(dschüü itschi dschi ni okimaß')

3 - 遅い です ね。
oso i de su ne
(oßoj deß' ne)

4 夜 何 時 に 寝ます か。
yoru nan ji ni ne ma su ka
(jolu nan dschi ni nemaß' ka)

5 - 夜中 の 三 時 に 寝ます。
yo naka no san ji ni ne ma su
(jonaka no ßan dschi ni nemaß')

6 でも 今日 は 十 時 に
de mo kyô wa jû ji ni
(demo kjoo ua dschüü dschi ni

起きました。
o ki ma shi ta
okimasch'ta)

go jû 50

Der Morgen   **Elfte Lektion**
(Morgen)   (te / elf / Lektion)

1 — Um wieviel Uhr stehen Sie am Morgen auf?
 (früh / was - Uhr / [Zeitangabe] / aufstehen / [Frage])

2 — Ich stehe um elf Uhr auf.
 (zehn - eins - Uhr / [Zeitangabe] / aufstehen)

3 — Das ist spät!
 (spät sein / das ist / [übereinstimmend])

4   Um wieviel Uhr gehen Sie abends zu Bett?
 (Nacht / was - Uhr / [Zeitangabe] / schlafen / [Frage])

5 — Ich gehe um drei Uhr früh zu Bett.
 (mitten in der Nacht / [Beziehungswort] / drei - Uhr / [Zeitangabe] / schlafen)

6   Aber heute bin ich um zehn Uhr aufgestanden.
 (aber / heute / [Verstärkung] / zehn - Uhr / [Zeitangabe] / aufgestanden sein)

ANMERKUNGEN

(1) Ach ja, noch einmal das に *ni*. In unserem Fall ist es mit einem Wort, das eine Zeitangabe ausdrückt, gekoppelt, und auf diese Weise drückt es den Augenblick der Handlung aus: 何時に *nan ji ni* (nan dschi ni) „um wieviel Uhr". 十一時に *jû ichi ji ni* (dschüü itschi dschi ni) „um elf Uhr". 三時に *san ji ni* (san dschi ni) „um drei Uhr".

LEKTION 11

7 - それでも 遅い です ね。
so re de mo oso i de su ne
(ßoledemo oßoj deß' ne)

8 - 午後 から 夜中 まで バー で
go go ka ra yo naka ma de bâ de
(gogo kala jonaka made baa de

働いて います。(2) (3)
hatara i te i ma su
hatala.ite imaß')

9 - それなら わかります。
so re na ra wa ka ri ma su
(ßolenala uakalimaß')

10 大変 です ね。
tai hen de su ne
(tajhen deß' ne)

練習
renshû
(lenschüü)

1. 夜 早く 寝ます。
yoru hayaku nemasu
(jolu hajaku nemaß')

2. 昨日 早く 起きません でした。
kinô hayaku okimasen deshita
(kinoo hajaku okimaßen desch'ta)

3. 八 時 に 起きます。
hachi ji ni okimasu
(hatschi dschi ni okimaß')

4. どこ で 働いて います か。
doko de hataraite imasu ka
(doko de hatala.ite imaß' ka)

5. 何 時 に 買物 に 行きます か。
nan ji ni kaimono ni ikimasu ka
(nan dschi ni ka.imono ni ikimaß' ka)

7 — Das ist noch immer spät!
   (trotzdem / spät sein / das ist / [übereinstimmend])

8 — Ich arbeite vom Nachmittag bis spät in die Nacht in einer Bar.
   (Nachmittag / seit / mitten in der Nacht / bis / Bar / [Ortsangabe] / arbeiten)

9 — Dann verstehe ich!
   (dann / verständlich sein)

10 Das ist schrecklich!
   (schrecklich / das ist / [übereinstimmend])

ANMERKUNGEN (Fortsetzung)

(2) 働いて います *hataraite imasu* (hatala.ite imaß'). Wir haben es hier zum ersten Mal mit einer anderen Verbform zu tun. Bisher haben wir die Verbformen ……ます ...*masu* (maß') und ihre Varianten gelernt (vgl. Lektion 7, Anmerkung 1). Heute lernen wir die Formen ….て います ...*te imasu* (te imaß') und ihre Varianten. Diese Verbformen geben an, daß die Handlung, die das Verb ausdrückt, im Moment des Sprechens abläuft. (バー で) はたらいて います。 *bâ de hataraite imasu* (baa de hatala.ite imaß') heißt „ich arbeite" im Sinne von „ich bin an einem bestimmten Ort beschäftigt" oder „jetzt, zur Zeit unseres Gespräches, bin ich (in der Bar) beschäftigt".

(3) Wir haben で *de* schon kennengelernt, und zwar als Partikel, die eine Mittel ausdrückt (vgl. Lektion 6, Satz 7). Hier gibt sie den Ort an, an dem eine Handlung abläuft.

---

6. テレビ を 見ませんか。
   terebi o mimasen ka
   (telebi o mimaßen ka)

Übungen

1. Abends gehe ich zeitig schlafen.
2. Gestern bin ich nicht früh aufgestanden.
3. Ich stehe um 8 Uhr auf.
4. Wo arbeiten Sie?
5. Um wieviel Uhr gehen Sie einkaufen?
6. Sehen Sie nicht fern?

…に 言葉を 入れなさい。
　　ni　kotoba o　ire　nasai
(... ni kotoba o ile naßaj)

1. *Ich arbeite in einem Geschäft.*

   mise . . hataraite imasu

2. *Um wieviel Uhr stehen Sie auf?*

   . . . . . . okimasu . .

****

第十二課　　　　　　　　　喫茶店
dai jû ni ka　　　　　　　　kis sa ten
(daj dschüü ni ka)　　　　　(kiß'ßaten)

1 - こんにちは。(1)
　　ko n ni chi　wa
　　(kon'nitschi ua)

2 - こんにちは。
　　ko n ni chi　wa
　　(kon'nitschi ua)

3 - あそこの 喫茶店へ
　　a so ko　no　kis sa ten　e
　　(aßoko no kiß'ßaten e

行きましょう。
i ki ma　shô
ikimaschoo)

3. *Gehen Sie zeitig zu Bett?*

. . . . . . nemasu ka

4. *Mein Freund kommt um ein Uhr.*

tomodachi ga . . . . kimasu

5. *Was machen Sie am Abend?*

. . . . shimasu ka

Antwort:
1. - de -. 2. nan ji ni - ka. 3. hayaku -. 4. - ichi ji ni -. 5. yoru nani o -.

****

Im Kaffeehaus	Zwölfte Lektion
(Kaffeehaus)	(te / zwölf / Lektion)

1 — Guten Tag!
2 — Guten Tag!
3 — Gehen wir in dieses Kaffeehaus!
   (dorthin / [Beziehungswort] / Kaffeehaus / [Richtungsangabe] / gehen wir)

ANMERKUNGEN

(1) Wir haben schon die Grußform おはよう ございます *ohayô gozaimasu* (ohajoo goSa.imaß') (vgl. Lektion 3, Anmerkung 1) gelernt. Hier nun ein neuer Ausdruck: こんにち は *konnichi wa* (kon.nitschi ua); man verwendet ihn, wenn die ersten Morgenstunden vorüber sind.

LEKTION 12

4 - いらっしゃいませ。(2)
　　i ra s sha i ma se
　(ilasch'scha.imaße)

5 - 山田 さん は 何 に します
　　yama da san wa nani ni shi ma su
　(jamada ßan ua nani ni schimaß'

か。(3) (4)
ka
ka)

6 - 私 は コーヒー。(5)
　　watashi wa kô hî
　(uataschi ua koohii)

7 - じゃあ、 コーヒー と ビール を
　　jaa,   kô hî   to bî ru o
　(dscha, koohii to biilu o

下さい。
kuda sa i
kudaßaj)

こんにち は。

8　お 菓子 を 食べましょう か。
　　o ka shi o ta be ma shô   ka
　(o kaschi o tabemaschoo ka)

9 - いいえ、 けっこう です。(6)
　　i i e,   ke k kô   de su
　(i.ije, kek'koo deß')

4 — Guten Tag!
5 — Was nehmen Sie?
(Yamada-Frau / [Hinweis] / was / [Ziel] / machen / [Frage])
6 — Für mich einen Kaffee.
(mich / [Hinweis] / Kaffee)
7 — Gut. Einen Kaffee und ein Bier, bitte.
(gut / Kaffee / und / Bier / [Erg. 4. F.] / geben Sie)
8 Essen wir Kuchen?
([ungezwungen] - Kuchen / [Erg. 4. F.] / essen wir / [Frage])
9 — Nein, ich nicht, danke.
(nein / vollkommen / das ist)

ANMERKUNGEN (Fortsetzung)

(2) Mit dieser Begrüßung wird der Kunde im Geschäft oder der Gast im Lokal von den Angestellten willkommen geheißen. Wörtlich heißt es: „Treten Sie ein".

(3) Das Wort さん san muß dem Namen der Person folgen, von oder mit der wir sprechen. Wenn man von sich selbst spricht, sagt man nur seinen Namen. Normalerweise verwendet man außerhalb der Familie keines der persönlichen Fürworte, die etwa dem Deutschen „Sie" oder „du" entsprechen, sondern man spricht andere Leute mit ihren Namen an.

(4) Noch einmal に ni. Hier verwenden wir es gemeinsam mit einem Verb: します shimasu (schimaß'). に します ni shimasu (ni schimaß') steht für: „sich entscheiden für eine Sache", „aussuchen".

(5) 私 . Die Aussprache ist normalerweise: watakushi (uatakuschi) (Lektion 9, Satz 4). Aber watashi (uataschi) wird in der Umgangssprache und vor allem von Frauen verwendet. Die Bedeutung bleibt natürlich gleich: „ich, mir, mich".

(6) Dieser Ausdruck wird gewöhnlich verwendet, wenn man etwas ablehnt oder zurückweist. Wörtlich: „Es ist vollkommen so, ich brauche sonst gar nichts".

10- 本当 です か。
　　hon tô　de su　ka
　　(hontoo deß' ka)

11- ええ、本当 に けっこう です。
　　e e,　hon tô ni　ke k kô　de su.
　　(ee, hontoo ni kek'koo deß')

　　今 ダイエット を して います。(7)
　　ima da i e t to　o　shi te　i ma su
　　(ima dajet'to o schite imaß')

12- ああ、そう です か。いつ
　　a a,　sô　de su　ka.　i tsu
　　(aa, ßoo deß' ka) (izu

　　から。
　　ka ra
　　kala)

13- 昨日 から。
　　kinô　ka ra
　　(kinoo kala)

練習
renshû
(lenschüü)

1. お 菓子 も 食べます。
   o kashi mo tabemasu
   (o kaschi mo tabemaß')

2. コーヒー が 好き です か。
   kôhî ga suki desu ka
   (koohii ga ßuki deß' ka)

3. 大好き です。
   daisuki desu
   (dajßuki deß')

10 — Wirklich?
   (wahr / das ist / [Frage])
11 — Ja, wirklich. Ich halte zur Zeit Diät.
   (ja / wahr / [umstandswörtlich] / vollkommen /
   das ist) (jetzt / Diät / [Erg. 4. F.] / machen)
12 — Ach ja! Seit wann?
   (ah / so / das ist / [Frage]) (wann / seit)
13 — Seit gestern.
   (gestern / seit)

ANMERKUNGEN (Fortsetzung)
(7) …して います *shite imasu* (schite imaß') (vgl. Lektion 11, Anmerkung 2), „ich bin im Begriff / ich bin dabei ... zu machen".

4. あそこ の 店 で カメラ を 買いました。
   asoko no mise de kamera o kaimashita
   (aßoko no miße de kamela o ka.imasch*ta)
5. いつ から 働いて います か。
   itsu kara hataraite imasu ka
   (izu kala hatala.ite imaß' ka)
6. わかりません。
   wakarimasen
   (uakalimaßen)

Übungen
1. Ich nehme auch Kuchen.
2. Mögen Sie Kaffee?
3. Ich habe es sehr gern.
4. Ich habe einen Fotoapparat in diesem Geschäft gekauft.
5. Seit wann arbeiten Sie?
6. Ich weiß es nicht.

LEKTION 12

…に 言葉 を 入れ なさい。
ni koto ba o i re na sa i
(... ni kotoba o ile naßaj)

1. *Guten Tag.*

. . . .

2. *Kaufen wir auch Äpfel?*

ringo . . kai . . . . . ka

3. *Ich gehe in das Geschäft dort.*

. . . . mise e ikimasu

****

第十三課   約束
dai jû san ka   yaku soku
(daj dschüü ßan ka)   (jakußoku)

1 - 今朝 フランス人 の 友達
kesa fu ra n su jin no tomo dachi
(keßa fulanßudschin no tomodatschi

を デパート の 前 で 一
o de pâ to no mae de ichi
o depaato no mae de itschi

時間 待ちました。(1) (2)
ji kan ma chi ma shi ta
dschikan matschimasch'ta)

2 - 随分 待ちました ね。
zui bun ma chi ma shi ta ne
(Suibun matschimasch'ta ne)

4. *Bis wann halten Sie Diät?*

. . . . made daietto o shimasu ka

5. *Wann ist er gekommen?*

. . . . kima . . . . . ka

6. *Gehen Sie gern ins Kino?*

eiga . . . . ka

Antwort:
1. konnichi wa. **2.** - mo - mashô -. **3.** asoko no -. **4.** itsu -. **5.** itsu - shita -. **6.** - ga suki desu -.

****

Die Verabredung   **Dreizehnte Lektion**
(Verabredung)   **(te / zehn-drei / Lektion)**

1 — Heute am Vormittag habe ich eine Stunde vor dem Kaufhaus auf meinen französischen Freund gewartet.
(heute am Vormittag / Frankreich-Mensch / [Beziehungswort] / Freund / [Erg. 4. F.] / Kaufhaus / [Beziehungswort] / vor / [Ortsangabe] / eins-Stunde / gewartet haben)

2 — Sie haben lange gewartet!
(viel / gewartet haben / [übereinstimmend])

ANMERKUNGEN

(1) Nach dem に *ni* müssen wir uns mit dem の *no* abgeben! Es hat verschiedene Funktionen. Hier dient es als Beifügung: フランス人 の友達 *furansujin no tomodachi* (fulanßudschin no tomodatschi) in der Bedeutung von „ein Freund, (der) Franzose (ist)".

(2) Zur Wiederholung: Sie erinnern sich doch sicherlich an で *de*, das den Ort einer Handlung bezeichnet (vgl. Lektion 11, Anmerkung 3).

3 - はい。
ha i
(haj)

4 - 来ましたか。
ki ma shi ta ka
(kimasch'ta ka)

5 - いいえ、来ませんでした。(3)
i i e, ki ma se n de shi ta
(i.ije, kimaßen desch'ta)

6 - どうしたのでしょう。
dô shi ta no de shô
(doo schita no deschoo)

7 - わかりません。
wa ka ri ma se n
(uakalimaßen)

8 - こまりましたね。
ko ma ri ma shi ta ne
(komalimasch'ta ne)

9 - ええ、買物ができません
e e, kai mono ga de ki ma se n
(ee, ka.imono ga dekimaßen

でした。
de shi ta
desch'ta)

10 今晩友達に電話をします。
kon ban tomo dachi ni den wa o shi ma su
(konban tomodatschi ni den.ua o schimaß')
(4)

3 — Ja.

4 — Ist er gekommen?
(gekommen sein / [Frage])

5 — Nein, er ist nicht gekommen.
(nein / nicht gekommen sein)

6 — Wie gibt es das?
(wie / gemacht haben / man kann glauben)

7 — Ich weiß es nicht.
(nicht wissen)

8 — Das ist ärgerlich!
(verlegen sein / [übereinstimmend])

9 — Oh ja! Ich konnte meine Einkäufe nicht machen.
(ja / Einkäufe / [Satzgegenstand] / nicht möglich gewesen sein)

10 Ich werde ihn heute abend anrufen.
(heute abend / Freund / [Erg. 3. F.] / Telefon / [Erg. 4. F.] / machen)

ANMERKUNGEN (Fortsetzung)

(3) Vgl. Lektion 8, Anmerkung 7.

(4) Im Deutschen steht uns eine ganze Reihe von persönlichen Fürwörtern zur Verfügung, um die Wiederholung eines Eigennamens zu vermeiden. Im Japanischen macht man sich das Leben nicht so schwer... man wiederholt, ganz einfach!

Bitte beachten Sie wieder das Wort に *ni*, diesmal bezeichnet es die Person, die das Ziel der Handlung ist.

練習
renshû
(lenschüü)

1. 買物 が できました か。
   kaimono ga dekimashita ka
   (ka.imono ga dekimasch'ta ka)
2. アメリカ人 の 友達 が 来ました。
   amerikajin no tomodachi ga kimashita
   (amelikadschin no tomodatschi ga kimasch'ta)
3. デパート の 中 で 待ちました。
   depâto no naka de machimashita
   (depaato no naka de matschimasch'ta)
4. 何 時間 待ちました か。
   nan jikan machimashita ka
   (nan dschikan matschimasch'ta ka)
5. わかりません。
   wakarimasen
   (uakalimaßen)
6. デパート に 行きません でした。
   depâto ni ikimasen deshita
   (depaato ni ikimaßen desch'ta)

…に 言葉 を 入れ なさい。

ni koto ba o i re na sa i
(... ni kotoba o ile naßaj)

1. *Ich habe vor einem Geschäft gewartet.*

   mise . . . . machimashita

****

roku jû yon **64**

Übungen
1. Konnten Sie Ihre Einkäufe machen?
2. Mein amerikanischer Freund ist gekommen.
3. Ich habe im Kaufhaus gewartet.
4. Wieviele Stunden haben Sie gewartet?
5. Ich weiß (es) nicht.
6. Ich bin nicht ins Kaufhaus gegangen.

---

2. *Können Sie chinesisch kochen?*

   chûka ryôri . . . . ka

3. *Ist Ihr deutscher Freund gekommen?*

   doitsu . . . . . tomodachi ga kimashita ka

4. *Heute abend fahre ich mit dem Bus zum Kino.*

   . . . . . . basu . . eiga . . ikimasu

5. *Ich habe nicht gewartet.*

   machi . . . .

6. *Ich habe zwei Stunden gewartet.*

   ni . . . . . machimashita

Antwort:
1. - no mae de -. **2.** - ga dekimasu -. **3.** - jin no -. **4.** konban - de - ni -. **5.** - masen deshita. **6.** - jikan -.

Vergessen Sie nicht: Sie sollen laut japanisch lesen. Sie wollen ja sprechen lernen, nicht murmeln!

****

LEKTION 13

第十四課   まとめ
だいじゅうよん か

dai jû yon ka   ma to me
(daj dschüü jon ka)   (matome)

Schon die vierzehnte Lektion! Sie sehen, Sie machen Fortschritte... Und eine kleine Pause wird Ihnen guttun.

1. Wir werden ein für alle Mal die Rechtschreiberegeln abschließen. Wir haben bereits einige komplizierte Silbenbildungen kennengelernt, wie z.B. *kyô, ryô, kyû, chû, jû...* Diese Silben sind keine japanischen Silben, sondern japanische Adaptationen der entlehnten chinesischen Wörter. (Schlagen Sie noch einmal in der Einleitung, Seite XIII nach.)

Es gibt zwei Arten:

● *sh* (sch) + *a, o, u* und *ch* (tsch) + *a, o, u*. Mit den Kanazeichen kann man nur *shi* (schi) し und *chi* (tschi) ち schreiben, aber nicht *sha, sho, shu* (scha, scho, schü) und *cha, cho, chu* (tscha, tscho, tschü). Man hilft sich damit, daß man dem *shi* (schi) し und *chi* (tschi) ち das kleine *ya, yo* oder *yu* (ja, jo oder jü) ゃ、ょ、ゅ、folgen läßt.

sha しゃ   *sho* しょ   *shu* しゅ
cha ちゃ   *cho* ちょ   *chu* ちゅ

und wenn das *o* oder *u* lang ist: *shô* (schoo) しょう, *shû* (schüü) しゅう, *chô* (tschoo) ちょう, *chû* (tschüü) ちゅう.

● die Silben *kyô, kyû; ryô, ryû* usw. Das heißt, wenn man einen Konsonanten (Mitlaut) + *y* (j) + *o* oder *u* (und ganz selten *a*) schreiben will, muß man das Kanazeichen für den Konsonanten + *i* verwenden: *ki, ri* (li) き、り und läßt dann wiederum das kleine *yo* (jo) oder *yu* (jü) ょ、ゅ folgen.

kyo きょ   *kyu* きゅ   *ryo* りょ   *ryu* りゅ

und wenn das *o* oder *u* lang ist:

kyô きょう   *kyû* きゅう   *ryô* りょう   *ryû* りゅう

Vierzehnte Lektion
(te / zehn-vier / Lektion)
Wiederholung und Anmerkungen

Auf dieselbe Art verfährt man dann mit allen anderen Konsonanten, wie z.B.:
hyô ひょう oder *nyû* にゅう.

2. Und jetzt eine kleine Prüfung, um festzustellen, ob Sie neugierig sind...

Nehmen wir uns noch einmal den Satz 9 in der Lektion 10 vor:

どちら が 好き です か *dochira ga suki desu ka* (dotschila ga ßuki deß' ka) und betrachten wir die beiden unterstrichenen Hiraganazeichen. Das erste ist GA, das zweite ist KA. Finden Sie nicht, daß sie einander sehr ähnlich sind? Ihre Form ist identisch: か und um GA zu schreiben, werden nur zwei kleine Punkte hinzugefügt. Diese kleinen Punkte finden wir aber auch in den Hiraganazeichen, die wir mit Punkten unterstrichen haben: ど *do* und で *de*. Und wenn Sie andere Sätze genau anschauen, dann werden Sie diese kleinen Punkte ab und zu finden. Haben Sie sie schon bemerkt? Die 46 Schriftzeichen im Hiragana- und Katakanasystem sind nicht genug und mit Hilfe der Punkte wird das System vergrößert. Und zwar nimmt man die Silbenzeichen, deren Konsonant stimmlos ist, wie z.B. *ka, ta, shi, ho* usw. か、た、し、ほ、im Hiraganasystem und カ、タ、シ、ホ、im Katakanasystem und setzt ganz einfach zwei Punkte daneben und zeigt dadurch an, daß die Silbe mit einem stimmhaften Konsonanten beginnt: が ガ *ga*, だ ダ *da*, じ ジ *ji*, ぼ ボ *bo*. Vgl. auch Lektion 8, Satz 6, der Filmtitel des Chaplinfilmes ist „Moderne Zeiten": モダン・タイムズ *modan.taimuzu*.

Will man ein *p* am Silbenanfang schreiben, muß man das Kanazeichen für *h* verwenden und einen kleinen Kreis daneben setzen. Wir sehen also, daß hier dieselben Kanazeichen dreimal verwendet werden können, ohne Punkte, mit Punkten und mit Kreisen:

ha は ハ   *ba* ば バ   *pa* ぱ パ
hi ひ ヒ   *bi* び ビ   *pi* ぴ ピ
usw.

Sie finden eine vollständige Übersicht auf den Seiten 313 und 314.

3. Wiederholen wir auch die Partikel, wir haben ja schon einige Verwendungsmöglichkeiten von に *ni* und で *de* kennengelernt.

● で *de* kennen wir in zwei Bedeutungen:

— als Mittel (vgl. Lektion 13, Satz 6): バス で 来ました *basu de kimashita* (baßu de kimasch'ta): „er ist mittels eines Busses gekommen", „er ist mit dem Bus gekommen".

— als Ortsangabe einer bestimmten Handlung (vgl. Lektion 13, Satz 1): デパート の 前 で 待ちました *depâto no mae de machimashita*
(depaato no mae de matschimasch'ta)
„ich habe vor dem Kaufhaus gewartet". Die Tätigkeit ist „warten", der Ort „vor dem Kaufhaus".

● に *ni* kennen wir in fünf Bedeutungen:

— als Angabe eines Ortes, an dem sich etwas befindet (vgl. Lektion 6, Satz 8).

— um ein Umstandswort zu bilden, z.B. „zusammen", „gemeinsam": 一緒 に *issho ni* (isch'scho ni).

— zur Beschreibung einer Tätigkeit, die das Ziel des Bewegungsverbs ist (vgl. Lektion 8, Satz 3):

映画 に 行きました *eiga ni ikimashita*
(ejga ni ikimasch'ta)

„wir sind ins Kino gegangen"; „Kino" wird dabei als Tätigkeit und nicht als Ort betrachtet.

— zur Beschreibung einer Person, die das Ziel einer Handlung ist (vgl. Lektion 13, Satz 10):

友達 に 電話 を します
tomodachi **ni** *denwa o shimasu*
(tomodatschi ni den.ua o schimaß')
„ich rufe meinen Freund an".

— um die Uhrzeit anzugeben (vgl. Lektion 11, Sätze 1, 2, 4, 5 und 6).

Man kann sagen, daß diese Partikel für genaue Zeitpunkte oder Ortsangaben verwendet werden.

4. Den folgenden Ausdruck beherrschen Sie sicherlich schon, denn wir haben ihn schon so oft benutzt: そう です か *sô desu ka* (ßoo deß' ka). Wörtlich übersetzt heißt そう „so", です „das ist", gefolgt von der Fragepartikel. Im Japanischen wird diese Wendung häufig benutzt, um dem Sprecher zu zeigen, daß man ihn versteht. Im Deutschen haben wir ähnliche Ausdrücke, z.B. „jawohl", „stimmt" oder einfach „ja". Manchmal wird der Ausdruck im Japanischen leicht geändert. そう です ね *sô desu ne* (ßoo deß' ne) das heißt nun, daß man Stellung nimmt, daß man gleicher Meinung ist (vgl. Lektion 1, Anmerkung 4). Wenn man mit einem Bekannten spricht, verkürzt man den Ausdruck zu そう か、そう ね *soo ka, soo ne* (ßoo ka, ßoo ne). Allerdings ist es nicht ratsam, so mit einem Fremden zu reden... Da wir diesen Ausdruck zweifellos oft in den Dialogen verwenden werden, werden wir Ihnen nur eine allgemeine Übersetzung mit der entsprechenden Erklärung angeben. Die wörtliche Übersetzung lassen wir weg.

Machen Sie sich nicht allzu viel Sorgen wegen der Schrift. Was Sie weiter üben müssen ist Lesen; wiederholen Sie, welche Kanazeichen mit welchen Silben übereinstimmen. Gewöhnen Sie Ihre Augen ganz langsam an die Schriftzeichen. Wenn Sie sich nicht auskennen, dann schlagen Sie die Seiten 313-314 auf, da haben Sie die ganze Tabelle vor sich. Aber versuchen Sie nicht, sich alles zu merken. Beobachten Sie, wiederholen Sie, verstehen Sie. Auf diese

****

第十五課　　　　　　　　紹介
dai jû go ka　　　　　　　　shô kai
(daj dschüü go ka)　　　　　(schookaj)

1 – 小林　道子と　申します。
ko bayashi michi ko to mô shi ma su
(kobajaschi mitschiko to mooschimaß')

2　東京　に　住んで　います。
tô kyô ni su n de i ma su
(tookjoo ni ßunde imaß')

3　三　年　前　に　結婚　しました。
san nen mae ni kek kon shi ma shi ta
(ßan nen mae ni kek'kon schimasch'ta)

4　子供　が　二人　います。
ko domo ga futari i ma su
(kodomo ga f'tali imaß')

5　女　の　子と　男　の　子です。
onna no ko to otoko no ko de su
(on'na no ko to otoko no ko deß')

6 – お嬢さん　は　いくつですか。(1)(2)
o jô sa n wa i ku tsu de su ka
(odschoosan ua ikuzu deß' ka)

ANMERKUNGEN
(1) お嬢さん *o jô san* (odschoo ßan). Dieses Wort verwendet man nur, wenn man von einem fremden Kind spricht. Das Wort steht für ein Kind weiblichen Geschlechts und kann sogar für ein junges Mädchen von 20 Jahren verwendet werden.

Art und Weise werden Sie in die Sprache eingeführt, und Sie werden sie ganz unwillkürlich lernen.

****

Sich vorstellen (Vorstellung)

Fünfzehnte Lektion
(te / zehn-fünf / Lektion)

1 — Ich heiße KOBAYASHI Michiko.
(Kobayashi / Michiko / [Zitat] / sich nennen)

2 Ich wohne in Tokio.
(Tokio / [Ortsangabe] / wohnen)

3 Ich bin seit drei Jahren verheiratet.
(drei-Jahre-bevor / [Zeitangabe] / Hochzeit-gemacht haben)

4 Ich habe zwei Kinder.
(Kind / [Satzgegenstand] / zwei Personen / existieren)

5 Ein Mädchen und einen Jungen.
(Mädchen / und / Junge / das ist)

6 — Wie alt ist Ihre Tochter?
(Ihre Tochter / [Hinweis] / wieviel / das ist / [Frage])

ANMERKUNGEN (Fortsetzung)

(2) Es ist Zeit, daß wir uns der kleinen Partikel は *wa* (ua) widmen, der wir schon mehrere Male begegnet sind. Der Gebrauch dieser Partikel ist schwierig, da wir im Deutschen kein Äquivalent dafür haben.
Zunächst einmal möchten wir darauf hinweisen, daß die Aussprache weich ist, eher wie ,,ua" und daß ein Hiraganazeichen は verwendet wird, das normalerweise wie *ha* ausgesprochen wird. Eine Komplikation tritt dadurch auf, daß wir es hier mit einem der beiden Fälle zu tun haben, in denen ein Hiraganazeichen zwei verschiedene Aussprachen hat (der zweite Fall ist, wenn へ wie *he* ausgesprochen wird, ausgenommen dann, wenn die Partikel zur Richtungsangabe dient und wie *e* ausgessprochen wird).

7 - 今 十 五 歳 です。
ima jû go sai de su
(ima dschüü go ßaj deß')

8 - え?
e
(e?)

9 - はい。実 は 三 年 前 に
ha i. jitsu wa san nen mae ni
(haj) (dschizu ua ßan nen mae ni

再婚 しました。(2)
sai kon shi ma shi ta
ßajkon schimasch'ta)

10 - お坊ちゃん は いくつ です か。
o bot cha n wa i ku tsu de su ka
(obot'tschan ua ikuzu deß' ka)
(3)

11 - まだ 一 歳 です。
ma da is sai de su
(mada iß' ßaj deß')

ANMERKUNGEN (Fortsetzung)

Nun zum Gebrauch

a) (vgl. Lektion 12, Sätze 5 und 6): Dort steht は *wa* (ua) nach einem Substantiv und nach einem Pronomen, zu Beginn des Satzes, es kündigt an, worüber gesprochen wird. Wörtlich würde

お嬢さん は いくつ です か。
o jôsan wa ikutsu desu ka
(o dschooßan ua ikuzu deß' ka)

folgendes heißen: ,,Sprechen wir von Ihrer Tochter: wie alt ist sie?".

7 — Sie ist jetzt 15 Jahre alt.
   (jetzt /zehn-fünf-Jahr / das ist)
8 — Was?
9 — Ja. In Wirklichkeit habe ich vor drei Jahren wieder geheiratet.
   (ja) (Wirklichkeit / [Verstärkung] / drei-Jahr-bevor / [Zeitangabe] / Wiederverheiratung-gemacht haben)
10 — Und Ihr kleiner Sohn, wie alt ist er?
   (Ihr kleiner Sohn / [Hinweis] / wieviel / das ist / [Frage])
11 — Er ist erst ein Jahr alt.
   (erst / eins-Jahr / das ist)

ANMERKUNGEN (Fortsetzung)

私 は コーヒー
watashi wa kôhî (uataschi ua koohii)
würde heißen: „(Sprechen wir von) mir, (ich nehme) einen Kaffee" (vgl. Lektion 12, Satz 6). In der wörtlichen Übersetzung weisen wir darauf mit dem Ausdruck [Hinweis] hin.

b) Nach einem Umstandswort, zur Verstärkung dieses Wortes. In diesem Fall weisen wir mit [Verstärkung] darauf hin (vgl. Satz 9).

Das ist alles! Die Erklärungen waren etwas lang, aber die Partikel は *wa* (ua) ist einer der Schlüssel zum Japanischen. Wenn Sie richtig verstehen, worauf sie sich bezieht, haben Sie bereits volle Arbeit geleistet. Sie sehen also, daß Sie auf dem richtigen Weg sind!

(3) お坊ちゃん *obotchan* (obot'tschan). Vgl. Anmerkung 1 dieser Lektion. Hier kann gleichfalls das Wort nur für ein fremdes Kind männlichen Geschlechts verwendet werden, höchstens aber bis zu 13 oder 14 Jahren.

練習
renshû
(lenschüü)

1. 女の子 が います。
   onna no ko ga imasu
   (on'na no ko ga imaß')

2. いくつ です か。
   ikutsu desu ka
   (ikuzu deß' ka)

3. 六歳 です。
   roku sai desu
   (loku ßaj deß')

4. 今 どこ に 住んで います か。
   ima doko ni sunde imasu ka
   (ima doko ni ßunde imaß' ka)

5. 二年前 に この カメラ を 買いました。
   ni nen mae ni kono kamera o kaimashita
   (ni nen mae ni kono kamela o ka.imasch'ta)

…に 言葉 を 入れ なさい。

ni koto ba o i re na sa i
(... ni kotoba o ile naßaj)

1. *Wie alt ist Ihr Sohn?*

   obotchan wa . . . . ka

2. *15 Jahre.*

   jû go . . . .

Übungen

1. Ich habe eine Tochter.
2. Wie alt ist sie?
3. 6 Jahre.
4. Wo wohnen Sie jetzt?
5. Vor zwei Jahren habe ich diesen Fotoapparat gekauft.

---

3. *Ich wohne in Tokio.*

   tôkyô . . . . imasu

4. *Ich habe zwei Töchter.*

   onna no ko . . . . imasu

5. *Ich habe diese Brille vor 5 Jahren gekauft.*

   kono megane . . . . kaimashita

Antwort:
1. - ikutsu desu -. 2. - sai desu. 3. - ni sunde -. 4. - ga futari -.
5. - o go nen mae ni -.

第十六課　日曜日
だいじゅうろっか　　　にちようび

dai jû rok ka　　　　nichi yô bi
(daj dschüü lok' ka)　(nitschijoobi)

1 – 今日 は 日曜日 です。(1)
　　kyô　wa　nichi yô bi　de su
　　(kjoo ua nitschijoobi deß')

2　お 天気 が いい です ね。
　　o ten ki　ga　i i　de su　ne
　　(o tenki ga i.i deß' ne)

3　ピクニック に 行きましょう か。
　　pi ku ni k ku　ni　i ki ma shô　ka
　　(pikunik'ku ni ikimaschoo ka)

4 – いい です ね。
　　i i　de su　ne
　　(i.i deß' ne)

5　田中 さん と 山本 さん を
　　ta naka　sa n　to yama moto sa n　o
　　(tanaka ßan to jamamoto ßan o

　　誘いましょう。(2)
　　saso i ma　shô
　　ßaßo.imaschoo)

6 – ああ それ は いい 考え です
　　a a　so re　wa　i i　kanga e　de su
　　(aa ßole ua i.i kangae deß'

　　ね。
　　ne
　　ne)

7 – どこ へ 行きましょう か。
　　do ko　e　i ki ma　shô　ka
　　(doko e ikimaschoo ka)

Sonntag   **Sechzehnte Lektion**
(te / zehn-sechs / Lektion)

1 — Heute ist Sonntag.
(heute / [Hinweis] / Sonntag / das ist)

2   Es ist schönes Wetter!
([ungezwungen]-Wetter / [Satzgegenstand] / gut sein / das ist / [übereinstimmend])

3   Wollen wir ein Picknick machen?
(Picknick / [Ziel] / gehen wir / [Frage])

4 — Oh, ja, einverstanden!
(gut sein / das ist / [übereinstimmend])

5   Laden wir Herrn Tanaka und Fräulein Yamamoto ein!
(Tanaka-Herr / und / Yamamoto-Fräulein / [Erg. 4. F.] / laden wir ein)

6 — Ja, das ist eine gute Idee!
(ah / das / [Hinweis] / gut sein / Idee / das ist / [übereinstimmend])

7 — Wohin gehen wir?
(wohin / [Richtungsangabe] / gehen wir / [Frage])

ピクニック に 行きましょう か。

ANMERKUNGEN

(1) Vgl. Lektion 15, Anmerkung 2.

(2) Das Wort さん *san* muß immer einem Eigennamen der Person, von der man spricht, folgen, unabhängig vom Alter oder Geschlecht. Aber man verwendet es nie für sich selbst (lesen Sie sich in Lektion 15, Satz 1 noch einmal durch).

8 — 江ノ島 は いかが です か。(3)
e no shima wa i ka ga de su ka
(enoschima ua ikaga deß' ka)

9 何 を 持って 行きましょう か。
nani o mo tte i ki ma shô ka
(nani o mot'te ikimaschoo ka)

10 — サンド・ウィッチ に お 寿司 に
san do. u i t chi ni o su shi ni
(ßando.uitschi ni o ßuschi ni

みかん に お 菓子。(4) (5)
mi ka n ni o ka shi
mikan ni o kaschi)

11 子供 の ために ジュース も
ko do mo no ta me ni jû su mo
(kodomo no tame ni dschüüßu mo

持って 行きましょう。
mo tte i ki ma shô
mot'te ikimaschoo)

12 — 田中 さん と 山本 さん に
ta naka sa n to yama moto sa n ni
(tanaka ßan to jamamoto ßan ni

すぐ 電話 を かけましょう。
su gu den wa o ka ke ma shô
ßugu den.ua o kakemaschoo)

13 — はい。 おねがい します。(6)
ha i. o ne ga i shi ma su
(haj) (onega.i schimaß')

8 — Was sagen Sie zu Enoshima?
(Enoshima / [Hinweis] / wie / das ist / [Frage])

9 Was nehmen wir mit?
(was / [Erg. 4. F.] / mitnehmen / gehen wir / [Frage])

10 — Belegte Brote, Sushi, Mandarinen, Kuchen.
(belegtes Brot / [Aufzählung] / [ungezwungen]-Sushi / [Aufzählung] / [ungezwungen]-Kuchen)

11 Für die Kinder nehmen wir auch Fruchtsaft mit.
(Kinder / [Beziehungswort] / für / Fruchtsaft / auch / mitnehmen / gehen wir)

12 — Ich rufe sofort Herrn Tanaka und Fräulein Yamamoto an.
(Tanaka-Herr / und / Yamamoto-Fräulein / [Erg. 3. F.] / sofort / Telefon / [Erg. 4. F.] / funktionieren machen)

13 — Ja. Bitte.

ANMERKUNGEN (Fortsetzung)

(3) Enoshima ist eine kleine Insel, das Wort *shima* bedeutet „Insel". Sie hat einen Umfang von 4 km und liegt in der Bucht von Sagami südlich von Tokio, in der Nähe von Kamakura. Kamakura ist eine der beliebten Sommerfrischen der Einwohner der Hauptstadt.

(4) Das Wort に *ni* hört einfach nicht auf, uns zu überraschen! Hier treffen wir es mit einer neuen Bedeutung, es verbindet mehrere Gegenstände einer Aufzählung ohne Verb am Ende. Das gleiche に *ni* wird im Restaurant verwendet, wenn man eine Bestellung aufgibt. Man reiht die einzelnen Gegenstände einfach einen an den anderen auf.

(5) お 寿司 *o sushi* (o ßuschi). Nebenbei weisen wir Sie auf das お *o* des vertrauten Umganges hin. Das Sushi ist eine typisch japanische Speise: dünne Scheiben von rohem Fisch, die man auf einem Reisklößchen ißt. Ein sehr gutes Sushi ist sehr teuer, denn es wird immer schwieriger, gute frische Fische in Japan zu bekommen!

(6) Das ist der normale Ausdruck für eine Bitte.

練習
renshû
(lenschüü)

1. 今日 は お 天気 が いい です ね。
   kyô wa o tenki ga ii desu ne
   (kjoo ua o tenki ga i.i deß' ne)
2. サンド・ウィッチ を 持って 行きましょう。
   sandouittchi o motte ikimashô
   (ßando.uitschi o mot'te ikimaschoo)
3. 山本 さん の 友達 を 誘いましょう。
   yamamoto san no tomodachi o sasoimashô
   (jamamoto ßan no tomodatschi o ßaßo.imaschoo)
4. 小林 さん の ため に 買いました。
   kobayashi san no tame ni kaimashita
   (kobajaschi ßan no tame ni ka.imasch'ta)
5. すぐ 行きましょう。
   sugu ikimashô
   (ßugu ikimaschoo)

…に 言葉 を 入れ なさい。
 ni koto ba o i re na sa i
(... ni kotoba o ile naßaj)

1. *Ich habe Herrn Yamada angerufen.*

yamada . . . . kakemashita

****

Übungen

1. Heute ist es sehr schön!
2. Ich nehme belegte Brote mit.
3. Laden wir den Freund von Herrn Yamamoto ein.
4. Ich habe sie für Fräulein Kobayashi gekauft.
5. Gehen wir sofort dorthin.

---

2. *Heute ist Sonntag.*

   kyô . . . . desu

3. *Ich nehme meinem Freund Bücher mit.*

   tomodachi . . . . hon o . . . . . ikimasu

4. *Ich rufe sofort an.*

   . . . . denwa o . . . .

5. *Ja, bitte.*

   hai . . . .

Antwort:
1. - san ni denwa o -. 2. - wa nichiyôbi -. 3. - no tame ni - motte -. 4. sugu - kakemasu. 5. - onegai shimasu.

****

第十七課　のみ の 市

だいじゅうななか　　　　　　　　の み　の　いち
dai jû nana ka　　　　　　　　　no mi　no　ichi
(daj dschüü nana ka)　　　　　　(nomi no itschi)

1 ─ その 箱 の 右 の 茶碗 は
　　　so no hako no migi no cha wan wa
　　　(ßono hako no migi no tschauan ua

　　いくら です か。
　　i ku ra de su ka
　　ikula deß' ka)

2 ─ これ です か。
　　ko re de su ka
　　(kole deß' ka)

3 ─ いいえ、その 左 の 茶碗
　　i i e,　so no hidari no cha wan
　　(i.ije, ßono hidali no tschauan

　　です。
　　de su
　　deß')

4 ─ ええ と… これ は 三 万 円
　　e e to... ko re wa san man en
　　(eeto...kole ua ßan man en

　　です。(1)
　　de su
　　deß')

5 ─ 三 万 円 です か。高い です
　　san man en de su ka.　taka i de su
　　(ßan man en deß' ka) (takaj deß'

　　ね。
　　ne
　　ne)

Siebzehnte Lektion
(te / zehn-sieben / Lektion)

Der Flohmarkt
(Floh / [Beziehungswort] / Markt)

1 — Die Tasse dort, rechts von dieser Schachtel, wieviel kostet sie?
(diese / Schachtel / [Beziehungswort] / rechts / [Beziehungswort] / Tasse / [Hinweis] / wieviel / das ist / [Frage])

2 — Diese hier?
(diese hier / das ist / [Frage])

3 — Nein, die Tasse, links.
(nein / von dieser hier / links / [Beziehungswort] / Tasse / das ist)

4 — Ach... Sie kostet 30 000 Yen.
(ach) (das / [Hinweis] / drei-zehntausend-Yen / das ist)

5 — 30 000 Yen? Das ist teuer!
(drei-zehntausend-Yen / das ist / [Frage]) (teuer sein / das ist / [übereinstimmend])

ANMERKUNGEN
(1) Ein 方 *man* ist eine Einheit mit 4 Nullstellen: 1 0000 = 10 000. Die Japaner verwenden das Wort täglich, wenn sie etwa einen Preis angeben wollen usw.

6 - あ、 ごめん なさい。 三千
a, go me n na sa i. san zen
(a, gomen naßaj) (ßan Sen

円 です。
en de su
en deß')

7 - ちょっと 見せて 下さい。
cho t to mi se te kuda sa i
(tschot'to mißete kudaßaj)

8 - はい、 どうぞ。
ha i, dô zo
(haj, dooSo)

9 - 古い もの です か。
furu i mo no de su ka
(fulu.i mono deß' ka)

10- そう です よ。 江戸 時代 の
sô de su yo. e do ji dai no
(ßoo deß' jo) (edo dschidaj no

もの です。(2) (3)
mo no de su
mono deß')

11- では これ を 下さい。 はい
de wa ko re o kuda sa i. ha i
(deua kole o kudaßaj) (haj

三 千 円。
san zen en
ßan Sen en)

12- どうも ありがとう ございます。
dô mo a ri ga tô go za i ma su
(doomo aligatoo goSa.imaß')

6 — Oh! Entschuldigung! Sie kostet 3 000 Yen.
   (oh / Entschuldigung) (drei-tausend-Yen / das ist)
7 — Zeigen Sie sie mir einmal!
   (ein bißchen / zeigen Sie)
8 — Ja, bitte.
9 — Ist das ein antikes Stück?
   (antik sein / Gegenstand / das ist / [Frage])
10 — Oh ja! Das ist ein Stück aus der Edozeit.
    (so / das ist / [behauptend]) (Edo-Periode / [Beziehungswort] / Gegenstand / das ist)
11 — Dann nehme ich sie. Hier sind 3 000 Yen.
    (dann / diejenige / [Erg. 4. F.] / geben Sie) (ja / drei-tausend-Yen)
12 — Danke sehr.

ANMERKUNGEN (Fortsetzung)

(2) Vgl. Lektion 14, Wiederholungen und Anmerkungen, Absatz 4.

(3) In Japan wird die Geschichte in verschiedene Perioden eingeteilt. Die Edozeit erstreckt sich von 1603 bis 1867. Es war eine Zeit des Friedens, in der sich Japan hermetisch von der Außenwelt abschloß, in der aber gleichzeitig wirtschaftlich und technologisch eine moderne Gesellschaft entstand. In den Städten, die bereits dicht besiedelt waren, entwickelten sich die verschiedensten Kunstformen. Edo ist der alte Name von Tokio, als die Hauptstadt des Landes Kyoto war.

Vergessen Sie nicht: Das Wichtigste im Moment ist es, die Sprache zu verstehen. Wahrscheinlich kommen Ihnen manche Sätze sehr schwierig vor. Halten Sie sich damit nicht auf. Sie werden wiederholt und wieder erklärt in einer späteren Lektion... Um es mit einem japanischen Sprichwort zu sagen: ,,Man kann das Wachstum von Pflanzen nicht beschleunigen, indem man an ihnen zieht"...

Haben Sie Geduld!

13- あれ。茶碗の裏に「Made
　　a re.　cha wan　no　ura　ni　　"made
　　(ale) (tschauan no ula ni ,,made

in Hong-Kong」と 書いて ある。
in Hong-Kong"　to　ka i te　a ru.
in Hong-Kong" to ka.ite alu)

やられた。(4)
ya ra re ta
(jalaleta)

練習
renshû
(lenschüü)

1. この 魚 は 高い です ね。
   kono sakana wa takai desu ne
   (kono ßakana ua takaj deß' ne)

2. ちょっと 待って ください。
   chotto matte kudasai
   (tschot'to mat'te kudaßaj)

3. 喫茶店 は すぐ 左 に あります。
   kissaten wa sugu hidari ni arimasu
   (kiß'ßaten ua ßugu hidali ni alimaß')

4. 右 の 本 を 見せて 下さい。
   migi no hon o misete kudasai
   (migi no hon o mißete kudaßaj)

5. カメラ屋 は デパート の 裏 に
   kamera ya wa depâto no ura ni
   (kamelaja ua depaato no ula ni

   あります。
   arimasu
   alimaß')

---

13 — (zu sich) Ach! Unter der Tasse steht „Made in Hong-Kong". Ich bin hereingelegt worden!
(ach) (Tasse / [Beziehungswort] / Rückseite / [Ortsangabe] / Made in Hong-Kong / [Zitat] / geschrieben sein) (hereingelegt worden sein)

ANMERKUNGEN (Fortsetzung)

(4) Bisher haben wir Verben benutzt mit der Endung ます *masu* (maß') oder Ableitungen davon. Das Wort ある *aru* (alu) entspricht dem Wort あります *ari**masu*** (alimaß'), das wir schon oft gesehen haben. Das gleiche gilt für das folgende Wort: やられた *yarareta* (jalaleta) entspricht やられました *yarere**mashita*** (jalale masch'ta). Wir haben diese Form schon kennengelernt. Warum der Unterschied? Im Augenblick genügt es zu wissen, daß es einen Unterschied gibt, wir werden später in der Wiederholungslektion darauf zu sprechen kommen.

Übungen

1. Dieser Fisch ist sehr teuer!
2. Bitte warten Sie einen Moment.
3. Das Kaffeehaus ist gleich links.
4. Zeigen Sie mir das Buch auf der rechten Seite.
5. Das Fotogeschäft befindet sich hinter dem Kaufhaus.

…に 言葉 を 入れ なさい。
   ni koto ba o   i re   na sa i
(... ni kotoba o ile naßaj)

1. *Wieviel kostet das?*

   . . . .

2. *Das kostet 20 000 Yen.*

   . . . . . en desu

3. *Das ist rechts.*

. . . . ni arimasu

4. *Das ist links.*

. . . . . . arimasu

****

第十八課 本屋
だいじゅうはっか ほんや
dai jû hak ka hon ya
(daj dschüü hak' ka) (hon.ja)

1 - いらっしゃいませ。(1)
 i ra s sha i ma se
 (ilasch'scha.imaße)

2 - トルストイ の 「戦争 と 平和」
 to ru su to i no sen sô to hei wa
 (tolußutoj no ßenßoo to hejua

 は あります か。
 wa a ri ma su ka
 ua alimaß' ka)

3 - 「戦争 と 平和」 です か。
 sen sô to hei wa de su ka
 (ßenßoo to hejua deß' ka)

4 はい、 あります。
 ha i, a ri ma su
 (haj, alimaß')

5 しょうしょう お 待ち 下さい。
 shô shô o ma chi kuda sa i
 (schooschoo o matschi kudaßaj)

5. *Die Tasse rechts bitte.*

. . . . . . chawan . . . .

Antwort:
1. ikura desu ka. **2.** ni man -. **3.** migi -. **4.** hidari ni -. **5.** migi no - o kudasai.

****

In der Buchhandlung	**Achtzehnte Lektion**
(Buchhandlung)	(te / zehn-acht / Lektion)

1 — Guten Morgen!
    (wörtlich: Treten Sie ein)

2 — Haben Sie „Krieg und Frieden" von Tolstoj?
    (Tolstoj / [Beziehungswort] / Krieg / und / Frieden / [Hinweis] / sich befinden / [Frage])

3 — „Krieg und Frieden"?
    (Krieg / und / Frieden / das ist / [Frage])

4　Ja, ich habe es.
    (ja / sich befinden)

5　Warten Sie einen Moment.
    (ein bißchen / warten Sie)

実は今家内が留守です。

ANMERKUNGEN
(1) Vgl. Lektion 12, Anmerkung 2. Begrüßung in einem Laden.

6 − それから 料理 の 本 を 見せて
so re ka ra ryô ri no hon o mi se te
(ßolekala ljooli no hon o mißete

下さい。
kuda sa i
kudaßaj)

7 − 日本 料理 です か、フランス
ni hon ryô ri de su ka, fu ra n su
(nihon ljooli deß' ka, fulanßu

料理 です か、中華 料理
ryô ri de su ka, chû ka ryô ri
ljooli deß' ka, tschüuka ljooli

です か。(2) (3)
de su ka
deß' ka)

8 − 実 は 今 家内 が 留守 です。(4)
jitsu wa ima ka nai ga ru su de su
(dschizu ua kanaj ga lußu deß')

9 自分 で 料理 を しなければ
ji bun de ryô ri o shi na ke re ba
(dschibun de ljooli o schinakeleba

なりません。
na ri ma se n
nalimaßen)

10− それでは この 本 をおすすめ します。
so re de wa ko no hon o o su su me shi ma su
(ßoledeua kono hon o o ßußume schimaß')

kyû jû **90**

6 — Und dann, zeigen Sie mir ein Kochbuch.
(und dann / Küche / [Beziehungswort] / Buch / [Erg. 4. F.] / zeigen Sie)

7 — Mit japanischen, französischen oder chinesischen Rezepten?
(Japan-Küche / das ist / [Frage] / Frankreich-Küche / das ist / [Frage] / China-Küche / das ist / [Frage])

8 — Meine Frau ist nämlich verreist.
(Wirklichkeit / [Verstärkung] / meine Frau / [Satzgegenstand] / Abwesenheit / das ist)

9 Ich muß selbst kochen.
(sich selbst / [Mittel] / Küche / [Erg. 4. F.] / man muß machen)

10 — In diesem Fall empfehle ich Ihnen dieses Buch.
(dann / dieses / Buch / [Erg. 4. F.] / [höflich]-Rat-machen)

ANMERKUNGEN (Fortsetzung)

(2) Bei den Ausdrücken 日本 料理 *nihon ryôri* (nihon ljooli), フランス 料理 *furansu ryôri* (fulanßu ljooli) bedeuten 日本 *nihon* und フランス *furansu* Japan, bzw. Frankreich. 中華 料理 *chûka ryôri* (tschüüka ljooli) ist ein Ausdruck, den man nicht trennen kann. Will man von China sprechen, muß man ein anderes Wort verwenden: 中国 *chûgoku* (tschüügoku).

(3) Im Deutschen können wir sagen: „Ist es dieser oder jener?". Auf Japanisch muß man die Frage wiederholen, indem man です か *desu ka* (deß' ka) jedes Mal wiederholt.

(4) 家内 *kanai* (kanaj) **meine** Frau. Dieses Wort kann man nur für den Ehepartner des Sprechers verwenden (vgl. dazu Lektion 15, Anmerkungen 1 und 3).

LEKTION 18

11 実は 私 も これ で
jitsu wa watakushi mo ko re de
(dschizu ua uatakuschi mo kole de

作ります。
tsuku ri ma su
zukulimaß')

12 簡単 に できます。
kan tan ni de ki ma su
(kantan ni dekimaß')

13- それでは これ に します。
so re de wa ko re ni shi ma su
(ßoledeua kole ni schimaß')

14- 毎度 ありがとう ございます。(5)
mai do a ri ga tô go za i ma su
(ma.ido aligatoo goSa.imaß')

練習
renshû
(lenschüü)

1. 家内 です。
   kanai desu
   (kanaj deß')
2. 今 山田 さん は 留守 です。
   ima yamada san wa rusu desu
   (ima jamada ßan ua lußu deß')
3. これ は 魚 ですか、肉 ですか。
   kore wa sakana desu ka, niku desu ka
   (kole ua ßakana deß' ka, niku deß' ka)
4. お菓子 を 自分 で 作ります。
   o kashi o jibun de tsukurimasu
   (o kaschi o dschibun de zukulimaß')
5. 映画 の 本 を 見せて 下さい。
   eiga no hon o misete kudasai
   (ejga no hon o mißete kudaßaj)

11 Ich selbst benutze auch dieses Buch.
(Wirklichkeit / [Verstärkung] / ich / auch / das / [Mittel] / verfertigen)

12 Es ist ganz leicht.
(leicht / [umstandswörtlich] / möglich sein)

13 — Dann nehme ich es.
(dann / das / sich entscheiden für (wörtlich: [Ziel] / machen))

14 — Danke vielmals.

ANMERKUNGEN (Fortsetzung)

(5) Diese kleine Szene spielt in einem Geschäft, daher verwenden wir die gängige Geschäftssprache, die nur von Kaufleuten verwendet wird. ありがとう ございます *arigatô gozaimasu* (aligatoo goSa.imaß') heißt ganz einfach „Danke". Aber die Wendung:
毎度 ありがとう ございます *maido arigatô gozaimasu* (majdo aligatoo goSa.imaß') bedeutet wörtlich: „für jedes Mal (das Sie hierherkommen), danke" und ist einer der Ausdrücke, deren sich nur die Geschäftsleute bedienen... Das heißt, daß Sie nicht für Sie bestimmt sind..., es sei denn, Sie arbeiten als Verkäufer in einem Kaufhaus oder Geschäft in Japan!

Übungen

1. Hier ist meine Frau.
2. Herr Yamada ist zur Zeit nicht hier.
3. Ist das ein Stück Fisch oder Fleisch?
4. Ich backe meine Kuchen selbst.
5. Zeigen Sie mir ein Buch über das Kino.

…に 言葉 を 入れ なさい。
ni koto ba o i re na sa i
(... ni kotoba o ile naßaj)

1. *Ist das ein Junge oder ein Mädchen?*

   otoko no ko . . . . . . onna no ko . . . . . .

kyû jû san

2. *Ich werde dieses Buch hier nehmen.*

. . . . hon . . . .

3. *Meine Frau ist auch verreist.*

watakushi . . . . ga rusu desu

4. *Haben Sie „Krieg und Frieden"?*

[sensô to heiwa] . . . . ka

****

第十九課 コンサート
dai jû kyû ka   ko n sâ to
(daj dschüü kjüü ka)   (konßaato)

1 — この うつくしい 人 は だれ
    ko no   u tsu ku shi i   hito wa da re
    (kono uzukuschi.i sch'to ua dale

    です か。
    de su   ka
    deß' ka)

2 — この 写真 の 人 です か。
    ko no   sha shin no   hito   de su   ka
    (kono schaschin no sch'to deß' ka)

3 — はい、そう です。
    ha i,   sô   de su
    (haj, ßoo deß')

4 — 山口 文子 です。(1)
    yama guchi fumi ko   de su
    (jamagutschi fumiko deß')

5. *Ist das „Krieg und Frieden"?*

[sensô to heiwa] .... ka

Antwort:
1. - desu ka - desu ka. 2. kono - ni shimasu. 3. - mo kanai -. 4. - wa arimasu -. 5. - desu -.

****

Das Konzert   **Neunzehnte Lektion**
(Konzert)   (te / zehn-neun / Lektion)

1 — Wer ist diese entzückende Person?
(diese / entzückend sein / Mensch / [Hinweis] / wer / das ist / [Frage])

2 — Die junge Frau auf dem Foto?
(dieses / Foto / [Beziehungswort] / Mensch / das ist / [Frage])

3 — Ja, diese hier.

4 — Das ist YAMAGUCHI Fumiko.
(Yamaguchi / Fumiko / das ist)

ANMERKUNGEN

(1) Nur im Falle einer berühmten Persönlichkeit wird dem Namen einer Person das Wort さん *san* nicht hinzugefügt. Im Deutschen ist dies übrigens ähnlich, wir sprechen nicht von „Herrn Heinrich Mann", sondern ganz einfach von „Heinrich Mann". Bitte beachten Sie auch, daß japanische Namen immer den Familiennamen zuerst anführen, und danach erst den Vornamen.

5 - 女優 です か。
jo yû de su ka
(dschojüü deß' ka)

6 - いいえ、女優 で は ありません。
i i e , jo yû de wa a ri ma sen.
(i.ije, dschojüü de ua alimaßen)

歌手 です。(2)
ka shu de su
(kaschü deß')

7 - どんな 歌 を 歌います か。
do n na uta o uta i ma su ka
(don'na uta o uta.imaß' ka)

8 - ジャズ です。
ja zu de su
(dschaSu deß')

9 こんど の 土曜日 に サン・
ko n do no do yô bi ni sa n
(kondo no dojoobi ni ßan

プラザ で コンサート が あります。
pu ra za de ko n sâ to ga a ri ma su.
plaSa de konßaato ga alimaß')

一緒 に いかが です か。(3)
is sho ni i ka ga de su ka
(isch'scho ni ikaga deß' ka)

10 - とても ざんねん です が、
to te mo za n ne n de su ga,
(totemo San.nen deß' ga,

都合 が わるい です。
tsu gô ga wa ru i de su
(zugoo ga ualu.i deß')

5 — Ist das eine Schauspielerin?
   (Schauspielerin / das ist / [Frage])
6 — Nein, sie ist keine Schauspielerin. Sie ist eine Sängerin.
   (nein / Schauspielerin / das ist nicht) (Sängerin / das ist)
7 — Was singt sie?
   (was für ein / Lied / [Erg. 4. F.] / singen / [Frage])
8 — Jazz.
   (Jazz / das ist)
9   Am nächsten Samstag gibt sie ein Konzert im San Plazza. Wollen Sie mit mir mitkommen?
   (nächstes Mal / [Beziehungswort] / Samstag / [Zeitangabe] / San Plazza / [Ortsangabe] / Konzert / [Satzgegenstand] / sich befinden) (zusammen / [umstandswörtlich] / wie / das ist / [Frage])
10 — Das ist wirklich schade, aber ich kann nicht.
   (sehr / schade / das ist / aber / Umstand / [Satzgegenstand] / schlecht sein / das ist)

ANMERKUNGEN (Fortsetzung)

(2) では ありません *de wa arimasen* (de ua alimaßen): sieht ein bißchen lang aus, aber es ist in Wirklichkeit nur die Verneinung von です *desu* (deß'). です *desu*, ,,das ist''. では ありません *de wa arimasen*, ,,das ist nicht''.

(3) サン・プラザ San Plazza in West-Tokio im Stadtteil Nakano ist ein Unterhaltungszentrum.

11 - ざんねん です ね。写真 より
za n ne n　de su　ne.　sha shin　yo ri
(San.nen deß' ne) (schaschin joli

もっと うつくしい 人 です よ。
mo t to　u tsu ku shi i　hito de su　yo
mot'to uzukuschi.i sch'to deß' jo)

12 - ほんとう？ 約束 を やめよう
hon tô?　yaku soku　o　ya me yô
(hontoo) (jakußoku o jamejoo

かな。でも それ は むり だ
ka na.　de mo　so re　wa　mu ri　da
ka na) (demo ßole ua muli da

なあ。(4) (5)
na a
naa)

13 - それでは また この 次 の
so re de wa　ma ta　ko no　tsugi　no
(ßoledeua mata kono zugi no

機会 に お 誘い しましょう。
ki kai　ni　o　saso i　shi ma shô
kikaj ni o ßaßo.i schimaschoo)

14 - ぜひ おねがい します。
ze hi　o ne ga i　shi ma su
(Sehi onega.i schimaß')

11 — Das ist schade. Sie ist wirklich viel schöner als auf dem Foto!
(schade / das ist / [übereinstimmend]) (Foto / mehr als / viel mehr / hübsch sein / Mensch / das ist / [behauptend])

12 — Wirklich? (Zu sich) Wenn ich nun meine Verabredung absage? Aber nein, das ist unmöglich!
(wirklich) (Verabredung / [Erg. 4. F.] / aufhören wir / [Frage] / [überlegend]) (aber / das / [Hinweis] / unvernünftig / das ist / [überlegend])

13 — Gut, ich werde Sie bei der nächsten Gelegenheit einladen.
(dann / wiederum / diese / nächste / [Beziehungswort] / Gelegenheit / [Zeitangabe] / [höflich]-Einladung-machen)

14 — Oh ja, bitte!
(jedenfalls / ich bitte Sie)

ANMERKUNGEN (Fortsetzung)

(4) やめよう *yameyô* (jamejoo). Wir haben bisher die Schlußsilbe ましょう *mashô* (maschoo) verwendet bei Verben, die wir mit „sehen wir", „essen wir" usw. übersetzt haben; heute lernen wir eine neue Form.

だ *da* ist eine andere Form für です *desu* (deß'). Sie hat dieselbe Bedeutung. Wir werden Ihnen bald diese Form erklären - aber Sie müssen die Spannung bis zum 4. Absatz der 21. Lektion aushalten!

(5) Rufen wir uns noch einmal die kleinen Worte ins Gedächtnis, die wir am Ende eines Satzes finden. Sie geben dem Ausdruck eine ganz bestimmte Nuance. Wir haben bisher gelernt: ね *ne* (Lektion 1, Anmerkung 4), dann よ *yo* (jo) (Lektion 2, Anmerkung 3). Heute lernen wir な *na* (oder なあ *naa*), das man sehr häufig dann verwendet, wenn man zu sich selbst spricht oder etwas überlegt. In der wörtlichen Übersetzung weisen wir auf diesen Gebrauch mit dem Ausdruck [überlegend] hin.

練習
renshû
(lenschüü)

1. ビール は いかが です か。
   bîru wa ikaga desu ka
   (biilu ua ikaga deß' ka)

2. 今度 の 日曜日 に どこ へ 行きます か。
   kondo no nichiyôbi ni doko e ikimasu ka
   (kondo no nitschijoobi ni doko e ikimaß' ka)

3. どんな 映画 が 好き です か。
   donna eiga ga suki desu ka
   (don.na ejga ga ßuki deß' ka)

4. 私 は 都合 が いい です。
   watakushi wa tsugô ga ii desu
   (uatakuschi ua zugoo ga i.i deß')

5. 昨日 より 暑い です ね。
   kinô yori atsui desu ne
   (kinoo joli azu.i deß' ne)

…に 言葉 を 入れ なさい。

　 ni　 koto ba　 o　　 i re　　 na sa i
(... ni kotoba o ile naßaj)

1. *Ist heute Samstag oder Sonntag?*

   . . . wa . . . . . . desu ka, ... desu ka

****

Übungen

1. Was würden Sie zu einem Bier sagen?
2. Wohin gehen wir am nächsten Sonntag?
3. Welche Filme haben Sie gern?
4. Das trifft sich sehr gut für mich.
5. Es ist heißer als gestern.

---

2. *Was für ein Mensch ist sie?*

. . . . desu ka

3. *Wer ist diese Person?*

kono . . . . wa . . . . desu ka

4. *Das ist kein Kaffeehaus, sondern eine Buchhandlung.*

kissaten . . . . , desu

5. *Die Fernsehserien sind unterhaltsamer als die Nachrichtensendungen.*

hômudorama wa nyûsu . . . . desu

Antwort:
1. kyô - doyôbi -, nichiyôbi -. 2. donna hito -. 3. - hito - dare -.
4. - de wa arimasen, honya -. 5. - yori omoshiroi -.

****

第二十課 禁煙
だい に じゅっ か　　　　　　　　きん えん
dai ni juk ka　　　　　　　　　kin en
(daj ni dschük' ka)　　　　　　(kin.en)

1 - この 辺 に タバコ屋 が
　　ko no hen ni ta ba ko ya ga
　　(kono hen ni tabakoja ga

　　あります か。
　　a ri ma su ka
　　alimaß' ka)

2 - あります。
　　a ri ma su
　　(alimaß')

3 - 遠い です か。
　　too i de su ka
　　(too.i deß' ka)

4 - いいえ、 そんな に 遠く
　　i i e, so n na ni too ku
　　(i.ije, ßon.na ni tooku

　　ありません。(1)
　　a ri ma se n
　　alimaßen)

5 - どこ です か。
　　do ko de su ka
　　(doko deß' ka)

6 - 本屋 の 隣 です。
　　hon ya no tonari de su
　　(hon.ja no tonali deß')

Rauchen verboten
Zwanzigste Lektion
(ste / zwei-zehn / Lektion)

1 — Gibt es einen Tabakladen in der Gegend?
(diese / Gegend / [Ortsangabe] / Tabakladen / [Satzgegenstand] / sich befinden / [Frage])

2 — Ja.
(sich befinden)

3 — Ist er weit?
(weit sein / das ist / [Frage])

4 — Nein, nicht sehr.
(nein / so / [umstandswörtlich] / nicht weit sein)

5 — Wo ist er?
(wo / das ist / [Frage])

6 — Neben der Buchhandlung.
(Buchhandlung / [Beziehungswort] / Nähe / das ist)

ANMERKUNGEN

(1) 遠い *tooi* (too.i) „weit sein", 遠く ありません *tooku arimasen* (tooku alimaßen) „nicht weit sein". Ja... Sie haben es sicherlich schon erraten: Wenn wir ein Adjektiv in die Negativform setzen wollen, nehmen wir einfach das *i* am Ende des Wortes weg und ersetzen es durch *ku* und fügen *arimasen* an. Versuchen Sie es mit 古い *furui* (fulu.i) „alt sein", wir haben es in Lektion 17, Satz 9 gelernt. „Nicht alt sein" muß dann heißen... 古く ありません *furuku arimasen* (fuluku alimaßen)... Nicht wahr?

7 まず この 道 を まっすぐ
ma zu ko no michi o ma s su gu
(maSu kono mitschi o maß'ßugu

行きます。(2)
i ki ma su
ikimaß')

8 それから 左 に まがります。
so re ka ra hidari ni ma ga ri ma su
(ßolekala hidali ni magalimaß')

9 右側 に 大きい 本屋 が
migi gawa ni oo ki i hon ya ga
(migigaua ni ookii hon.ja ga

あります。
a ri ma su
alimaß')

10 その 隣 です。
so no tonari de su
(ßono tonali deß')

11- ありがとう ございます。
a ri ga tô go za i ma su.
(aligatoo goSa.imaß')

たすかりました。
ta su ka ri ma shi ta
(taßukalimasch'ta)

12 三日 前 から 禁煙 して
mikka mae ka ra kin en shi te
(mik'ka mae kala kin.en schite

いました が、続きません でした。
i ma shi ta ga, tsuzu ki ma se n de shi ta
imasch'ta ga, zuSukimaßen desch'ta)

7	Zuerst nehmen Sie diese Straße, geradeaus. (zuerst / diese / Straße / [Erg. 4. F.] / geradeaus / gehen)
8	Dann biegen Sie links ab. (dann / links / [Ortsangabe] / abbiegen)
9	Auf der rechten Seite ist eine große Buchhandlung. (rechte Seite / [Ortsangabe] / groß sein / Buchhandlung / [Satzgegenstand] / sich befinden)
10	Das ist ganz nahe. (von jener / Nähe / das ist)
11	— Danke. Ich bin gerettet!
12	Ich habe vor drei Tagen mit dem Rauchen aufgehört, kann es aber nicht länger aushalten. (drei Tage-vorher / seit / sich enthalten vom Rauchen-gemacht habe / aber / nicht fortgesetzt haben)

ANMERKUNGEN (Fortsetzung)

(2) Diese Konstruktion wird Ihnen etwas seltsam vorkommen - eine Ergänzung 4. F. nach einem Verb in der Bedeutung von „gehen". Auf japanisch aber ist das eben so. Nach einem Verb der Bewegung wird der Raum, durch den man sich bewegt, als Ergänzung 4. F. angesehen.

*****

13- つらい です ね。僕 も 禁煙
tsu ra i de su ne. boku mo kin en
(zulaj deß' ne) (boku mo kin.en

して います が、タバコ が
shi te i ma su ga, ta ba ko ga
schite imaß' ga, tabako ga

すいたい な。(3)(4)
su i ta i na
ßu.itaj na)

14- それでは 一緒 に タバコ屋 へ
so re de wa is sho ni ta ba ko ya e
(ßoledeua isch'scho ni tabakoja e

行きましょう。
i ki ma shô
ikimaschoo)

練習
renshû
(lenschüü)

1. 今 何 を して います か。
ima nani o shite imasu ka
(ima nani o schite imaß' ka)

2. 二 十 年 前 から 東京 に 住んで
ni jû nen mae kara tôkyô ni sunde
(ni dschüü nen mae kala tookjoo ni ßunde

います。
imasu
imaß')

3. 田中 さん を 待って います が、
tanaka san o matte imasu ga,
(tanaka ßan o mat'te imaß' ga,

来ません。
kimasen
kimaßen)

13 — Ja, das ist schwierig! Ich habe auch mit dem Rauchen aufgehört, aber... ich habe Lust auf eine Zigarette!
(beschwerlich sein / das ist / [übereinstimmend])
(ich / auch / sich enthalten von Rauchen-machen / aber / Zigarette / [Satzgegenstand] / der Gegenstand des Wunsches zu rauchen sein / [überlegend])

14 — Also gehen wir zusammen zum Tabakladen!
(also / zusammen / [umstandswörtlich] / Tabakladen / [Richtungsangabe] / gehen wir)

ANMERKUNGEN (Fortsetzung)

(3) Wenn man im Deutschen von sich selbst spricht, verwendet man das Fürwort „ich/mir/mich". Es wird Ihnen aber sicher schon aufgefallen sein, daß man derartige Worte im Japanischen nicht so häufig verwendet, obwohl es entsprechende Worte gibt. Wir kennen schon 私 watakushi (uatakuschi) (Lektion 9, Satz 4; Lektion 12, Satz 6 und Lektion 18, Satz 11) und haben gelernt, daß sowohl Frauen wie Männer es benutzen können. Heute lernen wir ein neues Wort: 僕 boku; dieses Wort kann nur von Männern verwendet werden.

(4) タバコ tabako ist natürlich mit unserem Wort „Tabak" verwandt, bedeutet aber nicht „Tabak", sondern „Zigarette".

Übungen

1. Was machen Sie im Moment?
2. Ich wohne seit 20 Jahren in Tokio.
3. Ich warte auf Herrn Tanaka, aber er kommt nicht.

4. 本屋 は 喫茶店 の 隣 に あります。
honya wa kissaten no tonari ni arimasu
(hon.ja ua kiß'ßaten no tonali ni alimaß')

5. この トランク は そんな に 高く
kono toranku wa sonna ni takaku
(kono tolanku ua ßon.na ni takaku

ありません。
arimasen
alimaßen)

…に 言葉 を 入れ なさい。

ni koto ba o i re na sa i
(... ni kotoba o ile naßaj)

1. *Das ist nicht lustig.*

omoshiro . . . .

****

第二十一課　　　　　　まとめ
dai ni jû ikka　　　　　　ma to me
(daj ni dschüü ik' ka)　　　(matome)

Eine kleine Pause tut gut. Wie wir wissen, aller Anfang ist schwer, aber Ausdauer ist manchmal noch schwieriger! Da wir Fortschritte machen wollen, müssen wir darauf achten, daß wir die Grundlage richtig verstehen. Die Wiederholungslektionen geben Ihnen einen Überblick über die Grammatikpunkte der vorhergehenden Lektionen. Lesen Sie sie aufmerksam durch und blättern Sie zu den Anmerkungen, auf die wir Bezug nehmen, zurück. Auf diese Art und Weise können Sie problemlos die nachfolgenden Kapitel in Angriff nehmen.

4. Die Buchhandlung ist neben dem Kaffeehaus.
5. Dieser Koffer ist nicht sehr teuer.

---

2. *Ich frühstücke gerade.*

chôshoku o tabe . . . .

3. *Das ist eine große Buchhandlung.*

. . . .

4. *Ich arbeite seit acht Jahren in diesem Geschäft.*

. . . . kono mise de hataraite imasu

5. *Ist es die Straße rechts oder links?*

. . . . no michi desu ka, ...

. . . . . desu ka

Antwort:
1. - ku arimasen. **2.** - te imasu. **3.** ookii honya desu. **4.** hachi nen mae kara -. **5.** migi -, hidari no michi -.

****

Einundzwanzigste Lektion
(ste / zwei-zehn-ein / Lektion)
Wiederholung und Anmerkungen

1. Sie finden sich jetzt schon gut mit der japanischen Silbenschrift zurecht, zumindest mit den Hiraganazeichen (vgl. Einleitung Seite XIII), so daß wir heute ganz langsam mit den chinesischen Schriftzeichen beginnen können, die man auf japanisch „**kanji**" nennt. Wörtlich: 漢 *kan* = „chinesisch" und 字 *ji* (dschi) = „Schrift". Von Anfang an war Ihnen klar, daß es nicht so leicht sein würde, die Schrift zu beherrschen, nicht wahr? Wir werden schrittweise die Fäden entwirren.

LEKTION 21

Was nicht schwierig ist, sind die Substantive. Für jedes Substantiv gibt es ein Kanji, oft sogar mehrere. Dennoch ist das System klar: Blättern Sie zurück zur Lektion 17 und schauen Sie sich die Substantive an.

● Eine Schachtel heißt *hako* und man schreibt es 箱.
Andererseits bedeutet das Kanji 箱 „Schachtel", und das Wort wird auf japanisch *hako* ausgesprochen.

● Die Rechte heißt *migi* und man schreibt es 右.
Andererseits bedeutet das Kanji 右 „die Rechte", und das Wort wird auf japanisch *migi* ausgesprochen.

Dies sind einfache Worte: jedes Wort hat ein Schriftzeichen. Nehmen wir nun die Substantive in der Lektion 18: Sie sind meistens aus mehreren Kanji zusammengesetzt, aber das Prinzip ist dasselbe:

● „Der Krieg" heißt *sensô* (ßenßoo) und wird so geschrieben: 戦争. Das erste Kanji wird *sen* ausgesprochen, das zweite *sô* (soo).

● „Der Frieden" heißt *heiwa* (hejua) und wird so geschrieben: 平和. Das erste Kanji wird *hei* (hej) ausgesprochen, das zweite *wa* (ua).

Andererseits heißt 戦争 „der Krieg" und wird *sensô* (ßenßoo) ausgesprochen und 平和 heißt „der Frieden" und wird *heiwa* (hejua) ausgesprochen.

Nehmen wir uns die anderen Substantive dieser 18. Lektion vor. Der Titel: *honya* (hon.ja) 本屋, *ryôri* (ljooli) 料理 (Satz 6), *kanai* (kanaj) 家内 und *rusu* (lußu) 留守 (Satz 8), *jibun* (dschibun) 自分 (Satz 9). Sie bestehen alle aus zwei Schriftzeichen; dies trifft für die meisten Substantive zu.

Manchmal sind es mehr... Wir haben schon ein Wort mit drei Kanji gesehen: 喫茶店 *kissaten* (kiß'ßaten). Das erste Kanji 喫 heißt „trinken", das zweite 茶 „Tee" und das dritte 店 „Geschäft". Das ganze bezeichnet „ein Geschäft, in dem man Tee trinkt", das heißt „eine Teestube, ein Kaffeehaus". Aber schauen wir uns noch einmal das dritte Schriftzeichen an. In einem zusammengesetzten Wort wie hier wird es *ten* ausgesprochen. Gehen wir nun zur Lektion 6 zurück, zum Satz 10. Dort haben wir dasselbe Schriftzeichen, aber es wird *mise* (miße) ausgesprochen. Sie erinnern sich doch daran, was wir in der Einleitung gesagt haben: Es ist eine Besonderheit der japanischen Sprache, daß die meisten Schriftzeichen verschieden ausgesprochen werden können. Im Normalfall ändert sich die Aussprache eines Schriftzeichens, je nachdem, ob es allein oder in einem zusammengesetzten Wort steht. Das Kanji 店 wird *ten* ausgesprochen, wenn es mit einem anderen Kanji zusammensteht, aber als *mise,* wenn es allein steht.

Nur keine Panik! Es ist leichter als Sie glauben. Und vergessen Sie nicht: **im Moment genügt es, zu verstehen.** Wenn Sie aufpassen, werden Sie merken, daß man dasselbe Schriftzeichen nicht immer gleich ausspricht. Das ist alles.

2. Die Adjektive. Langsam werden unsere Sätze länger und wir stoßen immer öfter auf Wörter, die unseren Adjektiven ähneln. Wir übersetzen sie immer mit „... sein": いい *ii* „gut sein", 大きい *ookii* „groß sein". Eigentlich handelt es sich um eine Art von Verben, die verschiedene Formen haben können. So haben sie z.B. eine Negativform, wie in Lektion 20, Satz 1. Wir können diese Form ganz leicht bilden, indem wir den Schluß durch く ありません *ku arimasen* (ku alimaßen) ersetzen.

Das einzige Adjektiv, das etwas Aufmerksamkeit erfordert, und es ist wirklich die einzige Ausnahme, ist das いい *ii* „gut sein". Es hat einen Doppelgänger in der Form von よい *yoi* (jo.i) und bedeutet dasselbe, wird aber für die Verneinung „nicht gut sein" verwendet:

よく ありません *yoku arimasen* (joku alimaßen).
Im Japanischen steht wie im Deutschen das Adjektiv immer vor dem Substantiv. Ein alter Gegenstand (vgl. Lektion 17, Satz 9): 古い もの *furui mono* (fulu.i mono); *furui* = alt sein, *mono* = Gegenstand.
Eine große Buchhandlung: 大きい 本屋 *ookii honya* (ookii hon.ja); *ookii* = groß sein, *honya* = Buchhandlung.
Eine entzückende Frau: うつくしい 人 *utsukushii hito* (uzukuschi.i sch'to); *utsukushii* = hübsch sein, *hito* = Mensch (vgl. Lektion 19, Satz 1).
Vgl. auch Lektion 16, Satz 6.

3. Noch etwas zu den **Partikeln,** von denen wir zwei weiteren begegnet sind: は *wa* und より *yori*. Damit haben wir alle gelernt!
より *yori* ist eine Partikel, die wir bei einem Vergleich gebrauchen, also „Adjektiv + er ... als" (vgl. Lektion 19, Satz 11).
は *wa* ist ein Stützpfeiler des Satzes, wir treffen diese Partikel sehr oft. Es ist der Mühe wert, jetzt und von Zeit zu Zeit auf die Anmerkung 2 in der Lektion 15 zurückzublättern.

4. **Die Verben.** Sehen wir uns noch einmal die Verbformen an, die wir in der Lektion 17, Satz 13 und in der Lektion 19, Satz 12 verwendet haben. Sie unterscheiden sich von den bisherigen Formen, die alle auf ます *masu*, ません *masen*, ました *mashita* oder ましょう *mashô* endeten (vgl. Lektion 7, Absatz 1). Von Anfang an haben wir betont, daß die japanischen Verben nicht wie im Deutschen konjugiert werden, z.B. ich gehe, du gehst usw. Das heißt aber nicht, daß es keine anderen Formen gibt... Und zwar ändern sich die Formen je nach Gesprächspartner. Es werden hier drei Stufen unterschieden: **die mittlere Stufe, die niedrige Stufe und die höhere Stufe**.

Bisher haben wir **die mittlere Stufe** kennengelernt, sie wird auch am meisten verwendet. Wir benutzen sie, wenn wir ein Gespräch mit jemandem führen, den wir ganz gut kennen, aber mit dem wir nicht eng befreundet sind, oder wenn wir mit jemandem sprechen, den wir zum ersten Mal treffen und der gesellschaftlich auf derselben Stufe wie wir selbst steht. Diese mittlere Stufe wird durch das Wort です *desu* charakterisiert: „das ist" und den Verbformen ます *masu*, ません *masen,* ました *mashita* und ましょう *mashô*.

Auf **die höhere Stufe** werden wir im geeigneten Moment zu sprechen kommen. Sie wird dann verwendet, wenn man sich mit jemandem unterhält, dem man großen Respekt zollt.

Die niedrige Stufe finden wir in der Lektion 17, Satz 13 und in der Lektion 19, Satz 12. Man benutzt diese Formen, wenn man mit jemandem spricht, mit dem man wirklich sehr vertraut ist, also z.B. ein Familienmitglied, ein alter Freund und natürlich auch, wie hier, wenn man von sich selbst spricht. In dieser niedrigeren Stufe verwendet man anstatt です *desu* das Wort だ *da*. Beide heißen „das ist". An Stelle der Form ます *masu* verwendet man die neutrale Form des Verbs, die man auch im Wörterbuch findet. Hier, an Stelle von あります *arimasu*, das wir schon gut kennen, muß man ある *aru* verwenden. Für die Vergangenheit nehmen wir an Stelle von ました *mashita* die Endung た *ta*.

Beispiel:
Mittlere Stufe: やられました *yararemashita* (jalalemasch'ta)
Niedrige Stufe: やられた *yarareta* (jalaleta).
Die Bedeutung ist genau dieselbe, wörtlich: „Ich bin hineingelegt worden".
Dort wo man ましょう *mascho* für die mittlere Stufe antrifft, やめましょう *yamemashô* (jamemaschoo) „wir

hören auf", „wir geben auf", verwendet man やめよう *yameyô* (jamejoo) für die niedrige Stufe.

*Dieses System kommt Ihnen vielleicht etwas seltsam vor! Es ist in der Tat völlig anders. Aber vergessen Sie nicht - im Augenblick sollen Sie nur **VERSTEHEN** und die Unterschiede erkennen lernen. Wir werden ganz langsam die Verbformen eine nach der anderen im Zusammenhang erklären. Wenn Sie aufpassen und die Anmerkungen*

****

第二十二課　　　　　郵便局
dai ni jû ni ka　　　　　yû bin kyoku
(daj dschüü ni ka)　　　(yüübinkjoku)

1 - 郵便局　は どこ に あります　か。
yû bin kyoku wa do ko ni a ri ma su ka
(jüübinkjoku ua doko ni alimaß' ka)

2 - すぐ　後ろ に　あります。
su gu   ushi ro ni   a ri ma su
(ßugu uschilo ni alimaß')

3 - あ。これ は、どうも ありがとう。
　　a.　ko re wa,　dô mo　a ri ga　tô
　(a) (kole ua doomo aligatoo)

4 　ギリシャ　へ　の　航空　郵便　葉書
　　gi ri sha　 e　 no　kô kû　yû bin　ha gaki
　(gilischa e no kookuu jüübin hagaki

　の　料金　は　いくら　です　か。
　no　ryô kin　wa　i ku ra　de su　ka
　no ljookin ua ikula deß' ka)

5 - イギリス　まで　です　か。
　i gi ri su　ma de　de su　ka
　(igilißu made deß' ka)

hyaku jū yon **114**

genau durchlesen, in denen wir Ihnen die Änderungen angeben, wird alles gut gehen...
Wir machen Fortschritte! Von nun an werden wir mit einigen Partikeln schon sehr vertraut umgehen können. Und Sie werden sehen, wie schnell es geht, sich mit dem Rest anzufreunden. Von nun an werden wir auch in der wörtlichen Übersetzung die Grammatikausdrücke abkürzen.

****

Auf der Post   **Zweiundzwanzigste Lektion**
(Postamt)   **(ste / zwei-zehn-zwei / Lektion)**

1 — Wo ist die Post?
(Postamt / [Hinweis] / wo / [Ortsangabe] / sich befinden / [Frage])

2 — Genau hinter Ihnen.
(sofort / hinter / [Ortsangabe] / sich befinden)

3 — Ach, ja! Danke vielmals.
(ah) (das / [Hinweis] / danke vielmals)

ちょっと お 待ち 下さい。
今 調べます から。

4 Wieviel kostet es, eine Ansichtskarte per Flugpost nach Griechenland zu schicken?
(Griechenland / [Richtungsangabe] / [Bzw] / Luftverkehr-Kurier-Ansichtskarte / [Bzw] / Spesen / [Hinweis] / wieviel / das ist / [Frage])

5 — Nach Großbritannien?
(Großbritannien / bis / das ist / [Frage])

6 - いいえ。イギリス まで では
　　i i e.　i gi ri su　ma de　de wa
　　(i.ije) (igilißu made de ua)

　　ありません。(1)
　　a ri ma se n
　　alimaßen)

7　ギリシャ まで です。
　　gi ri sha　ma de　de su
　　(gilischa made deß')

8 - ああ。ギリシャ です か。
　　a a.　gi ri sha　de su　ka.
　　(aa) (gilischa deß' ka)

　　ちょっと お待ち下さい。
　　cho t to　o　ma chi　kuda sa i
　　(tschot'to o matschi kudaßaj)

9　今 調べます から。(2)
　　ima shira be ma su　ka ra
　　(ima schilabemaß' kala)

10　はい、ありました。ギリシャ まで
　　ha i,　a ri ma shi ta.　gi ri sha　ma de
　　(haj, alimasch'ta) (gilischa made

　　は、葉書 一枚、百十円
　　wa,　ha gaki　ichi mai,　hyaku　jû　en
　　ua, hagaki itschi maj, hjaku dschüü en

　　です。(3)
　　de su
　　deß')

6 — Nein, nicht nach Großbritannien.
(nein) (Großbritannien / bis / das ist nicht)

7 Nach Griechenland.
(Griechenland / bis / das ist)

8 — Ach. Nach Griechenland! Warten Sie einen Moment.
(ah) (Griechenland / das ist / [Frage]) (ein bißchen / [höflich]-warten Sie)

9 Ich schaue nach.
(jetzt / untersuchen / weil)

10 Ja, hier. Nach Griechenland, eine Ansichtskarte, das kostet hundertzehn Yen.
(ja / sich gefunden haben) (Griechenland / bis / [Verstärkung] / Ansichtskarte / eins-Blatt / hundert-zehn-Yen / das ist)

ANMERKUNGEN

(1) で は あり ません *de wa arimasen* (de ua alimaßen), die Verneinung von です *desu* (deß') in der mittleren Stufe. Daher: „das ist nicht".

(2) Wörtlich: „weil ich jetzt suche".

(3) Wie Sie sicher schon festgestellt haben, unterscheidet man im Japanischen nicht zwischen der Einzahl und der Mehrzahl. Trotzdem gibt es Situationen, in denen man einfach die Anzahl der Gegenstände wissen muß, von denen man spricht. In diesem Fall verwendet man natürlich Zahlen und fügt Wörter hinzu, die die Art des Gegenstandes angeben, z.B. 枚 *mai* (maj) zeigt uns, daß der Sprecher von ganz dünnen Gegenständen spricht, einem Blatt Papier ähnlich. Für andere Arten von Gegenständen, z.B. ein Buch, ein runder Gegenstand usw., werden wir andere Wörter lernen.

11 十枚で千百円に
　 jû mai de sen hyaku en ni
　 (dschüü maj de ßen hjaku en ni

　 なります。(3)
　 na ri ma su
　 nalimaß')

12- はい。千百円です。
　　 ha i.　sen hyaku en de su
　　 (haj) (ßen hjaku en deß')

13- ありがとう ございます。
　　 a ri ga tô　go za i ma su
　　 (aligatoo goSa.imaß')

練習
renshû
(lenschüü)

1. いいえ。郵便局 では ありません。
　 iie. yûbinkyoku de wa arimasen
　 (i.ije) (jüübinkjoku de ua alimaßen)

2. 目黒駅の隣のデパートの
　 meguro eki no tonari no depâto no
　 (megulo eki no tonali no depaato no

　 後ろに住んでいます。
　 ushiro ni sunde imasu
　 uschilo ni ßunde imaß')

3. 葉書を二十枚買いました。
　 hagaki o ni jû mai kaimashita
　 (hagaki o ni dschüü maj ka.imasch'ta)

4. ギリシャ料理は駅の後の
　 girisha ryôri wa eki no ushiro no
　 (gilischa ljooli ua eki no uschilo no

11 Für zehn Karten macht das eintausend einhundert Yen.
(zehn-Blatt / [Mittel] / tausend-hundert-Yen / [Ziel] / werden)

12 — Hier sind eintausend einhundert Yen.
(ja) (tausend-hundert-Yen / das ist)

13 — Danke vielmals.

タバコ屋 の 左 に あります。
tabakoya no hidari ni arimasu
(tabakoja no hidali ni alimaß')

5. ちょっと 見せて 下さい。
chotto misete kudasai
(tschot'to mißete kudaßaj)

Übungen

1. Nein, das ist nicht die Post.
2. Ich wohne hinter dem Kaufhaus, das an den Megurobahnhof angrenzt.
3. Ich habe zwanzig Ansichtskarten gekauft.
4. Das griechische Restaurant befindet sich links vom Tabaksladen hinter dem Bahnhof.
5. Zeigen Sie ihn mir ein bißchen.

…に 言葉 を 入れ なさい。
 ni koto ba o i re na sa i

1. *Wieviel kostet eine Ansichtskarte nach Deutschland?*

   doitsu made . . hagaki . . ryôkin wa

   . . . .

2. *Wo befindet sich die Buchhandlung?*

   hon.ya . . doko . . . .

LEKTION 22

3. *Geben Sie mir fünf Ansichtskarten.*

hagaki o . . . .

4. *Das kostet tausend Yen.*

. . . . . ni . . . .

****

第二十三課　　　　　　　仕事
dai ni jû san ka　　　　　　shi goto
(daj ni dschüü ßan ka)　　　(schigoto)

1 − 上 の 息子 さん は お 元気
　　ue no musu ko sa n wa o gen ki
　　(u.e no mußuko ßan ua o genki

　　です か。(1)
　　de su ka
　　deß' ka)

2 − 今年 大学 を 卒業 しました。
　　kotoshi dai gaku o sotsu gyô shi ma shi ta
　　(kotoschi dajgaku o ßozugjoo schimasch'ta)

3 − 東大 でした ね。(2) (3)
　　tô dai de shi ta ne
　　(toodaj desch'ta ne)

ANMERKUNGEN
(1) 息子 さん *musuko san* (mußuko ßan) kann man nicht für den eigenen Sohn, nur für den Sohn von jemandem andern verwenden (vgl. Lektion 15, Anmerkungen 1 und 3). お 元気 *o genki* kann man ebenfalls nur dann verwenden, wenn man von einer anderen Person spricht. Wenn man von sich selbst oder von einem Familienmitglied spricht, sagt man 元気 *genki*. Das

5. *Das ist gleich rechts.*

. . . .

Antwort:
1. - no - no - ikura desu ka. 2. - wa - ni arimasu ka. 3. - go mai kudasai. 4. sen en - narimasu. 5. sugu migi ni arimasu.

****

Die Arbeit	Dreiundzwanzigste Lektion
(Arbeit)	(ste / zwei-zehn-drei / Lektion)

1 — Wie geht es Ihrem ältesten Sohn?
   (oben / [Bzw] / Sohn / [Hinweis] / [höflich]-gute Gesundheit / das ist / [Frage])

2 — Er hat in diesem Jahr sein Studium beendet.
   (dieses Jahr / Universität / [Erg. 4. F.] / Diplom-gemacht haben)

3 — Er war an der Universität von Tokio, nicht wahr?
   (Universität von Tokio / das war / [ü.einst.])

ANMERKUNGEN (Fortsetzung)

gleiche gilt für お勤め *o tsutome* (o zutome) (weiter unten in Satz 6). 勤め *tsutome* (zutome) allein bedeutet „eine Beschäftigung". Das Wort お *o* vorangestellt drückt einfach aus, daß sich der folgende Ausdruck weder auf den Sprecher selbst noch auf eines seiner Familienmitglieder bezieht.

(2) 東大 *tôdai* (toodaj) ist die Abkürzung von *tôkyô daigaku* (東京 大学) (tookjoo dajgaku). Solche Abkürzungen werden sehr häufig fabriziert, man schreibt nur ein Kanjizeichen, obwohl normalerweise mehrere für das vollständige Wort nötig wären.

Die staatliche Universität von Tokio ist die beste Universität von Japan. In ihr werden die leitenden Angestellten der größten Unternehmen sowie Forscher und Staatsbeamte ausgebildet.

(3) でした *deshita* (desch'ta) ist die Vergangenheit von です *desu* (deß') und bedeutet daher „es war".

4 – はい、そう です。
　　 ha i,　sô　　de su
　　 (haj, ßoo deß')

5 – それ は おめでとう ございます。(4)
　　 so re　wa　o me de tô　go za i ma su
　　 (ßole ua omedetoo goSa.imaß')

6　どこ に お 勤め です か。(1)
　　 do ko　ni　o tsuto me　de su　ka
　　 (doko ni o zutome deß' ka)

7 – 四月 から 自動車 関係 の 会社 に
　　 shi gatsu ka ra ji dô sha　kan kei　no kai sha ni
　　 (schigazu kala dschidooscha kankej no kajscha ni

　　 勤めて います。
　　 tsuto me te　i ma su
　　 zutomete imaß')

8 – それ は よろしい です ね。(5)
　　 so re　wa　yo ro shi i　de su　ne
　　 (ßole ua joloschi.i deß' ne)

9 – でも 今 入院 して います。
　　 de mo　ima　nyû in　shi te　i ma su
　　 (demo ima njüü.in schite imaß')

10　五月 に 交通 事故 に
　　 go gatsu　ni　kô tsû　ji ko　ni
　　 (gogazu ni koozuu dschiko ni

　　 あいました。
　　 a i ma shi ta
　　 a.imasch'ta)

11 – それ は お気の毒 に。(6)
　　 so re　wa　o ki no doku　ni
　　 (ßole ua okinodoku ni)

12　その後 いかが です か。
　　 so no go　i ka ga　de su　ka
　　 (ßonogo ikaga deß' ka)

4 — Jawohl.

5 — Herzliche Glückwünsche.

6 — Wo arbeitet er?
(wo / [Ortsangabe] / [höflich]-Beschäftigung / das ist / [Frage])

7 — Seit April arbeitet er in einer Autofirma.
(April / seit / Wagen-Beziehung / [Bzw] / Firma / [Ortsangabe] / arbeiten)

8 — Das ist wirklich gut!
(das / [Hinweis] / gut sein / das ist / [ü.einst.])

9 — Aber zur Zeit ist er im Krankenhaus.
(aber / jetzt / Eingang ins Krankenhaus-machen)

10 — Im Mai hat er einen Unfall gehabt.
(Mai / [Zeitangabe] / Verkehr-Unfall / [Ziel] / getroffen haben)

11 — Das ist wirklich ärgerlich!

12 Wie geht es ihm inzwischen?
(seit / wie / das ist / [Frage])

ANMERKUNGEN (Fortsetzung)

(4) Man verwendet diesen Ausdruck, um seine Glückwünsche anläßlich eines freudigen Ereignisses, wie z.B. das Neue Jahr usw., auszudrücken.

(5) よろしい *yoroshii* (joloschii). Hier handelt es sich um einen Dialog, in dem die Gesprächspartner höflich miteinander sprechen. In solch einem Fall ist der Gebrauch des Eigenschaftswortes いい *ii* (i.i) ganz unangebracht. Wir müssen das Wort よろしい *yoroshii* verwenden, und wir können sagen, daß いい です *ii desu* die mittlere Stufe darstellt und よろしい です *yoroshii desu* die höhere Stufe.

(6) Wörtlich: „es ist zu beklagen".

13- おかげさま で、 よく なりました。
o ka ge sa ma de, yo ku na ri ma shi ta.
(okageßama de joku nalimasch'ta)

来週 退院します。(7)
rai shû tai in shi ma su
(lajschüü taj.in schimaß')

14- 安心 しました。
an shin shi ma shi ta
(anschin schimasch'ta)

練習

renshû
(lenschüü)

1. 昨日 の 朝 でした。
 kinô no asa deshita
 (kinoo no aßa desch'ta)

2. 来週 から 禁煙 します。
 raishû kara kin.en shimasu
 (lajschüü kala kin.en schimaß')

3. 自動車 は 四月 に 買いました。
 jidôsha wa shigatsu ni kaimashita
 (dschidooscha ua schigazu ni ka.imasch'ta)

4. いつ 大学 を 卒業 しました か。
 itsu daigaku o sotsugyô shimashita ka
 (izu dajgaku o ßozugjoo schimasch'ta ka)

5- お坊ちゃん は お 元気 です か。
 - obotchan wa o genki desu ka.
 (obot'tschan ua o genki deß' ka)

 — おかげさま で、 元気 です。
 - okagesama de, genki desu.
 (okageßama de, genki deß')

13 — Danke gut. Er kommt nächste Woche nach Hause.
(dank Ihnen / gut / geworden sein) (nächste Woche / Ausgang aus Krankenhaus-machen)

14 — Das beruhigt mich!
(Ruhe-gemacht haben)

ANMERKUNGEN (Fortsetzung)

(7) おかげさま で *okagesama de* (okageßama de), wörtlich: „dank Ihnen". Dieser Ausdruck findet Verwendung, wenn man jemanden dafür dankt, daß er sich nach einem Familienmitglied erkundigt.

Übungen

1. Das war gestern früh.
2. Ab nächster Woche rauche ich nicht mehr.
3. Ich habe mein Auto im April gekauft.
4. Wann hat er sein Diplom gemacht?
5. - Wie geht es Ihrem kleinen Jungen? - Sehr gut, danke!

…に 言葉 を 入れ なさい。
ni koto ba o i re   na sa i

1. *Wo arbeitet Ihr ältester Sohn?*

   ue no musuko . . . . . doko ni . tsutome desu ka

2. *Ich wohne seit diesem Jahr in Tokio.*

. . . . tôkyô ni sunde . . . . .

3. *Das war eine Autofirma.*

. . . . kankei . . . .

4. *Ich werde im April oder Mai gehen.*

shi . . . . . ka . . . . ni ikimasu

****

第二十四課 アパート
だい に じゅう よん か
dai ni jû yon ka   a pâ to
(daj ni dschüü jon ka)   (apaato)

1 — やっと いい アパート が みつかりました。
ya t to i i a pâ to ga mi tsu ka ri ma shi ta
(jat'to i.i apaato ga mizukalimasch'ta)

2 とても 狭い です。
to te mo sema i de su
(totemo ßemaj deß')

3 けれども 駅 から 歩いて 五分 です。
ke re do mo e ki ka ra aru i te go fun de su
(keledomo eki kala alu.ite go fun deß')

4 — それ は 便利 です ね。
so re wa ben ri de su ne
(ßole ua benli deß' ne)

5. *Ich werde bis nächsten Sonntag warten.*

raishû . . . . machimasu

Antwort:
1. - san wa - o -. 2. kotoshi kara - imasu. 3. jidôsha - no kaisha deshita. 4. - gatsu - gogatsu -. 5. - no nichiyôbi made -.

****

Die Wohnung   **Vierundzwanzigste Lektion**
(Wohnung)   **(ste / zwei-zehn-vier / Lektion)**

1 — Ich habe endlich eine gute Wohnung gefunden.
 (endlich / gut sein / Wohnung / [Sgg] / gefunden worden sein)

2   Sie ist sehr klein.
 (sehr / eng sein / das ist)

3   Aber sie ist zu Fuß fünf Minuten vom Bahnhof entfernt.
 (aber / Bahnhof / seit / zu Fuß / fünf-Minute / das ist)

4 — Das ist praktisch!
 (das / [Hinweis] / praktisch / das ist / [ü.einst.])

5　でも　うるさく　ありません　か。
de mo　u ru sa ku　　a ri ma se n　　ka
(demo ulußaku alimaßen ka)

6 - 電車 の 音 は 全然 聞こえません
den sha no　oto　wa　zen zen　ki ko e ma se n
(denscha no oto ua SenSen kikoemaßen

　　が、隣 の 幼稚園 の 子供 が
ga, tonari　no　yô chi en　no　ko domo ga
ga, tonali no jotschi.en no kodomo ga

　　うるさい　です。(1)
u ru sa i　de su
ulußaj deß')

7 - 何 階 です か。
nan　kai　de su　ka
(nan kaj deß' ka)

8 - 四 階 です。(2)
yon　kai　de su
(jon kaj deß')

9 - 眺め は いかが です か。
naga me wa　i ka ga　de su　ka
(nagame ua ikaga deß' ka)

10- それ が… ちょうど 向かい に 二
so re　ga...　　chô do　mu ka i ni　ni
(ßole ga) (tschoodo muka.i ni ni

　　十 階 の ビル が 立って います
juk　kai　no　bi ru　ga　ta tte　i ma su
dschük' kaj no bilu ga tat'te imaß'

　　から、　何も　見えません。(2)
ka ra,　　nanimo　mi e ma se n
kala, nanimo mi.emaßen)

5   Aber ist sie nicht laut?
    (aber / nicht lästig sein / [Frage])
6 — Den Lärm der Züge höre ich überhaupt nicht, aber die Kinder im Kindergarten an der Ecke sind sehr laut.
    (Zug / [Bzw] / Lärm / [Hinweis] / absolut nicht / nicht hörbar sein / aber // Nähe / [Bzw] / Kindergarten / [Bzw] / Kind / [Sgg] / lästig sein / das ist)
7 — In welchem Stock ist sie?
    (was-Stock / das ist / [Frage])
8 — Im dritten.
    (vier-Stock / das ist)
9 — Wie ist die Aussicht?
    (Aussicht / [Hinweis] / wie / das ist / [Frage])
10 — Ach ja! Da ein Gebäude mit neunzehn Stock gegenüber steht, sehe ich nichts.
    (das / [Sgg])(gerade / gegenüber / [Ortsangabe] / zwei-zehn-Stock / [Bzw] / Gebäude / [Sgg] / stehen / weil // nichts / nicht sichtbar sein)

ANMERKUNGEN

(1) In der wörtlichen Übersetzung verwenden wir ein neues Zeichen: die zwei Schrägstriche // unterteilen den Satz in Hauptsatz und Nebensatz. Sie machen große Fortschritte, also dürfen die Sätze auch etwas länger werden.

(2) Nein, es handelt sich hier nicht um einen Fehler! 四 yon (jon) heißt „vier", wie in der entsprechenden Lektion. Und trotzdem muß das Wort 四 階 yonkai (jonkaj) auf deutsch mit „drittem Stock" übersetzt werden: Die Japaner sagen nämlich „ein-Stock" 一 階 ikkai (ik' kaj) zum „Erdgeschoß". 二 階 nikai (ni kaj) heißt daher wörtlich „zwei-Stock", entspricht aber natürlich dem ersten Stock usw. Sehen Sie sich dazu auch den Satz 10 an und zählen Sie mit...

LEKTION 24

11 家賃 だけ が 気 に 入って
  ya chin da ke ga ki ni i t te
  (jatschin dake ga ki ni it'te
   います。
   i ma su
   imaß')

12 それほど 高く ありません。
   so re ho do taka ku a ri ma se n
   (ßolehodo takaku alimaßen)

練習
renshû
(lenschüü)

1. 私 の アパート は 十二 階 に
   watakushi no apâto wa jû ni kai ni
   (uatakuschi no apaato ua dschüü ni kaj ni

   あります。
   arimasu
   alimaß')

2. 電車 の 音 は 聞こえません が 自動車
   densha no oto wa kikoemasen ga jidôsha
   (denscha no oto ua kikoemaßen ga dschidooscha

   の 音 は 聞こえます。
   no oto wa kikoemasu.
   no oto ua kikoemaß')

3. 眼鏡 を 忘れました から、 何も
   megane o wasuremashita kara, nanimo
   (megane o uaßulemasch'ta kala, nanimo

   見えません。
   miemasen
   mi.emaßen)

11 Nur die Miete gefällt mir.
(Miete / nur / [Sgg] / Geist / [Ortsangabe] / eintreten)

12 Sie ist nicht so teuer!
(so / nicht teuer sein)

---

4. デパート まで バス で 七 分 です
depâto made basu de nana fun desu
(depaato made baßu de nana fun deß'

から、便利 です。
kara, benri desu
kala, benli deß')

5. —うるさく ありません か。
- urusaku arimasen ka.
(uluẞaku alimaßen ka)

—全然 うるさく ありません。
- zenzen urusaku arimasen
(SenSen uluẞaku alimaßen)

Übungen

1. Meine Wohnung befindet sich im elften Stock.
2. Ich höre nicht den Lärm der Züge, sondern den der Autos.
3. Da ich meine Brille vergessen habe, sehe ich nichts.
4. Da man nur 7 Minuten mit dem Bus zum Kaufhaus braucht, ist es sehr praktisch.
5. - Ist sie nicht laut? - Nein, gar nicht.

…に 言葉 を 入れ なさい。
ni koto ba o i re na sa i

1. *Ich kaufe nichts.*

. . . .

LEKTION 24

2. *Ich höre den Lärm vom Kindergarten.*

yôchien . . . .

3. *Da es weit ist, fahre ich mit dem Bus dorthin.*

tooi desu . . . . , ...

4. *Das ist nicht so weit.*

. . . .

****

第二十五課　　　　　小説
dai ni jû go ka　　　　shô setsu
(daj ni dschüü go ka)　　(schooßezu)

1- 今　小説　を　書いて　います。
ima shô setsu　o　ka i te　i ma su
(ima schooßezu o ka.ite imaß')

2- へえ、　どんな　小説　です　か。
he e,　do n na　shô setsu　de su　ka
(hee, don.na schooßezu deß' ka)

3- 推理　小説　です。
sui ri shô setsu de su
(ßu.ili schooßezu deß')

4- 出版　する　つもり　です　か。
shup pan　su ru　tsu mo ri　de su　ka
(schüp'pan ßulu zumoli deß' ka)

5- まだ　わかりません。
ma da　wa ka ri ma se n
(mada uakalimaßen)

6- どんな　話　です　か。
do n na　hanashi de su　ka
(don.na hanaschi deß' ka)

5. *Ich sehe nur das Gebäude auf der rechten Seite.*

. . . . ga miemasu

Antwort:
1. nanimo kaimasen. 2. - no oto ga kikoemasu. 3. - kara, basu de ikimasu. 4. sorehodo tooku arimasen. 5. migi no biru dake -.

****

Der Roman	**Fünfundzwanzigste Lektion**
(Roman)	(ste / zwei-zehn-fünf / Lektion)

1 — Ich schreibe zur Zeit einen Roman.
(jetzt / Roman / [Erg. 4. F.] / schreiben)

2 — Ach! Was für einen Roman?
(ach / was für ein / Roman / das ist / [Frage])

3 — Einen Kriminalroman.
(Kriminalroman / das ist)

4 — Haben Sie die Absicht, ihn zu veröffentlichen?
(Veröffentlichung-machen / Absicht / das ist / [Frage])

5 — Ich weiß es noch nicht.
(noch nicht / nicht wissen)

6 — Wovon handelt er?
(was für ein / Geschichte / das ist / [Frage])

7 - 主人公 は ファッション・モデル です。
しゅじんこう
shu jin kô wa   fa s sho n mo de ru de su
(schudschinkoo ua fasch'schon modelu deß')

8 知らないで スパイ と 結婚 します。
    し   けっこん
shi ra nai de su pai to kek kon shi ma su
(schilanajde ßpaj to kek'kon schimaß')

9 - おもしろそう です ね。(1)
o mo shi ro sô de su ne
(omoschiloj deß' ne)

10 何 ページ ぐらい に なりますか。
    なん
nan pê ji gu ra i ni na ri ma su ka
(nan peedschi gulaj ni nalimaß' ka)

11- 五 百 ページ ぐらい に なる と 思います。
    ご ひゃく   おも
go hyaku pê ji gu ra i ni na ru to omo i ma su
(go hjaku peedschi gulaj ni nalu to omo.imaß')

12- へえ。長い です ね。
          なが
he e. naga i de su ne
(hee) (nagaj deß' ne)

13 もう どのぐらい 書きました か。
                         か
mô do no gu ra i   ka ki ma shi ta ka
(moo donogulaj kakimasch'ta ka)

14- まだ 五 ページ です。
         ご
ma da go pê ji de su
(mada go peedschi deß')

7 — Die Heldin ist ein Mannequin.
(Held / [Hinweis] / Mode-Modell / das ist)

8   Ohne es zu wissen, heiratet sie einen Spion.
(ohne es zu wissen / Spion / mit / Hochzeit-machen)

9 — Das klingt aufregend.
(interessant klingen / das ist / [ü.einst.])

10 Wieviel Seiten wird er ungefähr haben?
(was-Seite / ungefähr / [Ziel] / werden / [Frage])

11 — Ich glaube, er wird ungefähr fünfhundert Seiten haben.
(fünf-hundert-Seite / ungefähr / [Ziel] / werden / [Zitat] / glauben)

12 — Was! Das ist lang!
(was) (lang sein / das ist / [ü.einst.])

13 Wieviele haben Sie schon geschrieben?
(schon / ungefähr wieviele / geschrieben haben / [Frage])

14 — Nur fünf.
(bis jetzt / fünf-Seite / das ist)

ANMERKUNGEN

(1) おもしろそう *omoshirosô* (omoschiloßoo). Wir kennen schon おもしろい *omoshiroi* (omoschiloj) in der Bedeutung von „interessant sein". Wenn wir das い *i* des Eigenschaftswortes durch そう *sô* (ßoo) ersetzen, so bedeutet das neue Wort おもしろそう *omoshirosô* „interessant klingen".

*****

LEKTION 25

練習
renshû
(lenschüü)

1. 駅 まで どのぐらい です か。
   eki made donogurai desu ka
   (eki made donogulaj deß'ka)

2. この お 菓子 は おいしそう です ね。
   kono o kashi wa oishisô desu ne
   (kono o kaschi ua o.ischisoo deß' ne)

3. どんな 本 を 買いました か。
   donna hon o kaimashita ka
   (don.na hon o ka.imasch'ta ka)

4. 再婚 する つもり です。
   saikon suru tsumori desu
   (ßajkon ßulu zumoli deß')

5. 来週 退院 する と 思います。
   raishû tai.in suru to omoimasu
   (lajschüü taj.in ßulu to omo.imaß')

…に 言葉 を 入れ なさい。
  ni kotoba o ire nasai

1. *Ich denke, daß ich ihn veröffentlichen werde.*

   shuppan . . . . . . omoimasu

****

Übungen

1. Wie lange braucht man ungefähr zum Bahnhof?
2. Dieser Kuchen sieht köstlich aus.
3. Was für ein Buch haben Sie gekauft?
4. Ich habe die Absicht, wieder zu heiraten.
5. Ich glaube, daß er nächste Woche aus dem Krankenhaus entlassen wird.

---

2. *Ich habe die Absicht, Sänger zu werden.*

   kashu . . . . . . tsumori desu

3. *Was für ein Mensch ist das?*

   . . . .

4. *Ich bin dabei, eine Ansichtskarte zu schreiben.*

   hagaki o . . . .

5. *Diese Gabeln sehen teuer aus.*

   kono fôku wa . . . . . . desu

Antwort:
1. - suru to -. 2. - ni naru -. 3. donna hito desu ka. 4. - kaite imasu. 5. - takasô -.

****

第二十六課　中国　へ　行く
dai ni jû rok ka　　chû goku　e　i ku
(daj ni dschüü lok' ka)　(tschüügoku e iku)

1 - 来年 の 春 に 中国 へ 行く
rai nen no haru ni chû goku e i ku
(lajnen no halu ni tschüügoku e iku

つもり でした。
tsu mo ri de shi ta
zumoli desch'ta)

2 - 中国語 は できます か。(1)
chû goku go wa de ki ma su ka
(tschüügokugo ua dekimaß' ka)

3 - 私 は できません。
watakushi wa de ki ma se n
(uatakuschi ua dekimaßen)

4　けれども 息子 は よく できます
ke re do mo musu ko wa yo ku de ki ma su
(keledomo mußuko ua joku dekimaß'

から、つれて 行く つもりでした。(2)(3)
ka ra, tsu re te i ku tsu mori de shi ta
kala, zulete iku zumori desch'ta)

5　しかし 息子 は 都合 が 悪く
shi ka shi musu ko wa tsu gô ga waru ku
(schikaschi mußuko ua zugoo ga ualuku

なりました。
na ri ma shi ta
nalimasch'ta)

6 - 中国 へ 何 を しに 行きます か。
chû goku e nani o shi ni i ki ma su ka
(tschüügoku e nani o schi ni ikimaß' ka)

Sechsundzwanzigste Lektion
(ste / zwei-zehn-sechs / Lektion)

Reise nach China
(China / [Richtungsangabe] / gehen)

1 — Ich hatte die Absicht, nächsten Frühling nach China zu fahren.
(nächstes Jahr / [Bzw] / Frühling [Zeitangabe] / China / [Richtungsangabe] / gehen / Absicht / das war)

2 — Sprechen Sie chinesisch?
(China-Sprache / [Hinweis] / möglich sein / [Frage])

3 — Ich, nein.
(ich / [Hinweis] / nicht möglich sein)

4   Aber da mein Sohn recht gut spricht, hatte ich die Absicht, ihn mitzunehmen.
(aber / mein Sohn / [Hinweis] / gut / möglich sein / weil // begleiten / gehen / Absicht / das war)

5   Nun aber stellt sich heraus, daß er verhindert ist.
(aber / mein Sohn / [Hinweis] / Umstände / [Sgg] / schlecht / geworden sein)

6 — Was werden Sie in China machen?
(China / [Richtungsangabe] / was / [Erg. 4. F.] / machen / [Ziel] / gehen / [Frage])

ANMERKUNGEN

(1) Der Name eines Landes + 語 *go* bezeichnet die Landessprache: 中国 *chûgoku* (tschüügoku) „China", 中国語 *chûgokugo* (tschüügokugo) „die chinesische Sprache". 日本 *nihon* „Japan", 日本語 *nihongo* „die japanische Sprache".

(2) Hier verwenden wir 息子 *musuko* (mußuko) (vgl. Lektion 23, Satz 1), denn der Herr spricht von seinem eigenen Sohn.

(3) つれて 行く *tsurete iku* (zulete iku). Bevor wir Ihnen diese Konstruktion erklären, merken Sie sich zur Zeit nur, daß hier zwei Verben nebeneinander stehen, von denen das erste mit て *te* endet.

LEKTION 26

7 - 仕事 と 観光 です。
shi goto to kan kô de su
(schigoto to kankoo deß')

8 - 私 は 中国語 が 少し
watakushi wa chû goku go ga suko shi
(uatakuschi ua tschüügokugo ga ß'koschi

できます から、お供 しましょう か。
de ki ma su ka ra, o tomo shi ma shô ka
dekimaß' kala, o tomo schimaschoo ka)

9 それに 来年 の 春 は 暇 です。
so re ni rai nen no haru wa hima de su
(ßoleni lajnen no halu ua hima deß')

10- それ は たすかります。 ぜひ
so re wa ta su ka ri ma su. ze hi
(ßole ua taßukalimaß') (Sehi

おねがい します。
o ne ga i shi ma su
onega.i schimaß')

11 今度 の 月曜日 の 晩 一緒 に
kon do no getsu yô bi no ban is sho ni
(kondo no gezujoobi no ban isch'scho ni

食事 を しましょう。
shoku ji o shi ma shô
schokudschi o schimaschoo)

12- はい、そう しましょう。
ha i, sô shi ma shô
(haj, ßoo schimaschoo)

---

7 — Ich werde dort arbeiten und Urlaub machen.
(Arbeit / und / Tourismus / das ist)

8 — Da ich ein bißchen chinesisch kann, könnte ich mit Ihnen fahren.
(ich / [Hinweis] / China-Sprache / [Sgg] / ein bißchen / möglich sein / weil // [höflich]-Begleiter-machen wir / [Frage])

9 Außerdem habe ich nächstes Frühjahr Zeit.
(außerdem / nächstes Jahr / [Bzw] / Frühling / [Hinweis] / freie Zeit / das ist)

10 — Ah, Sie retten mich! Sie werden also mitkommen!
(das / [Hinweis] / retten)(jedenfalls / ich bitte Sie)

11 Lassen Sie uns nächsten Montag zusammen zu Abend essen!
(dieses Mal / [Bzw] / Montag / [Bzw] / Abend / zusammen / [umstandswörtlich] / Mahlzeit / [Erg. 4. F.] / machen wir)

12 — Ja, einverstanden.
(ja / so / machen wir)

練習

renshû
(lenschüü)

1. イギリス人 の 友達 を ピクニック に 誘う つもり です。
   igirisujin no tomodachi o pikunikku ni sasou tsumori desu
   (igilißujin no tomodatschi o pikunik'ku ni ßaßo.u zumoli deß')

2. 息子 さん は フランス語 が できます か。
   musuko san wa furansugo ga dekimasu ka
   (mußuko ßan ua fulanßugo ga dekimaß' ka)

3. 本屋 へ 何 を 買い に 行きます か。
   honya e nani o kai ni ikimasu ka
   (hon.ja e nani o ka.i ni ikimaß' ka)

4. 暇 です から、映画 を 見 に 行きましょう。
   hima desu kara, eiga o mi ni ikimashô
   (hima deß' kala, ejga o mi ni ikimaschoo)

5. 郵便局 へ 行きます。子供 を つれて 行きます。
   yûbinkyoku e ikimasu. kodomo o tsurete ikimasu
   (jüübinkjoku e ikimaß') (kodomo o zulete ikimaß')

****

Übungen

1. Ich habe die Absicht, meine englischen Freunde zu einem Picknick einzuladen.
2. Spricht Ihr Sohn französisch?
3. Was werden Sie in der Buchhandlung kaufen?
4. Da wir Zeit haben, gehen wir ins Kino!
5. Ich gehe auf die Post. Ich nehme die Kinder mit.

…に 言葉 を 入れ なさい。

ni koto ba o i re na sa i

1. *Nächstes Jahr werde ich ein Auto kaufen.*

   . . . . kaimasu

2. *Ich spreche ein bißchen japanisch.*

   . . . .

3. *Ich werde nächsten Samstag gehen.*

   . . . .

4. *Ich esse nur ein bißchen Brot.*

   pan . . . . dake tabemasu

5. *Ich bin verhindert gewesen.*

   tsugô ga . . . . mashita

Antwort:
1. rainen jidôsha o -. 2. nihongo ga sukoshi dekimasu. 3. kondo no doyôbi ni ikimasu. 4. - wa sukoshi -. 5. - waruku nari -.

LEKTION 26

****

第二十七課 飛行場 に 着く
dai ni jû nana ka   hi kô jô   ni   tsu ku
(daj ni dschüü nana ka)   (hikoodschoo ni zuku)

1 - もし もし。正子 です。
　　mo shi mo shi.　masa ko　de su
　　(moschi moschi) (maßako deß')

2 - 飛行機 は 決まりました か。
　　hi kô ki　wa　ki ma ri ma shi ta　ka.
　　(hikooki ua kimalimasch'ta ka)

　　いつ 着きます か。
　　i tsu　tsu ki ma su　ka
　　(izu zukimaß' ka)

3 - 日航 の 四百 五 十 三 便
　　nik kô　no　yon hyaku　go　jû　san　bin
　　(nik'koo no jon hjaku go dschüü ßan bin

　　で、しあさって の 午前 七 時
　　de,　shi a sat te　no go zen shichi ji
　　de, schi.aßat'te no goSen schitschi dschi

　　十 五 分 に 成田 空港 に
　　jû　go　fun　ni　nari ta　kû kô　ni
　　dschüü go fun ni nalita kuukoo ni

　　着きます。 (1) (2)
　　tsu ki ma su
　　zukimaß')

4 - 飛行場 まで 迎え に 行きます
　　hi kô jô　ma de　muka e　ni　i ki ma su
　　(hikoodschoo made muka.e ni ikimaß'

　　から ね。
　　ka ra　ne
　　kala ne)

Siebenundzwanzigste Lektion
(ste / zwei-zehn-sieben / Lektion)

Ankunft am Flughafen
(Flughafen / [Ziel] / ankommen)

1 — Hallo. Hier ist Masako.
(hallo) (Masako / das ist)

2 — Hast Du Dich für ein Flugzeug entschieden? Wann kommst Du an?
(Flugzeug / [Hinweis] / entschieden worden sein / [Frage]) (wann / ankommen / [Frage])

3 — Ich werde überübermorgen früh um sieben Uhr fünfzehn mit dem Flug 453 der Japan Air Lines in Narita ankommen.
(Japan Air Lines / [Bzw] / vier-hundert-fünf-zehn-drei-Flug / [Mittel] / überübermorgen / [Bzw] / Vormittag / sieben-Uhr-zehn-fünf-Minute / [Zeitangabe] / Narita-Flughafen / [Ziel] / ankommen)

4 — Ich werde dich vom Flughafen abholen.
(Flughafen / bis / entgegen gehen / [Ziel] / gehen / weil / [ü.einst.])

ANMERKUNGEN

(1) 日航 *nikkô* (nik'koo) ist die Abkürzung von 日(本)航(空) *nihon kôkû* (nihon kooküü) (Japan / Fluglinien), der Name der stattlichen Luftfahrtgesellschaft, die bei uns unter „Japan Airlines" bekannt ist.

(2) 成田 *narita* (nalita), der Name des Flughafens von Tokio.

5 - 朝 早い から、箱崎 の エア・
asa haya i ka ra, hako zaki no e a
(aßa hajaj kala, hakoSaki no ea

ターミナル まで リムジン・バス で
tâ mi na ru ma de ri mu ji n ba su de
taaminalu made limudschin baßu de

行きます。そこ で 会いましょう。(3)
i ki ma su. so ko de a i ma shô
ikimaß') (ßoko de a.imaschoo)

6 - 大丈夫 です よ。早く 会いたい
dai jô bu de su yo. haya ku a i ta i
(dajdschoobu deß' jo) (hajaku a.itaj

から 飛行場 まで 行きます。(4)
ka ra hi kô jô ma de i ki ma su
kala hikoodschoo made ikimaß')

7 必ず 行きますから、待ってて 下さい。
kanara zu i ki ma su ka ra, ma t te te kuda sa i
(kanalaSu ikimaß' kala, mat'te te kudaßaj)

8 - そう です か。悪い わ ね。(5)
sô de su ka. waru i wa ne
(ßoo deß' ka) (ualu.i ua ne)

ANMERKUNGEN (Fortsetzung)

(3) 箱崎 *hakozaki* (hakoSaki), der Name des Flughafen-autobusbahnhofes im Zentrum von Tokio. Der Ausdruck リムジン・バス (limudschin' baßu) existiert nur für den Pendelverkehr vom Flughafen in die Stadt.

(4) Der Ausdruck 大丈夫 です *daijôbu desu* (dajdschoobu deß') entspricht: ,,in Ordnung'', ,,gut'', ,,es geht schon'', ,,das wird schon gehen''. Der Ausdruck wird dann benutzt, wenn man bestätigen will, daß der Durchführung einer Aktion nichts im Wege steht. Er wird natürlich sehr häufig verwendet.

5 — Da es früh am Morgen ist, werde ich mit dem Bus zur Endstation in Hakozaki fahren. Dort treffen wir uns.
(Morgen / früh sein / weil // Hakozaki / [Bzw] / Endstation / bis / Limousine-Bus / [Mittel] / gehen) (dort / [Ortsangabe] / treffen wir uns)

6 — Nein, nein, es geht schon. Da ich es eilig habe, dich zu sehen, werde ich zum Flughafen kommen.
(ohne Problem / das ist / [behauptend]) (schnell / treffen wollen / weil // Flughafen / bis / gehen)

7 Ich werde auf jeden Fall kommen, also warte auf mich.
(auf jeden Fall / gehen / weil // warte)

8 — Gut. Aber es ist mir nicht recht.
(gut) (schlecht sein / [abschwächend] / [ü.einst.])

ANMERKUNGEN (Fortsetzung)

(5) Nach ね *ne* und よ *yo* sehen wir hier わ *wa*, eines der Wörter, die am Ende eines Satzes stehen. Dieses Wort wird allerdings nur von Frauen und nur unter guten Bekannten benutzt. Es wirkt abschwächend und wird oft nach einem Verb oder Adjektiv niedriger Stufe verwendet. Hier haben wir 悪い *warui* (ualu.i) alleine, bisher hatten wir immer Ausdrücke wie いい です *ii desu* (i.i deß') „das ist gut" (vgl. Lektion 2, Satz 5; Lektion 9, Satz 2 usw.).

Wir haben in der wörtlichen Übersetzung immer angegeben, daß いい *ii*, alleinstehend, „gut sein" heißt. So wie die Verben haben auch die Adjektive drei Stufen. いい です *ii desu* ist die mittlere Stufe, いい alleinstehend ist die niedrige Stufe. わるい *warui*, wie hier alleinstehend, zeigt die niedrige Stufe an. Warum wird diese Stufe verwendet? Weil das Gespräch von zwei Freunden geführt wird. Es kommt sehr oft vor, daß in dieser Art von Konversation, in vertrautem Kreis, die mittlere Stufe und die niedrige Stufe nebeneinander verwendet werden.

9- 荷物 は たくさん ありますか。
ni motsu wa ta ku sa n a ri ma su ka
(nimozu ua takußan alimaß' ka)

10- 小さい バッグ 二つ だけ です。
chii sa i ba g gú futa tsu da ke de su
(tschi.isaj bag'gu f'tazu dake deß')

11- えっ。 それ だけ。 おみやげ は?
e . so re da ke. o mi ya ge wa?
(e) (ßole dake) (omijage ua)

12- 心配 しないで。いい 物を 買って
shin pai shi na i de . i i mono o ka t te
(schimpaj schinajde) (i.i mono o kat'te

来ました。
ki ma shi ta
kimasch'ta)

13- じゃ。 兄 と 一緒 に 税関 を
ja . ani to is sho ni zei kan o
(dscha) (ani to isch'scho ni Sejkan o

出た 所 で 待って います。
de ta tokoro de ma t te i ma su
deta tokolo de mat'te imaß')

14- それでは、 よろしく おねがい
so re de wa, yo ro shi ku o ne ga i
(ßoledeua, joloschiku onega.i

します。
shi ma su
schimaß')

9 — Hast du viel Gepäck?
   (Gepäck / [Hinweis] / viel / sich befinden / [Frage])
10 — Nur zwei kleine Taschen.
   (klein sein / Tasche / zwei / nur / das ist)
11 — Was! Nur? Und die Geschenke?
   (was!) (das / nur) (Geschenk / [Hinweis])
12 — Mach dir keine Sorgen! Ich habe phantastische Sachen gekauft.
   (Beunruhigung-nicht machen) (gut sein / Sache / [Erg. 4. F.] / kaufen / gekommen sein)
13 — Gut. Ich warte mit meinem Bruder dort, wo man nach der Zollabfertigung herauskommt, auf dich.
   (gut) (älterer Bruder / mit / zusammen / [umstandswörtlich] / Zoll / [Erg. 4. F.] / verlassen haben / Ort / [Ortsangabe] / warten.
14 — Gut, also einverstanden.
   (also / gut / ich bitte dich)

練習

renshû
(lenschüü)

1. 写真 が たくさん あります。
   shashin ga takusan arimasu
   (schaschin ga takußan alimaß')

2. 飛行機 が 見えました か。
   hikôki ga miemashita ka
   (hikooki ga mi.emasch'ta ka)

3. この アパート は 小さい から
   kono apâto wa chiisai kara
   (kono apaato ua tschi.isaj kala

   買いません。
   kaimasen
   ka.imaßen)

LECTION 27

4. 今日 行く 会社 は ここ から 近い
   kyô iku kaisha wa koko kara chikai
   (kjoo iku kajscha ua koko kala tschikaj

   です。
   desu
   deß')

5. 明日 の 午前 八 時 三 十 五 分
   ashita no gozen hachi ji san jû go fun
   (asch'ta no goSen hatschi dschi ßan dschüü go fun

   に 着く と 思います。
   ni tsuku to omoimasu
   ni zuku to omo.imaß')

…に 言葉 を 入れ なさい。
ni koto ba o i re na sa i

1. *Ich bin mit dem Flugzeug dorthin geflogen.*

. . . .

2. *Treffen wir uns schnell.*

. . . .

****

第二十八課 　　　　　まとめ
dai ni jû hak' ka　　　　　matome
(daj ni dschüü hak' ka)　　(matome)

Wir haben schon große Fortschritte gemacht und es ist wichtig, einen Überblick über das Gelernte zu bewahren. Nehmen Sie sich Zeit, die Details der Sprache zu ver-

hyaku go jû 150

Übungen

1. Es gibt viele Fotos.
2. Haben Sie die Flugzeuge gesehen?
3. Ich kaufe diese Wohnung nicht, weil sie klein ist.
4. Die Firma, zu der ich heute gehe, ist nicht weit von hier.
5. Ich glaube, daß sie morgen früh um acht Uhr fünfunddreißig ankommen.

---

3. *Ich bin gestern Vormittag um sechs Uhr zwölf angekommen.*

   kinô . . . .

   . . . ni tsukimashita

4. *Wann werden Sie nach China fahren?*

   . . . .

5. *Ich habe zwei große Koffer.*

   ookii toranku ga . . . . arimasu

6. *Sie haben etwas Schönes hergestellt.*

   ii . . . . o tsukurimashita ne

Antwort:
1. hikôki de ikimashita. 2. hayaku aimashô. 3. - no gozen roku ji jû ni fun -. 4. itsu chûgoku e ikimasu ka. 5. - futatsu -. 6. - mono -.

****

Achtundzwanzigste Lektion
(ste / zwei-zehn-acht / Lektion)

Wiederholung und Anmerkungen

stehen. Wir haben immer längere Sätze, daher müssen Sie mit Hilfe der Lautschrift und der wörtlichen Übersetzung die einzelnen Worte und ihre Funktionen wiederholen.

LEKTION 28

Sie werden sich schrittweise an die Wortfolge gewöhnen, bis sie Ihnen ganz natürlich vorkommt - wenn das nicht sowieso schon der Fall ist!

1. Ausgehend vom Namen eines Landes können Sie ganz einfach die folgenden Worte bilden:

● Die Einwohner: Es genügt 人 *jin* (dschin) anzuhängen, das wörtlich ,,Mensch'' heißt.

ドイツ   *doitsu* (do.izu) ,,Deutschland''.
ドイツ人   *doitsujin* (do.izudschin) ,,ein Deutscher, eine Deutsche, (die) Deutschen''.
アメリカ   *amerika* (amelika) ,,Amerika''.
アメリカ人 *amerikajin* (amelikadschin) ,,ein Amerikaner'', aber auch ,,eine Amerikanerin, (die) Amerikaner, Amerikanerinnen''.
イギリス   *igirisu* (igilißu) ,,England''.
イギリス人 *igirisujin* (igilißudschin) ,,ein Engländer, eine Engländerin, (die) Engländer, Engländerinnen''.
フランス   *furansu* (fulanßu) ,,Frankreich''.
フランス人 *furansujin* (fulanßudschin) ,,ein Franzose, eine Französin, (die) Franzosen, Französinnen''.
中国   *chûgoku* (tschüügoku) ,,China''.
中国人   *chûgokujin* (tschüügokudschin) ,,ein Chinese, eine Chinesin, (die) Chinesen, Chinesinnen''.
日本   *nihon* ,,Japan''.
日本人   *nihonjin* (nihondschin) ,,ein Japaner, eine Japanerin, (die) Japaner, Japanerinnen''.

● Die Sprache: Es genügt, 語 *go* anzuhängen, das wörtlich ,,Sprache'' heißt.

ドイツ語   *doitsugo* (do.izugo) ,,das Deutsche, die deutsche Sprache''.
中国語   *chûgokugo* (tschüügokugo) ,,das Chinesische, die chinesische Sprache''.
日本語   *nihongo* ,,das Japanische, die japanische Sprache''.

Die einzige Ausnahme hier ist 英語 *eigo* (ejgo) für „das Englische, die englische Sprache".

● Das entsprechende Adjektiv: Man verwendet dazu das の *no* des Bezugswortes und stellt damit die Verbindung zwischen dem Namen des Landes und dem Hauptwort her, das durch das Adjektiv näher bestimmt werden soll.

日本 の 映画　　*nihon no eiga* (nihon no ejga) „das japanische Kino".

ドイツ の 映画　　*doitsu no eiga* (do.izu no ejga) „das deutsche Kino".

アメリカ の 映画　*amerika no eiga* (amelika no ejga) „das amerikanische Kino".

2. Sie sind jetzt soweit, daß Sie selbst Umfragen halten können: Wir haben schon fast alle Frageworte gelernt. Zur Wiederholung:

何	*nan* oder *nani:* was? Lektionen 2, 5, 8, 16, 24...
だれ	*dare* (dale): wer? Lektion 19.
いつ	*itsu* (izu): wann? Lektion 27.
どこ	*doko:* wo? Lektionen 1, 4, 5, 15, 20, 22, 23...
いかが	*ikaga:* wie? Lektionen 16, 19, 24.
いくら	*ikura* (ikula): wieviel? (für eine Menge) Lektionen 17, 22.
いくつ	*ikutsu* (ikuzu): wieviel? (für zählbare Gegenstände) Lektion 15.
どのぐらい	*donogourai* (donogulaj): wieviel ungefähr? Lektion 25.
どちら	*dochira* (dotschila): welcher von beiden? Lektion 10.
どんな	*donna* (don.na), gefolgt von einem Substantiv: von welcher Art? Lektionen 19, 25.

Es fehlen nur noch zwei oder drei und wir haben alle Fragewörter gelernt. Einige haben wir häufiger verwen-

LEKTION 28

det, andere weniger, aber wir haben ja Zeit, wir werden ihnen immer wieder begegnen.

3. Aber es genügt leider nicht, Fragen zu stellen... Sie müssen auch Antworten geben und teilweise sehr präzise! In der letzten Wiederholungslektion (Lektion 21, Absatz 2) haben wir gesehen, daß ein Adjektiv, das ein Substantiv näher bestimmt, immer vor diesem steht. Dies ist eines der Prinzipien der japanischen Sprache: Alles, was ein Substantiv näher bestimmt, steht davor, egal welche Form diese Präzisierung annimmt. Es kann ein Adjektiv sein (vgl. Lektion 21, Absatz 2), aber auch:
— Ein oder mehrere andere Substantive. In diesem Fall verwendet man das Bezugswort の no, um die vorhergehenden Wörter mit dem Substantiv zu verbinden. Manchmal gibt das ganze Reihen von Verbindungen (vgl. Lektion 22, Satz 4 und Übungen Sätze 2 und 4; Lektion 24, Satz 6; Lektion 25, Satz 11 und Übungen Satz 1).
— Ein Verb, alleinstehend (vgl. Lektion 25, Satz 4 und Übungen Satz 4; Lektion 26, Satz 4) oder ein Verb mit Ergänzungen (vgl. Lektion 26, Satz 1 und Übungen Satz 1; Lektion 27, Satz 13 und Übungen Satz 4). Sehen Sie sich nochmals diese Sätze an, lesen Sie sie solange bis Sie ihre Konstruktion begreifen. Im Japanischen gibt es nur diese eine Konstruktion, während wir im Deutschen Relativsätze verwenden. Wir werden diese Konstruktionen immer wieder treffen und noch öfter darüber sprechen!

4. Bevor wir die nächste Lektion in Angriff nehmen, kommen wir noch einmal kurz auf die drei verschiedenen Stufen zurück. In Lektion 21, Absatz 4, haben wir Ihnen die Formen für die Verben erklärt. Diese Differenzierung gilt aber für alle Worte, die verschiedene Formen haben, d.h. nicht nur die Verben, sondern auch die Adjektive, und

manchmal sogar die Substantive, die an sich unveränderlich sind!

Hier nun einige Beispiele zur Wiederholung:

Verben	mittlere Stufe	niedrige Stufe
machen	*shimasu* します	*suru* する
	Lektion 25, Satz 4	
werden	*narimasu* なります	*naru* なる
	Lektion 25, Satz 11	
gehen	*ikimasu* いきます	*iku* いく
	Lektion 26, Satz 1	
verlassen haben	*demashita* でました	*deta* でた
	Lektion 27, Satz 13	

Adjektive

schlecht sein *warui desu* わるい です *warui* わるい
　　　　　　Lektion 27, Satz 8

Es stellt sich also nun die Frage: wann verwendet man die mittlere und wann die niedrige Stufe? Es gibt einige einfache Regeln:

4.1 Wenn es sich um ein Verb oder ein Adjektiv handelt, das **am Ende eines Satzes** steht, so bestimmt die Situation die Stufe. Daher haben wir z.B. in Lektion 22 die mittlere Stufe verwendet, denn die beiden Gesprächspartner haben sich nicht besonders gut gekannt. Es handelt sich um einen Kunden und um einen Angestellten. In Lektion 23 wurde ein Gespräch zwischen Leuten geführt, die sich zwar kennen, die aber trotzdem ein wenig Abstand halten wollen: zur mittleren Stufe werden einige Ausdrücke aus der höheren Stufe eingeführt. Im Gegensatz dazu wurde in Lektion 27 ein Gespräch zwischen Freunden wiedergegeben: zur mittleren Stufe werden einige Formen der niedrigen Stufe hinzugefügt.

Natürlich kommt es in außergewöhnlichen Fällen vor, daß in ganz höflichen Unterhaltungen nur die höhere Form

verwendet wird, und in einer sehr vertrauten Umgebung, nur die niedrige Form (z.B. unter Schülern oder Studenten), aber die Grenzen sind nicht immer sehr klar und es kann vorkommen, daß in einem Satz zwei verschiedene Formen nebeneinander verwendet werden.
Diese Regel gibt es auch dann, wenn Verben und Adjektive am Ende gewisser Nebensätze stehen, die auf が *ga* (Lektion 24, Satz 6) oder から *kara* enden (Lektion 22, Satz 9; Lektion 24, Satz 10; Lektion 26, Satz 4; Lektion 27, Sätze 4, 5, 6).

4.2 In allen anderen Fällen, wenn ein Adjektiv oder ein Verb **im Satzinnern** steht, muß die niedrige Form verwendet werden. Wir haben schon die beiden wichtigsten Fälle gesehen: ein Adjektiv oder ein Verb, das ein Substantiv näher bestimmt. Vergleichen Sie die Beispiele, die wir Ihnen für den Gebrauch der Adjektive gegeben haben, Lektion 21, Absatz 2 und auch Lektion 24, Satz 1: いい アパート *ii apâto* (i.i apaato).
Lektion 27, Satz 10: 小さい バッグ *chiisai baggu* (tschi.isaj bag'gu).
Für die Verben vgl. Lektion 25, Satz 4:
出版 する つもり です か
shuppan suru *tsumori desu ka* (schüp'pan ßulu zumoli deß' ka) „Haben Sie die Absicht, **ihn zu veröffentlichen?**".
Lektion 26, Satz 1:
来年 の 春 に 中国 へ 行く つもり でした。
rainen no haru ni chûgoku e iku *tsumori deshita* (lajnen no halu ni tschüügoku e iku zumoli desch'ta) „Ich hatte die Absicht, **nächstes Frühjahr nach China zu fahren**".
Lektion 27, Satz 13:
税関 を 出た 所
zeikan o deta *tokoro* (Sejkan o deta tokolo) „dort **wo man aus der Zollabfertigung kommt**". Was auch immer die Situation sein mag, es gibt hier keine Wahl, wir

müssen immer die niedrige Stufe verwenden.
Dasselbe gilt für Lektion 25, Satz 11:
五 百 ページ ぐらい に なる と 思います。
go hyaku pêji ni naru *to omoimasu* (go hjaku peedschi ni nalu to omo.imaß') ,,Ich glaube, **es wird ungefähr fünfhundert Seiten lang**''. Vor... と 思います *to omoimasu* ,,ich glaube, daß...'', hat man wiederum keine Wahl, man muß immer die niedrige Stufe verwenden.

Auf den ersten Blick scheint dieses System sehr kompliziert zu sein! Aber das kommt nur daher, daß wir im Deutschen keine vergleichbaren Formen haben. Denken Sie daran: Im Moment sollen Sie sich nicht alles merken, das wird später von selbst kommen. Sie sollen nur das System verstehen und die Unterschiede erkennen. Da wir jetzt ständig Konstruktionen verwenden werden, die in der niedrigen Stufe benutzt werden, ist es wichtig, daß Sie diesem Punkt in den folgenden Lektionen große Aufmerksamkeit widmen. Machen Sie sich keine Sorgen, wir werden noch oft auf dieses Problem zurückkommen.

Sie haben sich nun langsam an die Aussprache gewöhnt, die doch eigentlich gar nicht so schwierig ist. Deswegen werden wir allmählich die umschriebene Lautschrift weglassen. Wir beginnen damit in den Anmerkungen und den Übungen. Sie werden sehen, daß Sie diese Hilfe nun nicht mehr nötig haben.

第二十九課   誕生日

だい に じゅうきゅう か / たんじょうび

dai ni jû kyû ka　　　　　　　　tan jô bi
(daj ni dschüü kjüü ka)　　　　(tandschoobi)

1 ― 今度 の 火曜日 は、あなた の 誕生日 だ から、どこか で お食事 しましょう。(1)
kon do no ka yô bi wa, a na ta no tan jô bi da ka ra, do ko ka de o shoku ji shi ma shô
(kondo no kajoobi ua, anata no tandschoobi da kala, dokoka de o schokudschi schimaschoo)

2　それから お 芝居 か 音楽会 に 行かない？(2)
so re ka ra o shiba i ka on gak kai ni i ka na i?
(ßolekala o schibaj ka ongak'kaj ni ikanaj)

3 ― てんぷら が 食べたい な。(3) (4)
te n pu ra ga ta be ta i na
(tempula ga tabetaj na)

4 ― じゃ それなら 上原 さん が 教えて くれた お 店 に 行きましょう。
ja so re na ra ue hara sa n ga oshi e te ku re ta o mise ni i ki ma shô
(dscha ßolenala u.ehala ßan ga oschiete kuleta o miße ni ikimaschoo)　(5) (6)

ANMERKUNGEN

(1) Es handelt sich hier um ein Gespräch zwischen einem Ehepaar. Wo theoretisch die Wahl zwischen der mittleren Stufe und der niedrigen Stufe besteht (am Satzende und

Der Geburtstag   Neunundzwanzigste Lektion
(Geburtstag)   (ste / zwei-zehn-neun / Lektion)

1 — Nächsten Dienstag hast du Geburtstag, laß uns irgendwohin essen gehen.
(dieses Mal / [Bzw] / Dienstag / [Hinweis] / du / [Bzw] / Geburtstag / das ist / weil // irgendwo / [Ort] / [ungezwungen]-Mahlzeit-machen wir)

2   Könnten wir danach nicht ins Theater oder Konzert gehen?
(dann / [ungezwungen]-Theater / oder auch / Konzert / [Ziel] / nicht gehen)

3 — Ich würde gerne Tempura essen!
(Tempura / [Sgg] / der Gegenstand der Eßlust sein / [überlegend])

4 — In diesem Fall gehen wir in das Restaurant, das mir Frau Uehara empfohlen hat.
(dann / in diesem Fall / Uehara-Frau / [Sgg] / unterrichten / gemacht haben für mich / [ungezwungen]-Betrieb / [Ziel] / gehen wir)

ANMERKUNGEN (Fortsetzung)

vor が *ga* und から *kara*), wird fast immer die niedrige Stufe verwendet. Zu Beginn: だ *da* ist die niedrige Stufe von です *desu*, „das ist".

(2) 行かない *ikanai* ist die niedrige Stufe von 行きません *ikimasen* „nicht gehen". Da der Ton sehr familiär ist, braucht man nicht か *ka* hinzuzufügen, um darauf hinzuweisen, daß es sich um eine Frage handelt. Es genügt, den Ton in den letzten Silben zu heben, so wie wir es im Deutschen bei einer Frage machen. Nur in diesem Fall steht am Satzende im Japanischen ein Fragezeichen.

(3) てんぷら *tempura* ist der Name für einen in einem leichten Teig herausgebratenen Fisch oder Gemüse.

(4) な *na*, vgl. Lektion 19, Anmerkung 5.

(5) くれた *kureta* ist die niedrige Stufe von くれました *kuremashita* „für mich gehabt haben".

(6) 店 *mise* ist der Ausdruck, der ganz allgemein einen Betrieb, eine Firma, ein Unternehmen bezeichnet, so wie hier ein Restaurant.

5 - ぴあ は どこ。(7)
   pi a   wa   do ko?
   (pija ua doko)

6 - そこ の ピアノ の 上 に ある
   so ko no pi a no no ue ni a ru
   (ßoko no pijano no u.e ni alu

   から 取って。(8)
   ka ra   to t te
   kala, tot'te)

7 お 芝居 は 何 ページ に
   o shiba i wa nan pê ji ni
   (o schibaj ua nan peedschi ni

   出て いる？ 音楽会 は？(9)
   de te   i ru?   on gak kai wa?
   dete ilu) (ongak'kaj ua)

8 音楽会 なら 今 サモロビッチ
   on gak kai na ra ima sa mo ro bi t chi
   (ongak'kaj nala ima ßamolobit'tschi

   が 日本 に 来て いる から、聞き
   ga ni hon ni ki te i ru ka ra, ki ki
   ga nihon ni kite ilu kala, kiki

   に 行きましょう。(10)
   ni   i ki ma shô
   ni ikimaschoo)

9 それとも 歌舞伎なら 今 五三郎 が
   so re to mo ka bu ki na ra ima go sabu rô ga
   (ßoletomo kabuki nala ima goßabuloo ga   (11)

   「四谷 怪談」を やって いる わ よ。
   yotsu ya kai dan o ya t te   i ru wa yo
   jozuja kajdan o jat'te ilu ua jo)   (12)(13)

5 — Wo ist die Pia?
   (Pia / [Hinweis] / wo)
6 — Dort auf dem Klavier, gib sie mir.
   (dort / [Bzw] / Klavier / [Bzw] / oben / [Ort] / sich befinden / weil // nimmst du)
7 Auf welcher Seite stehen die Theatervorstellungen? Und die Konzerte?
   (Theater / [Hinweis] / was-Seite / [Ort] / hervorkommen) (Konzert / [Hinweis])
8 Was die Konzerte betrifft, Samorowitsch ist zur Zeit in Japan, wollen wir ihn hören?
   (Konzert / wenn das ist / jetzt / Samorowitsch / [Sgg] / Japan/ [Ziel] / kommen / weil // hören / [Ziel] / gehen wir)
9 Oder was hältst du vom Kabuki, Gosaburô spielt zur Zeit „Die Geister von Yotsuya".
   (oder auch / Kabuki / wenn das ist / jetzt / Gosaburô / [Sgg] / Yotsuya-Geschichten von Geistern / [Erg. 4. F.] / machen / [abschwächend] / [behauptend])

ANMERKUNGEN (Fortsetzung)

(7) ぴあ *pia* ist der Name eines Wochenblattes, das alle Veranstaltungen in Tokio veröffentlicht.

(8) ある *aru* ist die niedrige Stufe von あります *arimasu* „sich befinden".

(9) 出て いる *dete iru* ist die niedrige Stufe von 出て います *dete imasu* „hervorkommen, erscheinen".

(10) 来て いる *kite iru* ist die niedrige Stufe von 来て います *kite imasu* „kommen".

(11) Kabuki ist eine traditionelle japanische Theaterform. Es ist eine Vorstellung mit farbenprächtigen Kostümen und Ausstattungen.

(12) やって いる *yatte iru* ist die niedrige Stufe von やって います *yatte imasu* „machen".

Für alle Formen, die auf て います *te imasu* in der mittleren Stufe enden, verwendet man て いる *te iru* in der niedrigen Stufe (vgl. Lektion 11, Anmerkung 2).

(13) 「四谷怪談」 *yotsuya kaidan* ist der Titel eines der berühmtesten Stücke des Kabukitheaters.

10 あなた は サモロビッチ と
   a na ta   wa sa mo ro bi t chi   to
   (anata ua ßamolobit'tschi to

   五三郎 と どっち が いい の。(14)
   ご さぶろう
   go sabu rô to do t chi ga i i no
   goßabuloo to dot'tschi ga i.i no)

11 あ、 ちょっと 待って。 火曜日 は
                     ま   かようび
   a,   cho t to   ma t te. ka yô bi wa
   (a, tschot'to mat'te) (kajoobi ua

   サモロビッチ の 演奏 は ない わ。
                       えんそう
   sa mo ro bi t chi no   en sô wa   na i wa.
   ßamolobit'tschi no enßoo ua naj ua)

   歌舞伎 に しましょう。(15)
   かぶき
   ka bu ki   ni   shi ma shô
   (kabuki ni schimaschoo)

12 あたしが 切符 を 買って おくわ。
              きっぷ   か
   a ta shi ga kip pu o ka t te o ku wa
   (ataschi ga kip'pu o kat'te oku ua)   (16)(17)

13 - じゃ たのむ よ。(18)
      ja   ta no mu   yo
      (dscha tanomu jo)

14 - あ、 これ 先週 の ぴあ よ。
                 せんしゅう
      a,   ko re sen shû no   pi a yo
      (a, kole ßenschüü no pija jo)

ANMERKUNGEN (Fortsetzung)

(14) の *no* wird häufig verwendet, aber ausschließlich von Frauen an Stelle von か *ka,* um damit eine Frage zu beenden.

(15) ない *nai* ist die niedrige Stufe von ありません *arimasen* „sich nicht befinden".

(16) あたし Die Aussprache *atashi* für „**ich, mir, mich**" wird ausschließlich von Frauen verwendet.

10 Was ist dir lieber, Samorowitsch oder Gosaburô?
(du / [Hinweis] / Samorowitsch / und / Gosaburô / und / welcher von beiden / [Sgg] / gut sein / [Frage])

11 Ach, warte mal. Am Dienstag gibt es kein Samorowitsch-Konzert. Also werden wir ins Kabuki gehen.
(ja / ein bißchen / warte) (Dienstag / [Verstärkung] / Samorowitsch / [Bzw] / Konzert / [Hinweis] / sich nicht befinden / [abschwächend]) (Kabuki / [Ziel] / machen wir)

12 Ich werde die Karten kaufen.
(ich / [Sgg] / Karte / [Erg. 4. F.] / kaufen / im voraus machen / [abschwächend])

13 — Gut, ich bitte dich.
(gut / bitten / [behauptend])

14 — Ach, das war ja die Piaausgabe der letzten Woche!
(ach / das / letzte Woche / [Bzw] / Pia / [behauptend])

ANMERKUNGEN (Fortsetzung)

(17) おく *oku* ist die niedrige Stufe von おきます *okimasu* „im voraus machen".

(18) たのむ *tanomu* ist die niedrige Stufe von たのみます *tanomimasu* „fragen". Dieser Ausdruck (den man in ungezwungenen Gesprächen begegnet) entspricht dem geläufigen Ausdruck おねがい します *onegai shimasu*, (vgl. Lektion 16, Satz 13; Lektion 19, Satz 14).

Das ist genug für heute. Es war etwas viel, aber wir mußten das alles erklären. In den obigen Anmerkungen haben wir Ihnen alle Verbformen der niedrigen Stufe angegeben. Wir versprechen Ihnen, daß das nicht mehr vorkommt! Das wäre sehr monoton! Bei den Verben gibt es übrigens einen Trick, mit dem Sie leicht die niedrige Stufe erkennen können: es sind alle Formen, die nicht auf ます *masu*, ません *masen*, ました *mashita*, ません でした *masen deshita*, ましょう *masho* enden (vgl. Lektion 7, Absatz 1).

練習
renshû
(lèn'chuu)

1. 一緒 に 買物 に 行かない？
   issho ni kaimono ni ikanai ?

2. 火曜日 に テレビ で 見た 映画 は
   kayôbi ni terebi de mita eiga wa
   中国 の 映画 でした。
   chûgoku no eiga deshita

3. また どこか に 忘れました。
   mata dokoka ni wasuremashita

4. 今 日本 に 来て いる フランス の
   ima nihon ni kite iru furansu no
   歌手 が 歌って いる 歌 を
   kashu ga utatte iru uta o
   聞きました か。
   kikimashita ka

5. 音楽会 は 百 七 ページ に 出て
   ongakkai wa hyaku nana pêji ni dete
   います。
   imasu

6. 先週 から やって いる 「四谷怪談」
   senshû kara yatte iru yotsuya kaidan
   が ぜひ 見たい です。
   ga zehi mitai desu

…に 言葉 を 入れ なさい。
   ni koto ba o i re na sa i

1. *Ich glaube, es ist Dienstag.*

. . . .

Übungen

1. Du gehst nicht mit mir einkaufen?
2. Der Film, den wir am Dienstag im Fernsehen gesehen haben, war ein chinesischer Film.
3. Ich habe es wieder irgendwo vergessen.
4. Haben Sie die Lieder gehört, die ein französischer Sänger zur Zeit in Japan singt?
5. Die Konzerte stehen auf Seite 107.
6. Ich will auf jeden Fall „Die Geister von Yotsuya" sehen, die seit letzter Woche gespielt werden.

2. *Ich will Äpfel essen.*

   ringo . . tabe . . . desu

3. *Es liegt auf dem Fernsehapparat.*

   . . . .

4. *Was magst du lieber, Theater oder Kabuki?*

   shibai . . kabuki . . . . no

5. *Ich glaube, daß es zu dieser Stunde keine Nachrichten gibt.*

   ima no jikan wa nyûsu wa . . . .

Antwort:
1. kayôbi da to omoimasu. 2. - ga - tai -. 3. terebi no ue ni arimasu. 4. - to - to dochi ga ii -. 5. - nai to omoimasu.

第三十課　夏休み

だい さんじゅっ か　　　　　　　なつ　やすみ
dai san juk ka　　　　　　natsu yasumi
(daj ßan dschük' ka)　　　(nazu jaßumi)

1 －お 久しぶり です ね。きれい
　　o hisa shi bu ri de su ne.　ki re i
　(o hißaschibuli deß' ne) (kilej

　に 小麦色 に 焼けました ね。(1)
　ni ko mugi iro ni ya ke ma shi ta ne
　ni komugi.ilo ni jakemasch'ta ne)

2 　夏休み は どこ へ 行った
　　natsu yasu mi wa do ko e i t ta
　(nazu jaßumi ua doko e it'ta

　の です か。(2)
　no de su ka
　no deß' ka)

3 －大島 へ 行って きました。
　　oo shima e　i t te　ki ma shi ta
　(ooschima e it'te kimasch'ta)

4 　瀬戸内海 の 西 に ある 島
　　se to nai kai no nishi ni a ru shima
　(ßetonajkaj no nischi ni alu schima

　です。そこ の 名物 は みかんです。(3)
　de su. so ko no mei butsu wa mi ka n de su
　deß') (ßoko no mejbuzu ua mikan deß')

ANMERKUNGEN

(1) Das Wort に *ni* kann auf verschiedene Weisen gebraucht werden. Hier macht es aus dem vorher-

Sommerferien   Dreißigste Lektion
(Sommer / Urlaub)   (ste / drei-zehn / Lektion)

1 — Es ist eine Weile her, daß ich Sie gesehen habe! Wie herrlich braungebrannt Sie sind, wie Weizen!
([höflich]-eine lange Zeit ohne Sie gesehen zu haben / das ist / [ü.einst.]) (herrlich / [umstandswörtlich] / Weizen-Farbe / [umstandswörtlich] / braungebrannt sein / [ü.einst.])

2 Wo sind Sie auf Urlaub gewesen?
(Sommer-Urlaub / [Hinweis] / wo / [Richtungsangabe] / gegangen sein / nämlich / [Frage])

3 — Ich bin in Ôshima gewesen.
(Ôshima / [Richtungsangabe] / gehen / gekommen sein)

4 Das ist eine Insel im westlichen Binnenmeer. Dort werden hauptsächlich Mandarinen angebaut.
(Binnenmeer / [Bzw] / Westen / [Ort] / sich befinden / Insel / das ist) (dort / [Bzw] / Spezialität / [Hinweis] / Mandarine / das ist)

ANMERKUNGEN (Fortsetzung)

gehenden Wort ein Umstandswort (vgl. Lektion 8, Anmerkung 2 und Lektion 14, Absatz 3). Wir haben diesen Gebrauch schon in der Bedeutung von ,,zusammen'' 一緒 に *issho ni* gesehen. Hier haben wir zwei weitere Beispiele.

(2) Wir werden sehr oft den Ausdruck の です *no desu* am Satzende finden. Er dient zur Hervorhebung und entspricht unserem ,,nämlich'' im Deutschen. 行きました *ikimashita* heißt ,,ich bin gegangen'', 行った の です *itta no desu* heißt wörtlich: ,,ich bin nämlich gegangen''. Vor の です *no desu* ist die niedrige Stufe obligatorisch.

(3) 瀬戸内海 Setonaikai, das ,,Binnenmeer'', zwischen den drei großen Inseln, aus denen Japan besteht. Übersät mit kleinen und kleinsten Inseln, ist es die schönste Landschaft im ganzen Archipel.

5 そこ は 太陽 の 光 が 強い
   so ko wa tai yô no hikari ga tsuyo i
   (ßoko ua taj.joo no hikali ga zujoj

   です。
   de su
   deß')

6 ですから、一日中 泳ぐ か
   de su ka ra, ichi nichi jû oyo gu ka
   (deß'kala, itschinitschdschüü ojogu ka

   昼寝 しか できません。(4)
   hiru ne shi ka de ki ma se n
   hilune schika dekimaßen)

7 毎朝 六 時 半 に 起きました。
   mai asa, roku ji han ni o ki ma shi ta.
   (ma.iaßa, loku dschi han ni okimasch'ta)

   そして 海 へ 泳ぎ に 行きました。
   so shi te umi e oyo gi ni i ki ma shi ta
   (ßoschite umi e ojogi ni ikimasch'ta)

8 その 時間 は 海岸 に だれも
   so no ji kan wa kai gan ni da re mo
   (ßono dschikan ua kajgan ni dalemo

   いません。
   i ma se n
   imaßen)

9 朝日 が 水平線 から 出てくる
   asa hi ga sui hei sen ka ra de te ku ru
   (aßahi ga ßu.ihejßen kala dete kulu

   眺め は すばらしい です。
   naga me wa su ba ra shi i de su
   nagame ua ßubalaschi.i deß')

5   Dort brennt die Sonne heiß herunter.
    (dort / [Hinweis] / Sonne / [Bzw] / Licht / [Sgg] / stark sein / das ist)

6   Aus diesem Grund kann man tagsüber nur baden oder ein Mittagsschläfchen halten.
    (aus diesem Grund / der ganze Tag / schwimmen / oder auch / Siesta / nur / nicht möglich sein)

7   Ich stand jeden Morgen um halb sieben auf. Dann ging ich zum Schwimmen ans Meer.
    (jeden Morgen / sechs-Uhr-halb / [Zeitangabe] / aufgestanden sein) (dann / Meer / [Richtungsangabe] / schwimmen / [Ziel] / gegangen sein)

8   Um diese Zeit ist niemand am Strand.
    (diese / Zeit / [Hinweis] / Strand / [Ort] / niemand / sich nicht befinden)

9   Das Schauspiel der am Horizont aufgehenden Sonne ist herrlich.
    (aufgehende Sonne / [Sgg] / Meereshorizont / von / hervorkommen / Aussicht / [Hinweis] / herrlich sein / das ist)

ANMERKUNGEN (Fortsetzung)

(4) Eine wichtige Form: しか *shika* plus Verb in der Negativform heißt „**nur**".

10 日中 は とても 暑い です。
nit chû wa to te mo atsu i de su.
(nit′tschüü ua totemo azu.i deß′)

村 の 人は 働いて います が
mura no hito wa hatara i te i ma su ga
(mula no sch′to ua hatala.ite imaß′ ga,

私 は 昼寝 を して いました。(5)
watakushi wa hiru ne o shi te i ma shi ta
uatakuschi ua hilune o schite imasch′ta)

11 島 で 食べた 魚 や 貝類
shima de ta be ta sakana ya kai rui
(schima de tabeta ßakana ja kajlu.i

は とても おいしかった です。(6)
wa to te mo o i shi ka t ta de su
ua totemo o.ischikat′ta deß′)

12 その 日 に 釣れた 魚 です
so no hi ni tsu re ta sakana de su
(ßono hi ni zuleta ßakana deß′

から、とても 新鮮 です。
ka ra, to te mo shin sen de su
kala, totemo schinßen deß′)

13 また 来年 の 夏 も 行く
ma ta rai nen no natsu mo i ku
(mata lajnen no nazu mo iku

つもり です。
tsu mo ri de su
zumoli deß′)

14 - うらやましい です ね。
u ra ya ma shi i de su ne
(ulajamaschi.i deß′ ne)

10 Zu Mittag wird es sehr heiß. Die Leute im Dorf arbeiten, aber ich habe ein Mittagsschläfchen gehalten.
(Tagesmitte / [Hinweis] / sehr / heiß sein / das ist)(Dorf / [Bzw] / Mensch / [Hinweis] / arbeiten / aber // ich / [Hinweis] / Siesta / [Erg. 4. F.] / gemacht haben)

11 Die Fische und Muscheln, die ich auf dieser Insel gegessen habe, waren köstlich.
(Insel / [Ort] / gegessen haben / Fisch / und / Muschel / [Hinweis] / sehr / köstlich gewesen sein / das ist)

12 Da die Fische am selben Tag gefangen wurden, waren sie ganz frisch.
(dieser / Tag / [Zeitangabe] / gefangen worden sein / Fisch / das ist / weil // sehr / frisch / das ist)

13 Ich werde nächsten Sommer wieder dorthin fahren.
(noch / nächstes Jahr / [Bzw] / Sommer / auch / gehen / Absicht / das ist)

14 — Wie ich Sie beneide!
(neidisch sein / das ist / [ü.einst.])

ANMERKUNGEN (Fortsetzung)

(5) して いました *shite imashita*. Sie haben es erraten: Die Form ist ganz einfach die Vergangenheit von して います *shite imasu*.

して います *shite imasu* „ich, du, er... usw. ist eben dabei, etwas zu tun".

して いました *shite imashita* „ich, du, er... usw. war eben dabei, etwas zu tun", „ich machte, tat".

(6) おいしかった です *oishikatta desu* ist die Vergangenheit des Adjektivs おいしい *oishii* „köstlich sein".

おいしい *oishii* alleinstehend heißt ganz einfach „köstlich sein", niedrige Stufe, おいしかった *oishikatta* alleinstehend heißt „**war** köstlich", niedrige Stufe. Das です *desu* zeigt nur an, daß das Adjektiv in der mittleren Stufe steht.

練習
renshû
(lèn'chuu)

1. 兄は 起きて いましたが、私は 寝て いました。
   ani wa okite imashita ga, watakushi wa nete imashita

2. フランスの 西に ある 村に 行ったの です。
   furansu no nishi ni aru mura ni itta no desu

3. その 島で 食べた みかんは とても おいしかった ですが、ビールは とても 高かった です。
   sono shima de tabeta mikan wa totemo oishikatta desu ga, bîru wa totemo takakatta desu

4. すぐ 行きましたが、だれも いませんでした。
   sugu ikimashita ga, daremo imasen deshita

5. ここからは 海しか 見えません。
   koko kara wa umi shika miemasen

****

Übungen

1. Mein Bruder war schon aufgestanden, aber ich war noch am Schlafen.
2. Ich bin nämlich in ein Dorf im Westen von Frankreich gefahren.
3. Die Mandarinen, die ich auf dieser Insel gegessen habe, waren köstlich, aber das Bier war sehr teuer.
4. Ich bin sofort dorthin gegangen, aber es war niemand dort.
5. Von hier sieht man nur das Meer.

…に 言葉 を 入れ なさい。
ni koto ba o i re na sa i

1. *Bis acht Uhr morgens ist niemand dort.*

   gozen . . . . made . . . .

2. *Ich denke, daß ich um halb zwölf gehen werde.*

   . . . . omoimasu

3. *Mein Sohn trinkt nur Obstsäfte.*

   . . . . jûsu . . . . nomi . . . . .

4. *Es gibt nur japanische oder chinesische Bücher.*

   . . . . no hon

   . . . .

5. *Das ist ein Weg, den ich oft zu Fuß gehe.*

   . . . . aruku . . . .

Antwort:
1. - hachi ji - daremo imasen. 2. jû ichi ji han ni iku to -. 3. musuko wa - shika - masen. 4. nihongo ka chûgokugo - shika arimasen. 5. yoku - michi desu.

****

LEKTION 30

第三十一課　バーゲン
だい さん じゅう いっ か
dai san jû ik ka　　　　　　　bâ ge n
(daj ßan dschüü ik' ka)　　　(baagen)

1 ―旅行　に　出る　前　に、小さい
　　ryo kô　ni　de ru　mae　ni,　chii sa i
　　(ljokoo ni delu mae ni, tschi.isaj

　　手提　鞄　と　タオル　を　三　枚　と
　　te sage　kaban　to　ta o ru　o　san　mai　to
　　teßage kaban to taolu o ßan maj to

　　香水　が　買いたい　です。(1)
　　kô sui　ga　ka i ta i　de su
　　kooßu.i ga ka.itaj deß')

2 ―今　三越　デパート　が　バーゲン
　　ima mitsu koshi de pâ to　ga　bâ ge n
　　(ima mizukoschi depaato ga baagen

　　を　して　います　から、そこ　で
　　o　shi te　i ma su　ka ra,　so ko　de
　　o schite imaß' kala, ßoko de

　　買いましょう。(2)
　　ka i ma shô
　　ka.imaschoo)

3 　散歩　がてら　東京　駅　から
　　san po　ga te ra　tô kyô　eki　ka ra
　　(ßampo gatela tookjoo eki kala

　　歩いて　行きましょう。(3)
　　aru i te　i ki ma shô
　　alu.ite ikimaschoo)

4 ―それ　は　いい　考え　です　ね。
　　so re　wa　i i　kanga e　de su　ne
　　(ßole ua i.i kangae deß' ne)

Ausverkauf

Einunddreißigste Lektion
(ste / drei-zehn-eins / Lektion)

1 — Vor meiner Abreise will ich eine kleine Reisetasche, drei Handtücher und ein Parfum kaufen.
(Reise / [Ziel] / abreisen / vor / [Zeitangabe] // klein sein / Reisetasche / und / Handtuch / [Erg. 4. F.] / drei-Blatt / und / Parfum / [Sgg] / der Gegenstand der Kauflust sein / das ist)

2 — Zur Zeit ist gerade Ausverkauf bei Mitsukoshi, machen wir unsere Einkäufe dort!
(jetzt / Mitsukoshi-Kaufhaus / [Sgg] / Ausverkauf / [Erg. 4. F.] / machen / weil // dort / [Ort] / kaufen wir)

3 Gehen wir vom Tokiobahnhof aus zu Fuß dorthin.
(Spaziergang / während / Tokio-Bahnhof / von / zu Fuß / gehen wir)

4 — Das ist eine gute Idee!
(das / [Hinweis] / gut sein / Idee / das ist / [ü.einst.])

ANMERKUNGEN

(1) 手提鞄 *tesagekaban*, eine Tasche in Form einer großen Plastiktüte, wie man sie in allen Kaufhäusern erhält. In Japan sind sie für Einkäufe sehr beliebt, man erhält sie überall, aus Leder, Stoff, Plastik, verstärktem Papier usw.

(2) 三越 デパート *Mitsukoshi depato* ist das älteste Kaufhaus in Tokio. Es ist in Deutschland mit dem Kaufhaus des Westens (KaDeWe) in Berlin vergleichbar.

(3) 東京駅 *Tôkyô eki*. Tokio wimmelt nur so von Bahnhöfen, denn die Züge sind die wichtigsten Stadtverkehrsmittel. *Tôkyô eki* heißt „Tokiobahnhof" und liegt im Osten der Stadt; von dort gehen auch die meisten Fernzüge ab.

5 －あ、雨が降ってきましたから、
a, ame ga fut te ki ma shi ta ka ra,
(a, ame ga fut'te kimaschita kala,

地下鉄に乗りましょう。(4)
chi ka tetsu ni no ri ma shô
tschikatezu ni nolimaschoo)

6 タオルはどんな色がいい
ta o ru wa do n na iro ga i i
(taolu ua don.na ilo ga i.i

ですか。
de su ka
deß' ka)

7 －あそこにかかっている赤い
a so ko ni ka kat te i ru aka i
(aßoko ni kakat'te ilu aka.i

タオルと青いタオルをペア
ta o ru to ao i ta o ru o pe a
taolu to ao.i taolu o pea

で買いましょう。
de ka i ma shô
de ka.imaschoo)

8 －それと三枚目にはその
so re to san mai me ni wa so no
(ßole to ßan maj me ni ua ßono

横にある白いタオルはいかが。
yoko ni a ru shiro i ta o ru wa i ka ga
joko ni alu schilo.i taolu ua ikaga)

9 －あ、この傘は安いですね。
a, ko no kasa wa yasu i de su ne
(a, kono kaßa ua jaßu.i deß' ne)

5 — Oh, es hat zu regnen angefangen, nehmen wir die Metro!
(oh / Regen / [Sgg] / fallen / gekommen sein / weil // Metro / [Ziel] / steigen wir ein)

6 In welcher Farbe wollen Sie die Handtücher?
(Handtuch / [Hinweis] / was für ein / Farbe / [Sgg] / gut sein / das ist / [Frage])

7 — Ich würde gerne das rote und das blaue nehmen, die dort nebeneinander hängen. ?
(dort / [Ort] / hängen / rot ein / Handtuch / und / blau sein / Handtuch / [Erg. 4. F.] / paar / [Mittel] / kaufen wir)

8 — Was halten Sie davon, wenn ich als drittes das weiße Handtuch daneben nehme?
(das / mit /drei-Blatt-ste / [Ziel] / [Verstärkung] / von dieser / Seite / [Ort] / sich befinden / weiß sein / Handtuch / [Hinweis] / wie)

9 — Ah, dieser Schirm ist wirklich billig!
(ah / dieser / Schirm / [Hinweis] / billig sein / das ist / [ü.einst.])

ANMERKUNGEN (Fortsetzung)

(4) Das wort から *kara* „weil" wird oft nicht übersetzt, denn es wird im Japanischen viel häufiger als im Deutschen verwendet. Im Deutschen reicht oft ein Komma.

10 主人 が この 間 姉 から
shu jin ga ko no aida ane ka ra
(schudschin ga kono ajda ane kala

もらった 傘 を 電車 に
mo ra t ta kasa o den sha ni
molat'ta kaßa o denscha ni

忘れた の です よ。
wasu re ta no de su yo
uaßuleta no deß' jo)

11 あら、 この 水色 の 縁 が
a ra, ko no mizu iro no fuchi ga
(ala, kono miSu.ilo no futschi ga

ついた ガウン も 安い です ね。
tsu i ta ga u n mo yasu i de su ne
zu.ita gaun mo jaßu.i deß' ne)

一 時間 後
ichi ji kan go
(itschi dschikan go)

12 さあ 帰りましょう。
sâ kae ri ma shô
(saa kaelimaschoo)

13 帰り に 銀行 に 寄って も
kae ri ni gin kô ni yo t te mo
(kaeli ni ginkoo ni jot'te mo

いい です か。(5)
i i de su ka
i.i deß' ka)

10 Vor kurzem erst hat mein Mann den Schirm, den ihm seine Schwester gegeben hatte, im Zug vergessen.
(mein Mann / [Sgg] / dieser / Zwischenzeit / ältere Schwester / von / erhalten haben / Schirm / [Erg. 4. F] / Zug / [Ort] / vergessen haben / nämlich / [behauptend])

11 Oh, dieser Morgenrock mit den hellblauen Borten ist auch nicht teuer!
(oh / dieser / Wasser-Farbe / [Bzw] / Borte / [Sgg] / haften / Morgenrock / auch / billig sein / das ist / [ü.einst.])

Eine Stunde später.
(eins-Stunde-nachher)

12 . Genug, fahren wir nach Hause.
(genug / gehen wir nach Hause)

13 Können wir auf dem Rückweg bei der Bank vorbeigehen?
(zurück / [Zeitangabe] / Bank / [Ziel] / vorbeigehen / sogar / gut sein / das ist / [Frage])

ANMERKUNGEN (Fortsetzung)
(5) So bittet man um Erlaubnis, etwas zu tun. Wörtlich: „Selbst wenn ich an der Bank vorbeigehe, ist das gut?".

*****

14 お金を全部使ってしまいました
o kane o zen bu tsuka t te shi ma i ma shi ta
(o kane o Sembu zukat'te schima.imasch'ta

のて…(6)
no de
node)

練習
renshû
(lèn'chuu)

1. 観光がてら仕事をするつもりです。
   kankô gatera shigoto o suru tsumori desu
2. 誕生日に兄から鞄を
   tanjôbi ni ani kara kaban o

   もらいました。
   moraimashita
3. 毎朝雨が降ります。
   maiasa ame ga furimasu
4. ジャズのコンサートが聞きたいな。
   jazu no konsâto ga kikitai na
5. 夜寝る前にコーヒーは飲みません。
   yoru neru mae ni kôhî wa nomimasen

…に言葉を入れなさい。
ni koto ba o i re na sa i

1. *Diese Tasse ist billig, ich kaufe sie.*

   kono chawan wa . . . . , kaimasu

****

14 Ich habe mein ganzes Geld ausgegeben...
([ungezwungen]-Geld / [Erg. 4. F.] / vollständig / verwenden / bis zum Ende gemacht haben / weil)

ANMERKUNGEN (Fortsetzung)
(6) Die Japaner verwenden für ihre Einkäufe fast immer nur Bargeld.

Übungen:
1. Ich habe die Absicht zu arbeiten und gleichzeitig die Gegend zu besichtigen.
2. Zu meinem Geburtstag hat mir mein Bruder eine Reisetasche geschenkt.
3. Es regnet jeden Vormittag.
4. Ich möchte gerne ein Jazzkonzert hören.
5. Abends vor dem Schlafengehen trinke ich keinen Kaffee.

---

2. *Darf ich fernsehen?*

   terebi o mite . . . .

3. *Laß uns an der Post vorbeigehen, bevor wir den Bus nehmen.*

   . . . . noru . . . . . yûbinkyoku . . yorimashô

4. *Welche Farbe hat das Auto, das unser Nachbar gekauft hat?*

   tonari no hito ga katta jidôsha wa . . . .

5. *Ist es rot, blau oder weiß?*

   akai desu ka . . . .

Antwort:
1. - yasui desu kara -. 2. mo ii desu ka. 3. basu ni - mae ni - ni -. 4. - donna iro desu ka. 5. - aoi desu ka shiroi desu ka.

****

第三十二課　　　高速道路
だい さんじゅう に か　　　こう そく どう ろ

dai san jû ni ka　　　　　kô soku dô ro
(daj ßan dschüü ni ka)　　(kooßokudoolo)

1 - 伯父 が 自動車 を 貸して
　　o ji　 ga　ji dô sha　o　ka shi te
　(odschi ga dschidooscha o kaschite

　くれた ので、先週 の 週末、
　ku re ta　no de, sen shû　no　shû matsu,
　kuleta node, ßenschüü no schüümazu,

　会社 の 同僚 と 関西 旅行
　kai sha no dô ryô　to　kan sai　ryo kô
　kajscha no dooljoo to kansaj ljokoo

　を する つもり で 出発 しました。
　o　su ru tsu mo ri de shup patsu shi ma shi ta
　o ßulu zumoli de schüp'pazu schimasch'ta) (1)

2 - いかが でした か。
　　i ka ga　de shi ta　ka
　(ikaga desch'ta ka)

3 - 最初 は 国道 を 走りました
　　sai sho wa koku dô　o　hashi ri ma shi ta
　(ßajscho ua kokudoo o haschilimasch'ta

　が、混んで いました ので、高速道路
　ga,　ko n de　i ma shi ta　no de, kô soku dô ro
　ga, konde imasch'ta node, kooßokudoolo

　で 行く こと に しました。
　de　i ku　ko to　ni　shi ma shi ta
　de iku koto ni schimasch'ta)

Die Autobahn
(Autobahn)

Zweiunddreißigste Lektion
(ste / drei-zehn-zwei / Lektion)

1 — Da mir mein Onkel seinen Wagen geliehen hat, bin ich letztes Wochenende weggefahren, um mit einem Arbeitskollegen eine Fahrt durch Kansai zu machen.
(mein Onkel / [Sgg] / Wagen / [Erg. 4. F.] / leihen / gemacht haben für mich / weil // letzte Woche / [Bzw] / Wochenende / Gesellschaft / [Bzw] / Kollege / mit / Kansai-Reise / [Erg. 4. F.] / machen / Absicht / [Mittel] / Abreise / gemacht haben)

2 — Wie war es?
(wie / das war / [Frage])

3 — Zuerst bin ich auf der Bundesstraße gefahren, aber da sie ganz verstopft war, habe ich mich für die Autobahn entschieden.
(am Anfang / [Verstärkung] / Bundesstraße / [Erg. 4. F.] / gefahren sein / aber // überfüllt gewesen sein / weil // Autobahn / [Mittel] / gehen / die Tatsache, daß / [Ziel] / gemacht habe)

ANMERKUNGEN

(1) 関西 Kansai heißt eine Region im Westen der Hauptinsel des japanischen Archipels. In dieser Region befindet sich die alte Hauptstadt Kyoto und die wichtige Industriestadt Osaka.

*****

4. 高速道路 で は スピード 制限
kô soku dô ro de wa su pî do sei gen
(kooßokudoolo de ua ß'piido ßejgen

が 八 十 キロ な ので、早く
ga hachi juk ki ro na no de, haya ku
ga hatschi dschük' kilo na node, hajaku

進みません でした。
susu mi ma se n de shi ta
ßußumimaßen dech'ta)

5. それに トラック が たくさん
so re ni to ra k ku ga ta ku sa n
(ßoleni tolak'ku ga takußan

走って いました。(2)
hashi t te i ma shi ta
haschit'te imasch'ta)

6. トラック を 追い越す こと は
to ra k ku o o i ko su ko to wa
(tolak'ku o o.ikoßu koto ua

むずかしい です。
mu zu ka shi i de su
muSukaschi.i deß')

7. すぐ スピード 違反 に なります。
su gu su pî do i han ni na ri ma su
(ßugu ß'piido ihan ni nalimaß')

8. ですから 日本 で の 自動車
de su ka ra ni hon de no ji dô sha
(deß'kala nihon de no dschidooscha

旅行 は 時間 が かかります。
ryo kô wa ji kan ga ka ka ri ma su
ljokoo ua dschikan ga kakalimaß')

4 Auf den Autobahnen ist die Geschwindigkeit auf 80 Stundenkilometer beschränkt, also bin ich nicht schnell vorangekommen.
(Autobahn / [Ort] / [Verstärkung] / Geschwindigkeits-Beschränkung / [Sgg] / acht-zehn-Kilometer / das ist / weil // schnell / nicht vorwärtsgekommen sein)

5 Außerdem waren sehr viele Lastwagen unterwegs.
(dazu / Lastwagen / [Sgg] / viel / gefahren sein)

6 Es ist schwierig, die Lastwagen zu überholen.
(Lastwagen / [Erg. 4. F.] / überholen / die Tatsache, daß / [Hinweis] / schwierig sein / das ist)

7 Man überschreitet sofort die zulässige Geschwindigkeit.
(sofort / Geschwindigkeits-Übertretung / [Ziel] / werden)

8 Aus diesem Grund sind Autofahrten in Japan sehr zeitraubend.
(aus diesem Grund / Japan / [Ort] / [Bzw] / Auto-Reise / [Hinweis] / Zeit / [Sgg] / dauern)

ANMERKUNGEN (Fortsetzung)
(1) Vergleiche Lektion 30, Anmerkung 5.

9 急いで いる 時 は 汽車 か
   iso i de i ru toki wa ki sha ka
   (ißo.ide ilu toki ua, kischa ka

   飛行機 で 旅行 した 方 が
   hi kô ki de ryo kô shi ta hô ga
   hikooki de ljokoo schita hoo ga

   早い です。(3)
   haya i de su
   hajaj deß')

10 それに 高速道路 は いつも
   so re ni kô soku dô ro wa i tsu mo
   (ßoleni kooßokudoolo ua izumo

   有料 です から 高く つきます。
   yû ryô de su ka ra taka ku tsu ki ma su
   jüüljoo deß' kala, takaku zukimaß')

11 -関西 は いかが でした か。
   kan sai wa i ka ga de shi ta ka
   (kansaj ua ikaga desch'ta ka)

12 -それ が… 静岡 辺りで スピード
   so re ga... shizu oka ata ri de su pî do
   (ßole ga) (schiSuoka atali de ß'piido

   違反 で パトカー に 捉まって
   i han de pa to kâ ni tsuka ma t te
   ihan de patokaa ni zukamat'te

   しまいました。 すごい 罰金 を
   shi ma i ma shi ta. su go i bak kin o
   schima.imasch'ta) (ßugoj bak'kin o

   払う こと に なりました。(4)(5)
   hara u ko to ni na ri ma shi ta
   hala.u koto ni nalimasch'ta)

9   Wenn man es eilig hat, ist es besser, mit dem Zug oder dem Flugzeug zu reisen.
    (Eile haben / Zeit / [Verstärkung] // Zug / oder auch / Flugzeug / [Mittel] / Reise-gemacht haben / Seite / [Sgg] / schnell / sein / das ist)

10 Außerdem sind die Autobahnen gebührenpflichtig, das kommt teuer.
    (dazu / Autobahn / [Hinweis] / immer / zahlend / das ist / weil / teuer / erreichen)

11 — Und wie war Kansai?
    (Kansai / [Hinweis] / wie / das war / [Frage])

12 — Nun... Bei Shizuoka wurde ich wegen einer Geschwindigkeitsübertretung von einem Polizeiauto angehalten. Ich mußte eine gesalzene Strafe zahlen!
    (das / [Sgg]) (Shizuoka-Nähe / [Ort] / Geschwindigkeits-Übertretung / [Mittel] / Verkehrspolizeiauto / [Passiv-Konstruktion] / ergreifen / endlich machen) (fürchterlich sein / Strafe / [Erg. 4. F.] / zahlen / die Tatsache, daß / [Ziel] / geworden sein)

ANMERKUNGEN (Fortsetzung)

(3) Es gibt zwei Worte für Züge: 電車 *densha* für den Stadtverkehr und 汽車 *kisha* für den Fernverkehr.

(4) 静岡 Shizuoka ist der Name einer großen Hafenstadt, ungefähr 150 km südwestlich von Tokio gelegen.

(5) Die Wörter, die mit Katakanazeichen geschrieben werden (vgl. Einleitung Seite XIII), waren bisher alles Lehnwörter aus dem Amerikanischen, sie wurden ganz ausgeschrieben. Die Japaner kürzen aber auch gerne entlehnte Wörter ab: Lektion 24, Satz 10: ビル *biru* ist die Abkürzung von ビルディング *birudingu*, das englische Wort „building" („Gebäude"). Hier nun ein weiteres Beispiel: パト・カー *pato.kâ* ist die Abkürzung für パトロル・カー *patororu.kâ* „patrol-car", also „Streifenwagen". Wie Sie sehen, ist das Resultat dieser Abkürzungen manchmal etwas mysteriös... oder doppelsinnig: キロ *kilo* kann Kilometer aber auch Kilogramm heißen!

13 それで 予算 が 足りなく なった
so re de yo san ga ta ri na ku na t ta
(ßolede joßan ga talinaku nat'ta

ので、そのまま 東京 に 戻りました。
no de, so no ma ma tô kyô ni modo ri ma shi ta
node, ßonomama tookjoo ni modolimasch'ta)

練習
renshû
(lèn'chuu)

1. 姉 は いい 店 を 教えてくれました。
   ane wa ii mise o oshiete kuremashita
2. 汽車 で 行った 方 が 便利 です。
   kisha de itta hô ga benri desu
3. 雨 が 降って いました から、地下鉄
   ame ga futte imashita kara, chikatetsu
   で 行く こと に しました。
   de iku koto ni shimashita
4. 今日 は 日曜日 な ので、銀行 は
   kyö wa nichiyöbi na node, ginkö wa
   お 休み です。
   o yasumi desu
5. 家賃 が 高く なった の です。
   yachin ga takaku natta no desu

…に 言葉 を 入れ なさい。
ni koto ba o i re na sa i

1. *Sie ist hübsch geworden.*

   utsukushi . . . . . . mashita

13 Da ich nicht mehr genug Geld hatte, sind wir direkt nach Tokio zurückgekehrt.
(also / Budget / [Sgg] / nicht genügen / geworden sein / weil // so wie es war / Tokio / [Ziel] / zurückgekommen sein)

Übungen

1. Meine Schwester hat mir ein ausgezeichnetes Restaurant empfohlen.
2. Es ist praktischer, mit der Bahn dorthin zu fahren.
3. Da es regnete, beschloß ich, mit der Metro dorthin zu fahren.
4. Da es Sonntag ist, sind die Banken zu.
5. Die Mieten sind nämlich teuer geworden.

---

2. *Da es schön ist, warte ich vor der Bank.*

   ii tenki . . node, ... matte imasu

3. *Über die Bundesstraße ist es zeitraubend!*

   kokudô wa . . . .

4. *Ich war dabei, eine Ansichtskarte zu schreiben.*

   hagaki o kai . . . .

5. *Ich habe beschlossen, zeitig aufzustehen.*

   hayaku okiru . . . .

6. *Es ist schwierig, mit dem Rauchen aufzuhören.*

   kin.en suru . . . . desu

Antwort:
1. - ku nari -. **2.** - na - ginkô no mae de -. **3.** - jikan ga kakarimasu. **4.** - te imashita. **5.** - koto ni shimashita. **6.** - koto wa muzukashii -.

LEKTION 32

第三十三課　　　　　　　　ハチ公

だい さん じゅう さん か　　　　　　　　　　は ち こう
dai san jû san ka　　　　　　　　　　　　ha chi kô
(daj ßan dschüü ßan ka)　　　　　　　　(hatschikoo)

1 ―渋谷駅 の 前 に ある 犬
　　shibu ya eki no mae ni a ru inu
　　(schibuja eki no mae ni alu inu

　　の 銅像 は 何 です か。
　　no dô zô wa nan de su ka
　　no dooSoo ua nan deß' ka)

2 ―これ は ハチ公 と いう 犬
　　ko re wa ha chi kô to i u inu
　　(kole ua hatschikoo to jü inu

　　の 銅像 です。
　　no dô zô de su
　　no dooSoo deß')

3 ―なぜ 犬 の 銅像 など を
　　na ze inu no dô zô na do o
　　(naSe inu no dooSoo nado o

　　作った の です か。
　　tsuku t ta no de su ka
　　zukut'ta no deß' ka)

4 ―これ は 話す と 長く
　　ko re wa hana su to naga ku
　　(kole ua hanaßu to nagaku

　　なります が…
　　na ri ma su ga
　　nalimaß' ga)

*****

hyaku kyû jû 190

Hachikô   **Dreiunddreißigste Lektion**
(ste / drei-zehn-drei / Lektion)

1 — Was ist denn das, diese Hundestatue, die vor dem Shibuyabahnhof steht?
(Shibuya-Bahnhof / [Bzw] / vor / [Ort] / sich befinden / Hund / [Bzw] / Bronzestatue / [Hinweis] / was / das ist / [Frage])

2 — Das ist die Statue eines Hundes, der Hachikô hieß.
(das / [Hinweis] / Hachikô / [Zitat] / sagen / Hund / [Bzw] / Bronzestatue / das ist)

六十年前 の こと です。

3 — Und warum hat man so eine Hundestatue aufgestellt?
(warum / Hund / [Bzw] / Bronzestatue-diese Art von Gegenstand / [Erg. 4. F.] / gemacht haben / nämlich / [Frage])

4 — Das ist eine lange Geschichte...
(das / [Hinweis] / sprechen / dann // lang sein / werden / aber)

*****

LEKTION 33

5 ハチ公 と いう 犬 は とても
　ha chi kô　to　i u　inu　wa　to te mo
　(hatschikoo to jü inu ua totemo

　感心 な 犬 でした。(1)
　kan shin na inu de shi ta
　kanschin na inu desch'ta)

6 六 十 年 前 の こと です。
　roku jû nen mae no ko to de su
　(loku dschüü nen mae no koto deß')

7 上野 英三郎 さん と いう 大学
　ue no　ei sabu rô　sa n　to　i u　dai gaku
　(u.eno ejßabuloo ßan to jü dajgaku

　の 先生 が いました。
　no　sen sei　ga　i ma shi ta
　no ßenßej ga imasch'ta)

8 ハチ公 と いう 犬 を 飼って
　ha chi kô　to　i u　inu　o　ka t te
　(hatschikoo to jü inu o kat'te

　いました。
　　i ma shi ta
　imasch'ta)

9 毎朝 上野 さん が 大学 へ
　mai asa　ue no　sa n　ga　dai gaku　e
　(ma.iaßa u.eno ßan ga dajgaku e

　行く 時、ハチ公 は いつも
　i ku　toki,　ha chi kô　wa　i tsu mo
　iku toki, hatschikoo ua izumo

　駅 まで おくって いきました。
　eki　ma de　o ku t te　i ki ma shi ta
　eki made okut'te ikimasch'ta)

5   Der Hund namens Hachikô war ein bewundernswürdiger Hund.
    (Hachikô / [Zitat] / sagen / Hund / [Hinweis] / sehr / bewundernswürdig / das ist / Hund / das war)

6   Es geschah vor 60 Jahren.
    (sechs-zehn-Jahr-vor / [Bzw] / Ereignis / das ist)

7   Es gab einen Universitätsprofessor namens UENO Eisaburô.
    (Ueno Eisaburô-Herr / [Zitat] / sagen / Universität / [Bzw] / Professor / [Sgg] / sich befunden haben)

8   Er hatte einen Hund namens Hachikô.
    (Hachikô / [Zitat] / sagen / Hund / [Erg. 4. F.] / aufgezogen haben)

9   Jeden Morgen, wenn Herr Ueno zur Universität ging, begleitete ihn Hachikô immer bis zum Bahnhof.
    (jeden Morgen / Ueno-Herr / [Sgg] / Universität / [Richtungsangabe] / gehen / Zeit // Hachikô / [Hinweis] / immer / Bahnhof / bis / begleiten / gegangen sein)

ANMERKUNGEN

(1) 感心 な 犬 *kanshin na inu*. Vgl. Lektion 32, Satz 4. Dieses な *na* wird an Stelle von です *desu* im Satzinneren verwendet. Dieses な *na* „das ist" wird an Stelle von です *desu* immer vor ので *node* „weil" verwendet.

*****

10 夕方　上野　さん　が　大学
　　yû gata　ue no　sa n　ga　dai gaku
　　(jüügata u.eno ßan ga dajgaku

　　から　帰って　くる　時、ハチ公　は
　　ka ra　kae t te　ku ru　toki, ha chi kô　wa
　　kala kaet'te kulu toki, hatschikoo ua

　　かならず　迎え　に　行きました。
　　ka na ra zu　muka e　ni　i ki ma shi ta
　　kanalaSu muka.e ni ikimasch'ta)

11 －かわいい　犬　です　ね。
　　ka wa i i　inu　de su　ne
　　(kaua.i.i inu deß' ne)

　　　　　　　　　　　　（続く）
　　　　　　　　　　　　tsuzu ku
　　　　　　　　　　　　(zuSuku)

練習
renshû
(lèn'chuu)

1. 遅く　なりました　から、帰りましょう。
　　osoku narimashita kara, kaerimashô
2. 小林　正子と　いう　人を　知って　いますか。
　　kobayashi masako to iu hito o shitte imasu ka
3. 毎朝　子供を　幼稚園　に　おくって　いきます。
　　maiasa kodomo o yôchien ni okutte ikimasu
4. タオル　は　一枚　しか　買いません　でした。
　　taoru wa ichi mai shika kaimasen deshita
5. 夕方　会社　から　帰る　時、いつも　隣　の
　　yûgata kaisha kara kaeru toki, itsumo tonari no
　　本屋　さん　の　犬　に　会います。
　　honya san no inu ni aimasu.

10 Und am Abend, wenn Herr Ueno von der Universität zurückkam, lief ihm Hachikô immer entgegen.
(Abend / Ueno-Herr / [Sgg] / Universität / von / zurückkehren / kommen / Zeit // Hachikô / [Hinweis] / unfehlbar / entgegen gehen / [Ziel] / gegangen sein)

11 — Was für ein braver Hund!
(lieblich sein / Hund / das ist / [ü.einst.])

Fortsetzung folgt
(fortsetzen)

Übungen

1. Da es spät ist, gehen wir zurück.
2. Kennen Sie jemanden namens KOBAYASHI Masako?
3. Jeden Morgen begleite ich die Kinder zum Kindergarten.
4. Ich habe nur ein einziges Handtuch gekauft.
5. Abends, wenn ich vom Büro zurückkomme, treffe ich immer den Hund des Buchhändlers von nebenan.

…に 言葉 を 入れ なさい。
ni koto ba o i re na sa i

1. *Das geschah vor zweihundert Jahren.*

. . . .

2. *Das ist eine bewundernswerte Person.*

. . . .

3. *Warum nehmen Sie nicht die Autobahn?*

. . . . kôsokudôro de . . . .

4. *Das ist eine Person namens UEHARA Michiko.*

uehara michiko . . . .

LEKTION 33

5. Wenn ich verreise, nehme ich immer einen Schirm mit.

. . . . , ...

motte ikimasu

****

第三十四課　　不動産屋さん

dai san jû yon ka　　　　fu dô san ya　san
(daj ßan dschüü jon ka)　(fudooßan.ya ßan)

1 －青山　辺り　に　家　を　捜して
　　ao yama ata ri　ni　ie　o　saga shi te
　　(aojama atali ni ije o ßagaschite

　　いる　の　です　が、何か
　　i ru　no　de su　ga,　nani ka
　　ilu no deß' ga, nanika

　　ありません　か。(1) (2)
　　a ri ma se n　ka
　　alimaßen ka)

2 －アパート　です　か、一軒家　です　か。
　　a pâ to de su ka, ik ken ya de su ka
　　(apaato deß' ka, ik'ken.ja deß' ka)

3 －庭　つき　の　一軒家　に
　　niwa tsu ki　no　ik ken ya　ni
　　(niua zuki no ik'ken.ja ni

　　住みたい　です。
　　su mi ta i　de su
　　ßumitaj deß')

*****

Antwort:
1. ni hyaku nen mae no koto desu. 2. kanshin na hito desu. 3. naze - ikanai no desu ka. 4. - to iu hito desu. 5. ryokô ni deru toki, itsumo kasa o -.

****

Vierunddreißigste Lektion
(ste / drei-zehn-vier / Lektion)

Beim Häusermakler
(Häusermakler-Herr)

1 — Ich suche ein Haus in der Umgebung von Aoyama, haben Sie irgendetwas?
(Aoyama-Umgebung / [Ort] / Haus / [Erg. 4. F.] / suchen / nämlich / aber // irgendetwas / sich nicht befinden / [Frage])

2 — Suchen Sie eine Wohnung oder ein eigenes Haus?
(Wohnung / das ist / [Frage] / individuelles Haus / das ist / [Frage])

3 — Ich möchte in einem eigenen Haus mit Garten wohnen.
(Garten-zugefügt / [Bzw] / individuelles Haus / [Ort] / wohnen wollen / das ist)

ANMERKUNGEN

(1) 青山 Aoyama, ein Bezirksteil von Tokio, in dem die Wohnungen am teuersten sind. In Tokio sind die Immobilienpreise sehr hoch.

(2) 何 nan „was" als Fragefürwort: 何か nanika „etwas" als unbestimmtes Fürwort.

*****

4 庭は大きい方がいいです。(3)
niwa wa oo ki i hô ga i i de su
(niua ua ookii hoo ga i.i deß')

5 ダイニングとリビングは
da ni n gu to ri bin gu wa
(dajningu to libingu ua

別れている方がいいです。
waka re te i ru hô ga i i de su
uakalete ilu hoo ga i.i deß')

6 妻がお茶と生け花を
tsuma ga o cha to i ke bana o
(zuma ga o tscha to ikebana o

しますから、八畳ぐらいの
shi ma su ka ra, hachi jô gu ra i no
schimaß' kala, hatschi dschoo gulaj no

和室もほしいです。(4)
wa shitsu mo ho shi i de su
uaschizu mo hoschi.i deß')

7 車が二台入るガレージ
kuruma ga ni dai hai ru ga rê ji
(kuluma ga ni daj ha.ilu galeedschi

も必要です。(5)
mo hitsu yô de su
mo hizujoo deß')

8 -台所はどうしますか。
dai dokoro wa dô shi ma su ka
(dajdokolo ua doo schimaß' ka)

4 Ich möchte gerne einen großen Garten haben.
(Garten / [Hinweis] / groß sein / Seite / [Sgg] / gut sein / das ist)

5 Mir wäre es lieber, wenn Eßzimmer und Wohnzimmer getrennt wären.
(Eßzimmer / und / Wohnzimmer / [Hinweis] / getrennt sein / Seite / [Sgg] / gut sein / das ist)

6 Da meine Frau die Teezeremonie pflegt und Blumengestecke macht, möchte ich auch ein Zimmer im traditionellen Stil haben, ungefähr acht Tatami groß.
(meine Frau / [Sgg] / [ungezwungen]-Tee / und / Blumengestecke / [Erg. 4. F.] / machen / weil // acht-Tatami / ungefähr / [Bzw] / japanisches Zimmer / auch / der Gegenstand des Wunsches sein / das ist)

7 Ich brauche auch eine Garage für zwei Autos.
(Auto / [Sgg] / zwei-Fahrzeuge / hineingehen / Garage / auch / umgänglich nötig / das ist)

8 — Und was für eine Küche möchten Sie?
(Küche / [Hinweis] / wie / machen / [Frage])

ANMERKUNGEN (Fortsetzung)

(3) 方 が …です ... *hô ga ... desu*. Wörtlich „von der Seite von... das ist...". Man verwendet diesen Ausdruck für einen Vergleich oder wenn man etwas vorzieht.

庭 は 大きい 方 が いい です

niwa wa ookii hô ga ii desu, wörtlich: „für den Garten, von der Seite von groß sein, das ist gut".

(4) Die Größe eines Zimmers in einem traditionellen japanischen Haus wird nach der Anzahl der Tatami berechnet. Ein Tatami ist eine sehr dicke Matte, ca. 10-15 cm dick und 1,80 × 0,90 m groß, also so groß, daß man darauf schlafen kann. Man spricht daher von einem Zimmer in der Größe von 5 Tatami, 6 Tatami, 16 Tatami usw.

(5) 二 台 *ni dai*. 台 *dai* wird beim Zählen von Wagen an die Ziffer angehängt (vgl. Lektion 22, Anmerkung 3).

9 - お客 が 多い ので 便利 に
o kyaku ga ooi no de, benri ni
(o kjaku ga oo.i node, benli ni

使える 台所 が いい です。(6)
tsukaeru daidokoro ga ii desu
zukaelu dajdokolo ga i.i deß')

10 家賃 は どのぐらい に
yachin wa donogurai ni
(jatschin ua donogulaj ni

なります か。
narimasu ka
nalimaß' ka)

11 - 一ヶ月 百万 円 です。(7)
ikkagetsu hyaku man en desu
(ik'kagezu hjaku man en deß')

12 それに 敷金 と 礼金 は
soreni shikikin to reikin wa
(ßoleni tschikikin to lejkin ua

二ヶ月 分 です。
nikagetsu bun desu
nikagezu bun deß')

13 だから 入居 する 時 全部
dakara nyûkyo suru toki zenbu
(dakala njûkjo ßulu toki Sembu

で 五百万 円 に なります。
de go hyaku man en ni narimasu
de go hjaku man en ni nalimaß')

ANMERKUNGEN (Fortsetzung)
(6) 便利 *benri ni,* vgl. Lektion 30, Anmerkung 1.

ni hyaku **200**

9 — Da wir viele Gäste haben, brauchen wir eine zweckmäßige Küche.
([höflich]-Gäste / [Sgg] / zahlreich sein / weil // praktisch / [umstandswörtlich] / gebrauchen können / Küche / [Sgg] / gut sein / das ist)

10 Wie hoch wäre die Miete ungefähr?
(Miete / [Hinweis] / wieviel ungefähr / [Ziel] / werden / [Frage])

11 — Das wäre 1 Million Yen für einen Monat.
(ein Monat / hundert-zehntausend-Yen / das ist)

12 Dazu kommen noch Kaution und Gebühren in Höhe von zwei Monatsmieten.
(dazu / Kaution / und / Gebühren / [Hinweis] / zwei Monat-Teil / das ist)

13 Das heißt, wenn Sie das Haus beziehen, müssen Sie 5 Millionen Yen zahlen.
(daher / Eingang in das Haus-machen / Zeit / total / [Mittel] / fünf-hundert-zehntausend-Yen / [Ziel] / werden)

ANMERKUNGEN (Fortsetzung)

(7) 一ヶ月 *ikkagetsu*: „Die Dauer eines Monats". Die Schrift hier ist etwas außergewöhnlich. Zwischen die beiden Kanji ist ein kleines ヶ **ke** in Katakana eingefügt, das *ka* ausgesprochen wird. 二ヶ月 *nikagetsu* „die Dauer von zwei Monaten", 三ヶ月 *sankagetsu* „die Dauer von drei Monaten" usw. Heutzutage schreibt man dieses *ka* auch mit dem Hiragana か.

LEKTION 34

14 - そんな に 高い の です か。
sonna ni takai no desu ka.
(ßon.na ni takaj no deß' ka)

私 に は 払う こと
watakushi ni wa harau koto
(uatakuschi ni ua hala.u koto

が できません。 あきらめます。
ga dekimasen. akiramemasu
ga dekimaßen) (akilamemaß')

練習
renshû
(lèn'chuu)

1. 何か 見えました か。
nanika miemashita ka

2. 早く 出発 した 方 が いい です。
hayaku shuppatsu shita hô ga ii desu

3. 子供 が 多い ので 大きい 車 が
kodomo ga ooi node, ookii kuruma ga

必要 です。
hitsuyô desu

4. 今朝 家 を 出た 時、伯父 に
kesa ie o deta toki, oji ni

会いました。
aimashita

5. そんな に 遠い の です か。
sonna ni tooi no desu ka

ni hyaku ni 202

14 — Ist das so teuer? Das kann ich nicht zahlen. Schade!
(so / [umstandswörtlich] / teuer sein / das ist, daß / [Frage]) (ich / [Erg. 3. F.] / [Verstärkung] / zahlen / die Tatsache, daß / [Sgg] / nicht möglich sein) (aufgeben)

Übungen

1. Haben Sie etwas gesehen?
2. Es ist besser, zeitig abzufahren.
3. Da ich viele Kinder habe, brauche ich ein großes Auto.
4. In dem Moment, als ich heute früh das Haus verließ, habe ich meinen Onkel getroffen.
5. Ist das so weit?

…に 言葉 を 入れ なさい。
ni koto ba o i re na sa i

1. *Im ganzen sind das zehn Autos.*

. . . . . . wa . . . . ni narimasu

2. *Das kostet sieben Millionen Yen.*

. . . . desu

3. *Es ist einfacher, mit der Metro dorthin zu fahren.*

. . . . kantan desu

4. *Ich möchte auch französische Parfums.*

. . . . mo . . . .

5. *Ich habe gesucht, aber nichts gefunden.*

. . . .

. . . .

Antwort:
1. kuruma - zenbu de jû dai -. **2.** nana hyaku man en -. **3.** chikatetsu de itta hô ga -. **4.** furansu no kôsui - hoshii desu. **5.** sagashimashita ga nanimo mitsukarimasen deshita.

LEKTION 34

第三十五課 まとめ

dai san jû go ka   ma to me
(daj ßan dschüü go ka)   (matome)

Sie haben sich an unseren Rhythmus angepaßt und wissen, daß dies, wie jede siebte, unsere Wiederholungslektion ist. Diese Schnaufpausen sind wirklich notwendig, man muß von Zeit zu Zeit Halt machen, um einen besseren Überblick zu bekommen.

1. Beginnen wir mit **den Partikeln**, dem Gerüst des Satzes. Wie wir Ihnen in Lektion 14, Absatz 3 ankündigten, hat に *ni* zahlreiche Verwendungsmöglichkeiten; wir entdecken immer wieder neue: Lektion 30, Anmerkung 1, mit seiner Hilfe bilden wir ein Umstandswort. In der Lektion 32, Satz 12 haben wir gesehen, daß に *ni* zur Passiv-Konstruktion verwendet wird, etwa wie im Deutschen das Wort „von". Was は *wa* anbetrifft, haben wir gesehen, daß es zur [Verstärkung] verwendet werden kann (vgl. Lektion 15, Anmerkung 2), hauptsächlich nach einem Zeitadverb. Diese Verwendung haben wir auch dann, wenn は *wa* einer anderen Partikel folgt, vgl. Lektion 32, Satz 4: 高速道路 で は *kôsokudôro* **de wa**.

2. Unserer Sammlung an Fragewörtern (vgl. Lektion 28, Absatz 2) haben wir なぜ *naze* „warum?" (Lektion 33, Satz 3) hinzugefügt.

3. Und nun ein kleiner Abstecher zu den **Adjektiven** (vgl. Lektion 21, Absatz 3). Sie haben wie die Verben die Eigenart, ihre Form zu ändern; zum Glück gibt es nicht sehr viele, und wir haben schon fast alle kennengelernt. Wiederholen wir sie:

Fünfunddreißigste Lektion
(ste / drei-zehn-fünf / Lektion)
Wiederholung und Anmerkungen

おいしい	*oishii* „das ist köstlich" (niedrige Stufe)
おいしい です	*oishii desu* „das ist köstlich" (mittlere Stufe)
おいしかった	*oishikatta* „das war köstlich" (niedrige Stufe)
おいしかった です	*oishikatta desu* „das war köstlich" (mittlere Stufe)
おいしくない	*oishikunai* oder
おいしく は ない	*oishiku wa nai* „das ist nicht köstlich" (niedrige Stufe)
おいしく ありません	*oishiku arimasen* oder
おいしく は ありません	*oishiku wa arimasen* „das ist nicht köstlich" (mittlere Stufe)

Es existiert auch eine Form, in der das い *i* durch く *ku* ersetzt wird. Diese Form wird vor allem mit dem Verb なる *naru* „werden" verwendet, aber auch mit anderen, vgl. z.B. die Lektion 26, Satz 5: 悪く なりました *waruku narimashita* „schlecht geworden sein" (悪い *warui* „schlecht sein").

Vgl. auch Lektion 33, Satz 4: 長く なります *nagaku narimasu* „lang werden" (長い *nagai* „lang sein"). Man findet diese Form auch mit dem Verb: つく *tsuku* „erreichen".

Vgl. Lektion 32, Satz 10: 高く つきます *takaku tsukimasu* „das kommt teuer" (高い *takai* „teuer sein"). Diese Form wird auch dann verwendet, wenn man aus einem Adjektiv ein Umstandswort machen will: 早い *hayai* „bald sein" oder „schnell sein", 早く *hayaku* „bald" oder „schnell" (Lektion 32, Satz 4).

Es gibt ein einziges, häufig gebrauchtes Adjektiv, das ein

bißchen schwierig ist, es ist das Adjektiv いい *ii* „gut sein", das einen Doppelgänger hat: よい *yoi*. Die Bedeutung ist dieselbe, aber man verwendet den Doppelgänger, um andere Formen zu bilden:

いい *ii* „das ist gut" (niedrige Stufe),

いい です *ii desu* „das ist gut" (mittlere Stufe).

ABER: よかった *yokatta* „das war gut" (niedrige Stufe),
よかった です *yokatta desu* „das war gut" (mittlere Stufe),

よくない *yokunai* „das ist nicht gut" (niedrige Stufe),
よく ありません *yoku arimasen* „das ist nicht gut" (mittlere Stufe).

Und zum Abschluß: よく なりました *yoku narimashita* „gut geworden sein" (mittlere Stufe).

4. Schließlich führt uns unser Rundblick zu den **Verben**. Wir werden noch oft auf sie zurückkommen, denn es gibt noch sehr viel zu sehen! Aber schauen wir uns zunächst an, was wir seit Lektion 7, Anmerkung 1, gelernt haben, in der wir bereits die meisten Formen der Verben in der mittleren Stufe angeführt haben. Jetzt können wir die entsprechenden Formen der **niedrigen Stufe** gegenüberstellen:

„ich, du, er... esse usw.":

mittlere Stufe: 食べます *tabemasu*,

niedrige Stufe: 食べる *taberu*.

„ich, du, er... esse nicht usw.":

mittlere Stufe: 食べません *tabemasen*,

niedrige Stufe: 食べない *tabenai*.

„ich, du, er... hat gegessen usw.":

mittlere Stufe: 食べました *tabemashita*,

niedrige Stufe: 食べた *tabeta*.

„essen wir":

mittlere Stufe: 食べましょう *tabemashô*,

niedrige Stufe: 食べよう *tabeyô*.

Außerdem kennen wir eine andere Form, die ausdrückt, daß etwas gerade gemacht wird, daß jemand im Begriff ist, etwas zu tun:

„ich, du, er... bin gerade dabei zu essen":
mittlere Stufe: 食べて います *tabete imasu*,
niedrige Stufe: 食べて いる *tabete iru*.

„ich, du, er... bin nicht gerade dabei zu essen":
mittlere Stufe: 食べて いません *tabete imasen*,
niedrige Stufe: 食べて いない *tabete inai*.

„ich, du, er... war gerade dabei zu essen":
mittlere Stufe: 食べて いました *tabete imashita*,
niedrige Stufe: 食べて いた *tabete ita*.

Das ist doch schon eine ganz schöne Tabelle, nicht wahr? Bitte vergessen Sie nicht (vgl. Lektion 29, Anmerkung 15), daß die Form der niedrigen Stufe, die ありません *arimasen* „sich nicht befinden", „das ist nicht", „es gibt nicht" entspricht, ない **nai** ist.

5. Noch einige Bemerkungen zu gewissen Verben:
— Verwechseln Sie bitte nicht: ある, あります *aru/arimasu* und いる, います *iru/imasu*. Beide bedeuten „sich befinden", und man übersetzt sie meistens mit „es gibt". Aber das Wort ある *aru* verwendet man, wenn man von Gegenständen spricht und いる *iru*, wenn man von Lebewesen (Menschen, Tieren) spricht. ある *aru* ist ein Wort, auf das wir dauernd stoßen, いる *iru* haben wir in der Lektion 15, Satz 4 und Lektion 30, Satz 8 benutzt.
— Verwechseln Sie auch bitte nicht: 帰る *kaeru* und 戻る *modoru*, die beide mit „wiederkommen, wiedererscheinen" übersetzt werden. 帰る *kaeru* jedoch muß dann verwendet werden, wenn man ausdrücken will, daß man nach Hause, in die Heimat zurückkommt, während 戻る *modoru* ganz einfach ausdrückt, daß man umkehrt, zurückgeht (vgl. Lektion 31, Sätze 12 und 13, Lektion 33, Satz 10 und Lektion 32, Satz 13).

Zum Schluß möchten wir Sie daran erinnern, daß wir von nun an nur noch die internationale Lautschrift angeben,

*****

第三十六課　　　　　　　　　苗字
dai san　jû rok ka　　　　　　　　　myô ji

1 ‑日本人 の 苗字 は 自然 の
　ni hon jin　no　myô ji　wa　shi zen　no

　物 を 表す 名前 が 多い
　mono　o　arawa su　na mae　ga　oo i

　です ね。
　de su　ne

2 ‑そう です ね。 それに 同じ
　sô　de su　ne.　so re ni　ona ji

　苗字 を 持って いる 人 が
　myô ji　o　mo t te　i ru　hito　ga

　たくさん います。(1)
　ta ku sa n　i ma su

3　電話帳 に は 同じ 苗字 が
　den wa chô　ni　wa　ona ji　myô ji　ga

　何ページ も 続く こと が あります。
　nan pê　ji　mo tsuzu ku ko to　ga　a ri ma su

denn Sie haben sich jetzt an die Aussprache gewöhnt und werden gut ohne sie zurechtkommen.

*****

****

Die Familiennamen   Sechsunddreißigste Lektion
(Familienname)   (ste / drei-zehn-sechs / Lektion)

1 — Viele japanische Familiennamen beziehen sich auf Elemente aus der Natur.
(Japan-Mensch / [Bzw] / Familienname / [Hinweis] / Natur / [Bzw] / Sache / [Erg. 4. F.] / ausdrücken / Name / [Sgg] / zahlreich sein / das ist / [ü.einst.])

2 — Ja. Dazu kommt noch, daß viele Leute denselben Familiennamen haben.
(ja) (dazu / identisch / Familienname / [Erg. 4. F.] / besitzen / Mensch / [Sgg] / viel / sich befinden)

3   Das führt dazu, daß derselbe Familienname im Telefonbuch seitenweise vorkommt.
(Telefonbuch / [Ort] / [Verstärkung] / identisch / Familienname / [Sgg] / man weiß nicht wieviele Seiten / fortsetzen / die Tatsache, daß / [Sgg] / sich befinden)

ANMERKUNGEN

(1) います *imasu,* vgl. Lektion 35, Absatz 5.

LEKTION 36

4 たとえば、山田 とか 田中 とか 鈴木 などと いう 名前 です。(2)

5 -どうして そんなに 同じ 名前の 人が いるのですか。皆 親戚の 人ですか。(3)

6 -いいえ。必ずしも そう いう わけでは ありません。

7 昔は 公家と 武家の 人しか 苗字が ありませんでした。(4)

4 Zum Beispiel die Namen Yamada, Tanaka und Suzuki.
(zum Beispiel / Yamada / oder auch / Tanaka / oder auch / Suzuki / diese Art von Sachen / [Zitat] / sagen / Name / das ist)

5 — Warum gibt es so viele Leute mit demselben Namen? Sind Sie alle verwandt?
(warum / so / [umstandswörtlich] / identisch / Name / [Bzw] / Mensch / [Sgg] / sich befinden / nämlich / [Frage]) (alle / verwandt / [Bzw] / Mensch / das ist / [Frage])

6 — Nein. Das ist nicht unbedingt der Grund.
(nein) (notwendigerweise / so / sagen / Grund / das ist nicht)

7 Früher hatten nur Adelige und Krieger Familiennamen.
(früher / [Verstärkung] / Adelige bei Hof / und / Krieger / [Bzw] / Mensch / nur / Familienname / [Sgg] / sich nicht befinden)

ANMERKUNGEN (Fortsetzung)

(2) など *nado*. Dieses kleine Wort steht entweder nach einem alleinstehenden Substantiv oder nach einer Aufzählung und bedeutet: ,,all das, was dem ähnelt, was ich gerade genannt habe''. Hier finden wir vor dem Wort など *nado* die am häufigsten vorkommende Art von Familiennamen. Nicht die Namen sind wichtig, sondern die Art von Namen, die sie darstellen. Dies ist die Funktion von など *nado*.

(3) の です *no desu*, vgl. Lektion 30, Anmerkung 2.

(4) しか …ありません でした *shika arimasen deshita*, vgl. Lektion 30, Anmerkung 4.

LEKTION 36

8 段々　平民　も　苗字　を　持つ
   dan dan　hei min　mo　myô ji　o　mo tsu

   こと　に　なりました。(5)
   ko to　ni　na ri ma shi ta

9 平民　は　田舎　に　住んで　いる
   hei min　wa　inaka　ni　su n de　i ru

   人　が　ほとんど　でした。
   hito　ga　ho to n do　de shi ta

10 どう　いう　苗字　を　つけよう
    dô　i u　myô ji　o　tsu ke yô

    か　と　思った　時、自然　に　関係
    ka　to　omo t ta　toki,　shi zen　ni　kan kei

    が　ある　苗字　を　作りました。(6)
    ga　a ru　myô ji　o　tsuku ri ma shi ta

11 たとえば、　山　に　田　を　持って
    ta to e ba,　yama　ni　ta　o　mo t te

    いた　人　は　「山田」　と　いう
    i ta　hito　wa　yama da　to　i u

    苗字　に　なりました。
    myô ji　ni　na ri ma shi ta

発音

hatsu.on (hazu.on) Aussprache:
1. nihondschin ... mjoodschi ... schiSen ... ala.uaßu 2. onadschi 3. den.uatschoo ... nanpeedschi ... zuSuku 4. ßuSuki 6. kanalaSuschimo ... jü 10. schiSen ... kankej 14. muSukaschiku.

8 Mit der Zeit nahmen auch die Leute aus dem Volk Familiennamen an.
(allmählich / Leute aus dem Volk / auch / Familienname / [Erg. 4. F.] / besitzen / die Tatsache, daß / [Ziel] / geworden sein)

9 Der Großteil der Bevölkerung lebte auf dem Land.
(Bevölkerung / [Hinweis] / Land / [Ort] / wohnen / Mensch / [Sgg] / fast total / das war)

10 Als man sich fragte, welchen Namen man ihnen geben sollte, bildete man Familiennamen, die mit der Natur verbunden waren.
(wie / sagen / Familienname / [Erg. 4. F.] / hängen wir an / [Frage] / [Zitat] / gedacht haben / Zeit // Natur / [Ziel] / Verbindung / [Sgg] / sich befinden / Familienname / [Erg. 4. F.] / angefertigt haben)

11 Jemand, der zum Beispiel Reisfelder in den Bergen besaß, nahm den Namen Yamada an.
(zum Beispiel / Berg / [Ort] / Reisfeld / [Erg. 4. F.] / besessen haben / Mensch / [Hinweis] / Yamada / [Zitat] / sagen / Familienname / [Ziel] / geworden sein)

ANMERKUNGEN (Fortsetzung)

(5) 段々 *dandan,* vgl. Lektion 10, Anmerkung 3. Das Zeichen 々 deutet darauf hin, daß das Kanji, also das chinesische Schriftzeichen, das vorangeht, wiederholt wird.

(6) Wir haben schon mehrere Male das Verb 思う *omou* ,,denken'' benutzt. Hier steht es in der Vergangenheit der niedrigen Stufe, 思った *omotta* ,,man hat gedacht''. Was man gedacht hat, steht vor dem Verb; die beiden Elemente sind mit der Partikel と *to* verbunden, was im Deutschen einem Doppelpunkt mit Anführungszeichen entspricht. Der Inhalt des Gedankens wird im direkten Stil ausgedrückt. Hier ist der Inhalt eine Frage, und es ist diese Frage, die man vor と *to* findet, daher gebraucht man か *ka*. Wörtlich: ,,Man hat gedacht: ,welchen Namen werden wir geben?'''.

12. 「渡辺」という名前は川を渡る所に住んでいた人につけた名前です。
    watanabe to iu namae wa kawa o wataru tokoro ni sunde ita hito ni tsuketa namae desu

13. 「山中」という名前は山の中に住んでいるという意味です。
    yamanaka to iu namae wa yama no naka ni sunde iru to iu imi desu

14. だから日本人の苗字を覚えることはむずかしくありません。
    dakara nihonjin no myôji o oboeru koto wa muzukashiku arimasen

練習
renshû

1. スミスという名前はアメリカ人かイギリス人の名前です。
   sumisu to iu namae wa amerikajin ka igirisujin no namae desu

12 Der Name Watanabe wurde Leuten gegeben, die an einem Flußübergang wohnten.
(Watanabe / [Zitat] / sagen / Name / [Hinweis] / Fluß / [Erg. 4. F.] / überqueren / Ort / [Ort] / gewohnt haben / Mensch / [Ziel] / festgemacht haben / Name / das ist)

13 Der Name Yamanaka bedeutet „der in den Bergen wohnt".
(Yamanaka / [Zitat] / sagen / Name / [Hinweis] / Berg / [Bzw] / innen / [Ort] / wohnen / [Zitat] / sagen / Sinn / das ist)

14 Aus diesem Grund sind die japanischen Familiennamen nicht schwer zu merken.
(aus diesem Grund / Japan-Mensch / [Bzw] / Familienname / [Erg. 4. F.] / sich erinnern / die Tatsache, daß / [Hinweis] / nicht schwierig sein)

2. 日本人 の 苗字 は 自然 の 物 を
   nihonjin no myôji wa shizen no mono o
   表す 名前 が ほとんど です。
   arawasu namae ga hotondo desu

3. 女の人は皆香水が好きです。
   onna no hito wa minna kôsui ga suki desu

4. 来年から東京に住むことになります。
   rainen kara tôkyô ni sumu koto ni narimasu

5. 渡辺さんではないかと思いました。
   watanabe san de wa nai ka to omoimashita

…に言葉を入れなさい。

... ni kotoba o ire nasai

1. *Alle Gegenstände hier sind antik.*

   koko ni aru mono . . . .

2. *Manchmal nehme ich den Bus.*

   tokidoki . . . . noru . . . .

****

Übungen

1. Smith ist ein amerikanischer oder englischer Name.
2. Der Großteil der japanischen Familiennamen bezieht sich auf Elemente aus der Natur.
3. Alle Frauen haben Parfums gern.
4. Vom nächsten Jahr an muß ich in Tokio wohnen.
5. Ich habe mich gefragt, ob das nicht Frau Watanabe war.

---

3. *Wir arbeiten im selben Gebäude.*

. . . .

4. *In der Umgebung des Bahnhofs gibt es viele Geschäfte wie Buchhandlungen, Kaffeehäuser...*

. . . . . atari . . honya toka kissaten . . . .

ga . . . .

5. *Es sind nur Leute aus der Familie gekommen.*

shinseki no hito . . . . . ki . . . .

Antwort:
1. wa minna furui desu. 2. - basu ni - koto ga arimasu. 3. onaji bîru de hataraite imasu. 4. eki no - ni - nado - takusan arimasu. 5. - shika - masen deshita.

****

第三十七課 （だい さんじゅうなな か）　　ハチ公（続き）
dai san jû nana ka　　ha chi kô (tsuzu ki)

1 ーハチ公（こう） は 秋田犬（あきたけん） です から、
ha chi kô wa aki ta ken de su ka ra,

飼（か）い主（ぬし） に よく 仕（つか）えます。(1) (2)
ka i nushi ni yo ku tsuka e ma su

2 でも その うち に 上野（うえの） さん
de mo so no u chi ni ue no sa n

は 亡（な）くなりました。
wa na ku na ri ma shi ta

3 それでも ハチ公（こう） は 毎日（まいにち）
so re de mo ha chi kô wa mai nichi

上野（うえの） さん を 迎（むか）え に 行（い）きました。
ue no sa n o muka e ni i ki ma shi ta

4 毎日（まいにち） 何（なん） 時間（じかん） も 待（ま）ちました
mai nichi nan jikan mo ma chi ma shi ta

が、 上野（うえの） さん は 帰（かえ）って
ga, ue no sa n wa kae t te

きません でした。
ki ma se n de shi ta

発音（はつおん）
hatsu.on (hazu.on) Aussprache:
2. utschi **3.** majnitschi.

Hachikô
(Fortsetzung)

Siebenunddreißigste Lektion
(ste / drei-zehn-sieben / Lektion)

1 — Hachikô, ein Akitahund, war seinem Herr treu ergeben.
   (Hachikô / [Hinweis] / Akita-Hund / das ist / weil // Herr / [Erg. 3. F.] / gut / dienen)

2 Aber wenig später starb Herr Ueno.
   (aber / bald / [umstandswörtlich] / Ueno-Herr / [Hinweis] / gestorben sein)

3 Trotzdem ging ihm Hachikô jeden Tag entgegen.
   (trotzdem / Hachikô / [Hinweis] / jeden Tag / Ueno-Herr / [Erg. 4. F.] / entgegen gehen / [Ziel] / gegangen sein)

4 Jeden Tag wartete er stundenlang, aber Herr Ueno kam nicht zurück.
   (jeden Tag / man weiß nicht wieviel Stunden / gewartet haben / aber // Ueno-Herr / [Hinweis] / zurückkommen / nicht kommen)

ANMERKUNGEN
(1) 秋田犬 *Akita ken*. Japanische kurzhaarige Hunderasse, ähnelt den Schlittenhunden. Sie war nahe daran, auszusterben, erfreut sich aber wieder in Japan und in den USA großer Beliebtheit. Die Hunde stammen aus Akita, einer Provinz im Westen der Insel Honschû, der größten Insel des Archipels.

(2) 飼い主 *kainushi* „Herr", aber nur in Verbindung mit einem Tier.

*****

5 何年間もの間、ハチ公は毎日上野さんを迎えに行きました。
   nan nen kan mo no aida, ha chi kô wa mai nichi ue no sa n o muka e ni i ki ma shi ta

6 ある日、ハチ公も死にました。
   a ru hi, ha chi kô mo shi ni ma shi ta

7 渋谷の人々はハチ公に感心したので、駅の前にハチ公の銅像を建てることにしました。(3)
   shibu ya no hito bito wa ha chi kô ni kan shin shi ta no de, eki no mae ni ha chi kô no dô zô o ta te ru ko to ni shi ma shi ta

8 今ではハチ公の銅像は有名です。日本中の人が皆その話を知っています。
   ima de wa ha chi kô no dô zô wa yû mei de su. ni hon jû no hito ga minna so no hanashi o shi t te i ma su

4. dschikan **7.** dooSoo **8.** jüümej ... nihondschüü.

ANMERKUNGEN (Fortsetzung)
(3) 人々 vgl. Lektion 36, Anmerkung 5: 人 *hito* und ein zweites Mal 人 *hito:* nur wird das *h* des zweiten zu einem

5 Jahrelang ging Hachikô jeden Tag Herrn Ueno entgegen.
(man weiß nicht wieviel Jahre / [Bzw] / Zeitintervall / Hachikô / [Hinweis] / jeden Tag / Ueno-Herr / [Erg. 4. F.] / entgegen gehen / [Ziel] / gegangen sein)

6 Eines Tages ist auch Hachikô gestorben.
(ein bestimmt / Tag / Hachikô / auch / gestorben sein)

7 Da die Leute von Shibuya Hachikô bewundert hatten, beschlossen sie, ihm eine Statue vor dem Bahnhof zu errichten.
(Shibuya / [Bzw] / Menschen / [Hinweis] / Hachikô / [Erg. 3. F.] / Bewunderung-gemacht haben / weil // Bahnhof / [Bzw] / vor / [Ort] / Hachikô / [Bzw] / Bronzestatue / [Erg. 4. F.] / bauen / die Tatsache, daß / [Ziel] / gemacht haben)

8 Die Statue von Hachikô ist jetzt berühmt. Diese Geschichte ist in ganz Japan bekannt.
(jetzt / [Zeitangabe] / [Verstärkung] / Hachikô / [Bzw] / Bronzestatue / [Hinweis] / berühmt / das ist) (ganz Japan / [Bzw] / Mensch / [Sgg] / alle / diese / Geschichte / [Erg. 4. F.] / kennen)

ANMERKUNGEN (Fortsetzung)

b, so daß das ganze 人々 wie *hitobito* gelesen wird. Die Verdopplung ist eine einfache Methode, einen Plural auszudrücken. Sie kann aber nur für einige Wörter verwendet werden.

9. 渋谷駅の前で人と会う約束をする時、人々は必ず「ハチ公の銅像の前で会いましょう」と言います。(4)

10. -今晩 渋谷の辺りで、一杯いかがですか。(5)

11. -じゃ、ハチ公の前で会いましょう。

9. a.u ... kanaIaSu   10. ip'paj.

練習
renshû

1. 三越デパートで働いていた時、渋谷に住んでいました。
mitsukoshi depâto de hataraite ita toki, shibuya ni sunde imashita

9 Wenn sich Leute vor dem Bahnhof von Shibuya treffen wollen, sagen sie immer: „Treffen wir uns vor der Statue von Hachikô".
(Shibuya-Bahnhof / [Bzw] / vor / [Ort] / Mensch / mit / treffen / Verabredung / [Erg. 4. F.] / machen / Zeit // Mensch / [Hinweis] / auf jeden Fall / Hachikô / [Bzw] / Bronzestatue / [Bzw] / vor / [Ort] / treffen wir uns / [Zitat] / sagen)

10 — Was würden Sie zu einem Gläschen heute Abend am Shibuya sagen?
(dieser Abend / Shibuya / [Bzw] / [Umgebung] / [Ort] / ein-Glas / wie / das ist / [Frage])

11 — Gut, treffen wir uns vor Hachikô.
(also / Hachikô / [Bzw] / vor / [Ort] / treffen wir uns)

ANMERKUNGEN (Fortsetzung)

(4) Vgl. Lektion 36, Anmerkung 6. Die Partikel と *to* mit dem Verb 言う *iu* leitet die direkte Rede an.

(5) 杯 *hai* (vgl. Lektion 22, Anmerkung 3). Dieses Wort wird wie ein Zahlwort verwendet, wenn wir, wie hier z.B., Gläser zählen. 一杯 *ippai*, wörtlich „ein Glas".

---

2. 田中 さん を 迎え に 行く こと に しました。
   tanaka san o mukae ni iku koto ni shimashita

3. 伯父 は 六 年 間 ぐらい 中国 に いました。
   oji wa roku nen kan gurai chûgoku ni imashita

LEKTION 37

4. 兄は車を二台持っています。
ani wa kuruma o ni dai motte imasu

5. 朝早く人と会う時、「おはよう
asa hayaku hito to au toki, "o hayô

ございます」と言います。
gozaimasu" to iimasu

…に言葉を入れなさい。

... ni kotoba o ire nasai

1. *Ich stehe jeden Tag um halb neun Uhr auf.*

. . . .

2. *Kennen Sie die Geschichte von Hachikô?*

Hachikô . . . .

3. *Suzukis Wagen ist auch rot.*

. . . . kuruma . . . .

****

第三十八課　　　　書類
dai san jû hak ka　　　　sho rui

1 —この書類はわからないところ
ko no sho rui wa wa ka ra na i to ko ro

がたくさんありますから、説明
ga ta ku sa n a ri ma su ka ra, setsu mei

して下さい。
shi te kuda sa i

Übungen

1. Als ich im Kaufhaus Mitsukoshi arbeitete, wohnte ich in Shibuya.
2. Ich habe mich entschlossen, Herrn Tanaka abzuholen.
3. Mein Onkel ist ungefähr sechs Jahre in China geblieben.
4. Mein großer Bruder hat zwei Autos.
5. Wenn man jemanden am Morgen trifft, sagt man „o hayô gozaimasu (Guten Morgen)".

---

4. *Ich habe zehn Jahre in diesem Flughafen gearbeitet.*

   kono hikôjô de . . . . hataraite imashita

5. *Alle Lastwagen meiner Firma sind blau.*

   . . . . kaisha . . . . wa

   . . . .

Antwort:
1. mainichi hachi ji han ni okimasu. 2. - no hanashi o shitte imasu ka. 3. Suzuki san no - mo akai desu. 4. - jû nen kan -. 5. watakushi no - no torakku - minna aoi desu.

****

Das Formular	Achtunddreißigste Lektion
(Formular)	(ste / drei-zehn-acht / Lektion)

1 — Auf diesem Formular stehen so viele Sachen, die ich nicht verstehe, kannst du sie mir erklären?
   (dieses / Formular / [Hinweis] / nicht verständlich sein / Ort / [Sgg] / viel / sich befinden / weil // Erklärung-machen Sie)

LEKTION 38

2　名前と苗字の意味は
　　na mae to myôji no i mi wa

　　わかりますが、国籍とは何
　　wa ka ri ma su ga, koku seki to wa nan

　　ですか。
　　de su ka

3 -国籍というのはあなた
　　koku seki to i u no wa a na ta

　　はどこの国の人ですか
　　wa do ko no kuni no hito de su ka

　　ということです。(1) (2)
　　to i u ko to de su

4　必ずしも生まれた国で
　　kanara zu shi mo u ma re ta kuni de

　　はありません。
　　wa a ri ma se n

5　たとえば由美さんは
　　ta to e ba yu mi sa n wa

　　オーストラリアで生まれましたが
　　ô su to ra ri a de u ma re ma shi ta ga,

　　国籍は「日本」です。
　　koku seki wa ni hon de su

2   Ich verstehe die Bedeutung des Wortes „namae (Vorname)" und „myôji (Familienname)", aber was ist „kokuseki (Staatsangehörigkeit)"?
(Vorname / und / Familienname / [Bzw] / Bedeutung / [Hinweis] / verständlich sein / aber // Staatsangehörigkeit / [Zitat] / [Hinweis] / was / das ist / [Frage])

3 — Mit „kokuseki (Staatsangehörigkeit)" will man wissen, aus welchem Land du kommst.
(Staatsangehörigkeit / [Zitat] / sagen / [ersetzend] / [Hinweis] / du / [Hinweis] / wo / [Bzw] / Land / [Bzw] / Mensch / das ist / [Frage] / [Zitat] / sagen / die Tatsache, daß / das ist)

4   Das ist nicht unbedingt das Land, in dem man geboren ist.
(notwendigerweise / geboren sein / Land / das ist nicht)

5   Yumi, zum Beispiel, ist in Australien geboren, aber ihre Staatsangehörigkeit ist japanisch.
(zum Beispiel / Yumi-Fräulein / [Hinweis] / Australien / [Ort] / geboren sein / aber // Staatsangehörigkeit / [Hinweis] / Japan / das ist)

ANMERKUNGEN

(1) 国籍 と いう の は *kokuseki to iu* **no wa**. Hier haben wir eine neue Verwendungsart von の *no*. Wir kennen schon の *no* in der Bedeutung von „Beziehung", wenn es zwischen zwei Substantiven steht. Das heutige の *no* steht zwischen einem Verb und einer Partikel. Es dient dazu, entweder ein Substantiv zu ersetzen, das man schon erwähnt hat oder das aus dem Text klar hervorgeht. Hier wäre das erwartete Wort 言葉 *kotoba* „Wort" (vgl. die Überschrift der Übung „Ergänzen Sie..."), wörtlich: dieses (das Wort), das „kokuseki" ist. In der wörtlichen Übersetzung drücken wir diese Funktion von の *no* mit dem Wort [ersetzend] aus.

(2) Lektion 37, Anmerkung 4. Wörtlich: „Das ist eine Sache, die heißt: aus welchem Land sind Sie?".

6 あなた の 国籍 は「スペイン」
　a na ta　no　koku seki　wa　su pe i n

です。
de su

7 - 住所 は わかります。住んで
　jû sho　wa　wa ka ri ma su.　su n de

いる 所 です ね。
i ru　tokoro　de su　ne

8 職業 と は どう いう 意味
　shoku gyô　to　wa　dô　i u　i mi

です か。
de su　ka

9 - あなた が して いる 仕事
　a na ta　ga　shi te　i ru　shi goto

の こと です。
no　ko to　de su

10 この 書類 は 何 の ため の
　ko no　sho rui　wa　nan　no　ta me　no

物 です か。
mono　de su　ka

11 滞在 許可証 の ため です か。
　tai zai　kyo ka shô　no　ta me　de su　ka

12 大学 に 入学 する ため
　dai gaku　ni　nyû gaku　su ru　ta me

です か。
de su　ka

6 Deine Staatsangehörigkeit ist spanisch.
(du / [Bzw] / Staatsangehörigkeit / [Hinweis] / Spanien / das ist)

7 — ,,jûsho (Adresse)'', verstehe ich. Das ist der Ort, in dem man wohnt!
(Adresse / [Hinweis] / verständlich sein) (wohnen / Ort / das ist / [ü.einst.])

8 Was soll ,,shokugyô (Beruf)'' heißen?
(Beruf / [Zitat] / [Hinweis] / wie / sagen / Bedeutung / das ist / [Frage])

9 — Das ist die Arbeit, die du machst.
(du / [Sgg] / machen / Arbeit / [Bzw] / Sache / das ist)

10 Wozu dient dieses Formular?
(dieses / Formular / [Hinweis] / was / [Bzw] / Ziel / [Bzw] / Sache / das ist / [Frage])

11 Für eine Aufenthaltsgenehmigung?
(Aufenthaltsgenehmigung / [Bzw] / Ziel / das ist / [Frage])

12 Zur Einschreibung in einer Universität?
(Universität / [Ziel] / Eintritt in Universität-machen / Ziel / das ist / [Frage])

13 - いいえ。テニス・クラブ に 入る
     i i e.   te ni su . ku ra bu   ni   hai ru

   ため です。
   ta me de su

発音
hatsu.on (hazu.on) Aussprache:
sholu.i 1. ßezumej 5. jümi 6. ß′pejn 7. dschüüschoo 11. tajSaj.

練習
renshû

1. 意味 が わからない 言葉 が たくさん
   imi ga wakaranai kotoba ga takusan

   あります。
   arimasu

2. 住所 と は 住んで いる ところ です。
   jûsho to wa sunde iru tokoro desu

3. 書類 と は どう いう 意味 ですか。
   shorui to wa dô iu imi desu ka

4. 仕事 の ため です。
   shigoto no tame desu

5. この 道 は 犬 を 散歩 させる
   kono michi wa inu o sanpo saseru

   ため の 道 です。
   tame no michi desu

13 — Nein, zur Einschreibung in einen Tennisklub.
   (nein) (Tennis-Klub / [Ziel] / eintreten / Absicht / das ist)

Übungen

1. Es gibt viele Wörter, die ich nicht verstehe.
2. Die Adresse ist der Ort, in dem man wohnt.
3. Was heißt ,,shorui''?
4. Das ist für meine Arbeit.
5. Dieser Weg dient dazu, Hunde spazierenzuführen.

…に 言葉 を 入れ なさい。
... ni kotoba o ire nasai

1. *Was bedeutet ,,kippu (Karte)''?*

   kippu . . . . dô . . . .

2. *Das ist für meine Reise nächste Woche.*

   . . . .

3. *Ich verstehe ,,kuni (Land)'', aber ich verstehe nicht ,,kokuseki (Staatsangehörigkeit)''.*

   kuni . . . . kokuseki . .
   . . . .

4. *Aus welchem Land kommt er?*

   . . . .

5. *Ich bin in China geboren, bin aber Japaner.*

   watakushi wa . . . .
   . . . .

Antwort:
1. - to wa - iu imi desu ka. 2. raishû no ryokô no tame desu. 3. - wa wakarimasu ga - wa wakarimasen. 4. doko no kuni no hito desu ka. 5. - chûgoku de umaremashita ga kokuseki wa nihon desu.

第三十九課　両親への手紙
だい さん じゅう きゅう か　　りょう しん　　　　て がみ

dai san jû kyû ka　　ryô shin　e　no　te gami

1　おとといの　木曜日は　お祖父さん
　　o to to i　no moku yô bi wa　o jii san

　　と　お祖母さんと　上野の　動物園
　　to　o baa san　to　ue no no dô butsu en

　　へ　行って　きました。(1) (2)
　　e　i tte　ki ma shi ta

2　　私達　は　初めて　動物園　へ
　　watashi tachi wa haji me te　dô butsu en　e

　　行った　ので、大喜び　でした。
　　i tta　no de,　oo yoroko bi　de shi ta

3　一　時間　以上　並びました。
　　ichi　jikan　i jô　nara bi ma shi ta

4　「どうして　こんな　に　皆　並ぶ
　　dô shi te　ko n na　ni　minna　nara bu

　　の　です　か」と　お祖父さん　に
　　no　de su　ka　to　o jii sa n　ni

　　聞きました。
　　ki ki ma shi ta

Neununddreißigste Lektion
(ste / drei-zehn-neun / Lektion)

Ein Brief an die Eltern
(Vater und Mutter / [Richtungsangabe] / [Bzw] / Brief)

1 Vorgestern, am Donnerstag, sind wir mit den Großeltern zum Uenotiergarten gegangen.
(vorgestern / [Bzw] / Donnerstag / [Verstärkung] / Großvater / und / Großmutter / mit / Ueno / [Bzw] / Tiergarten / [Richtungsangabe] / gehen / gekommen sein)

2 Da wir zum ersten Mal in den Tiergarten gegangen sind, haben wir uns sehr gefreut.
(wir / [Hinweis] / zum ersten Mal / Tiergarten / [Richtungsangabe] / gegangen sein / weil // große Freude / das war)

3 Wir haben über eine Stunde Schlange gestanden.
(eine-Stunde-mehr als / Schlange gestanden haben)

4 Ich habe den Großvater gefragt: „Warum stehen so viele Leute Schlange?".
(warum / in dieser Art / [umstandswörtlich] / alle / Schlange stehen / nämlich / [Frage] / [Zitat] / Großvater / [Erg. 3. F.] / gefragt haben)

ANMERKUNGEN

(1) Hier ist der Sprecher ein Kind. Wir haben schon gelernt, daß ein Erwachsener, wenn er von seiner eigenen Familie spricht, nie das Wort さん *san* der Verwandtschaftsbezeichnung folgen lassen darf (vgl. Lektion 26, Anmerkung 2). Er verwendet dieses Wort nur, wenn es sich um Mitglieder einer anderen Familie handelt (vgl. Lektion 15, Anmerkungen 1 und 3, Lektion 23, Anmerkung 1). Nur Kinder verwenden das Wort さん *san* nach der Verwandtschaftsbezeichnung der eigenen Familie.

(2) 上野 Ueno, ein Stadtteil im Norden von Tokio. Dort befindet sich auch das größte japanische Kunstmuseum.

5 「春は子供が生まれる季節なので、皆見にくるのです」とお祖父さんが答えました。(3)

6 先ず首が長いきりんを見ました。それからしわだらけの三頭の象を見ました。(4)

7 一頭は耳が小さいアフリカ象でした。もう二頭は耳が大きいインド象でした。

8 愛嬌がいい熊はピーナッツをむしゃむしゃ食べていました。(5)

5 „Da der Frühling die Jahreszeit ist, in der die Jungen geboren werden, kommen alle Leute, sie anzuschauen", antwortete mir der Großvater.
(Frühling / [Hinweis] / Kind / [Sgg] / geboren werden / Jahreszeit / das ist / weil // alle / anschauen / [Ziel] / kommen / nämlich / [Zitat] / Großvater / [Sgg] / geantwortet haben)

6 Zuerst haben wir die Giraffe mit dem langen Hals gesehen. Danach haben wir drei ganz runzlige Elefanten gesehen.
(zuerst / Hals / [Sgg] / lang sein / Giraffe / [Erg. 4. F.] / angeschaut haben) (dann / Falte-bedeckt mit / [Bzw] / drei-Tier / [Bzw] / Elefant / [Erg. 4. F.] / angeschaut haben)

7 Einer war ein afrikanischer Elefant mit kleinen Ohren. Die beiden anderen waren indische Elefanten mit großen Ohren.
(eins-Tier / [Hinweis] / Ohr / [Sgg] / klein sein / Afrika-Elefant / das war) (noch / zwei-Tier / [Hinweis] / Ohr / [Sgg] / groß sein / Indien-Elefant / das war)

8 Ein drolliger Bär fraß eifrig Erdnüsse.
(Drolligkeit / [Sgg] / gut sein / Bär / [Hinweis] / Erdnuß / [Erg. 4. F.] / mampf-mampf / gegessen haben)

ANMERKUNGEN (Fortsetzung)

(3) な ので *na node*, vgl. Lektion 33, Anmerkung 1.
(4) 頭 *tô*, wörtlich „Kopf", da man hier große Tiere zählt.
(5) むしゃ むしゃ *musha musha* ist ein Beispiel für eine Wortart, die im Japanischen sehr lustig und verbreitet ist. Diese Wörter sind völlig unübersetzbar, man kann sie mit unseren lautmalerischen Worten vergleichen. Sie geben ein Geräusch, eine Geste, einen Eindruck usw. wieder. Hier soll das Geräusch des Kauens nachgemacht werden.

9 川崎　先生　に　よく　似た　猿
   kawa saki sen sei　ni　yo ku　ni ta　saru
   が　木　の　枝　から　枝　へ
   ga　ki　no　eda　kara　eda　e
   飛び移って　いました。
   to bi utsu tte　　i ma shi ta

10 眠そう　な　目　を　した　らくだ
   nemu sô　na　me　o　shi ta　ra ku da
   が　ゆっくり　歩いて　いました。(6)
   ga　yu kku ri　aru i te　i ma shi ta

11 ライオン　が　檻　の　中　で
   ra i o n　ga　ori　no　naka　de
   吠えた　時　に　は、妹　の　かおる
   ho e ta　toki　ni wa、imôto　no　ka o ru
   ちゃん　が　驚いて　泣きました。
   cha n　ga　odoro i te　　na ki ma shi ta.
   きっと　こわかった　の　でしょう。(7)
   ki tto　ko wa ka tta　no　de shô

12 パンダ　の　檻　の　前　は　たくさん
   pa n da no　ori　no　mae　wa　ta ku sa n
   の　人　が　並んで　いた　ので
   no　hito　ga　nara n de　i ta　no de
   見る　こと　が　できません　でした。
   mi ru　ko to　ga　de ki ma se n　de shi ta

ANMERKUNGEN (Fortsetzung)
(6) 眠そう *nemusô*, vgl. Lektion 25, Anmerkung 1.
(7) かおる　ちゃん *kaoru chan.* ちゃん *chan,* eine Verän-

9 Ein Affe, der meinem Professor, Herrn Kawasaki, sehr ähnlich sah, schwang sich von Ast zu Ast.
(Kawasaki-Professor / [Erg. 3. F.] / gut / ähnlich sehen / Affe / [Sgg] / Baum / [Bzw] / Ast / von / Ast / [Richtungsangabe] / springen von einem Ort zu einem anderen)

10 Ein Kamel mit schläfrigem Blick schritt langsam dahin.
(das einen schläfrigen Ausdruck hat / das ist / Auge / [Erg. 4. F.] / gemacht haben / Kamel / [Sgg] / langsam / geschritten sein)

11 Als der Löwe im Käfig brüllte, fing meine kleine Schwester Kaoru erschrocken zu weinen an. Sie hat sicher Angst gehabt.
(Löwe / [Sgg] / Käfig / [Bzw] / Innenraum / [Ort] / gebrüllt haben / Zeit / [Zeitangabe] / [Verstärkung] // kleine Schwester / [Bzw] / Kaoru / [Sgg] / überrascht sein / geweint haben) (sicherlich / von Furcht ergriffen worden sein / nämlich vielleicht)

12 Da viele Leute vor dem Pandakäfig Schlange standen, konnten wir ihn nicht sehen.
(Panda / [Bzw] / Käfig / [Bzw] / vor / [Hinweis] / viel / [Bzw] / Mensch / [Sgg] / sich angestellt haben / weil // anschauen / die Tatsache, daß / [Sgg] / nicht möglich gewesen sein)

ANMERKUNGEN (Fortsetzung)

derung des Wortes さん *san*, das man oft mit dem Namen eines kleinen Kindes, vor allem eines Mädchens, verwendet.

13 その 代わり、お祖父さん が パンダ
   so no ka wa ri, o jii sa n ga pan da

   の 絵葉書 を 一枚 ずつ 買って
   no e ha gaki o ichi mai zu tsu ka t te

   くれました。
   ku re ma shi ta

14 とても 楽しい 一日 でした。
   to te mo tano shi i ichi nichi de shi ta

発音

hatsu.on (hazu.on) Aussprache:
1. ototo.i ... odschi.ißan ... doobuzu.en 2. uataschitatschi ... hadschimete 3. itchi dschikan ... idschoo 6. maSu ... Soo 7. tschi.ißaj 11. kaolutschan ... odolo.ite 13. itschimaj Suzu 14. itschinitschi.

練習
rеnѕhû

1. 先週 の 木曜日 初めて インド 料理
   senshû no mokuyôbi hajimete indo ryôri

   を 食べました。
   o tabemashita

2. 東京 から 静岡 まで は 百 五 十
   tôkyô kara shizuoka made wa hyaku go juk

   キロ 以上 あります。
   kiro ijô arimasu

13 Dafür hat Großvater jedem von uns eine Ansichtskarte des Pandabären gekauft.
(davon / Ersatz / Großvater / [Sgg] / Pandabär / [Bzw] / Ansichtskarte / [Erg. 4. F.] / eins-Blatt / jeder / kaufen / gemacht haben für uns)

14 Das war ein wunderbarer Tag.
(sehr / angenehm sein / ein Tag / das war)

---

3. 「なぜ 泣くの」と 妹 に 聞きました。
naze naku no to imôto ni kikimashita

4. 飼い主 に 似た 犬 です。
kainushi ni nita inu desu

5. 向こうの 店 に おいしそう な
mukô no mise ni oishisô na

お菓子 が あります。
o kashi ga arimasu

Übungen

1. Ich habe Donnerstag letzter Woche zum ersten Mal indisch gegessen.
2. Von Tokio nach Shizuoka sind es mehr als 150 Kilometer.
3. Ich habe meine kleine Schwester gefragt, warum sie geweint hat.
4. Das ist ein Hund, der seinem Herrn ähnlich sieht.
5. In dem Geschäft gegenüber gibt es köstliche Kuchen.

…に 言葉 を 入れ なさい。

... ni kotoba o ire nasai

1. *Ich bin mit Yumi und Kaoru einkaufen gegangen.*

. . . . kaimono ni

. . . .

2. *Da es Sonntag war, war die Bank geschlossen.*

. . . . datta node, ...

yasumi . . . .

3. *Mein Sohn hat mir geantwortet, daß er Giraffen, Elefanten und Löwen gesehen hat.*

. . . .

4. *Wir haben vor dem Bärenkäfig gewartet.*

. . . .

****

第四十課　　　　　工場　見学
dai yon juk ka　　　　　kô jô　ken gaku

1　-よう　こそ　いらっしゃいました。(1)
　　yô　ko so　i ra s sha i ma shi ta

2　これから　私共　の　工場　を
　　ko re ka ra　watakushi domo no　kô jô　o

　　ご　案内　しましょう。(2) (3)
　　go　an nai　shi ma shô

*****

5. *Geben Sie mir bitte Mandarinen und Äpfel, jeweils zwei Stück.*

. . . . futatsu . . . .

. . . .

Antwort:
1. yumi san to kaoru san to - ikimashita. 2. nichiyôbi datta -, ginkô wa - deshita. 3. kirin to zô to raion o mimashita to musuko ga kotaemashita. 4. kuma no ori no mae de machimashita. 5. mikan to ringo o - zutsu kudasai.

****

Ein Fabriksbesuch   Vierzigste Lektion
(Fabrik-Studienaufenthalt) (ste / vier-zehn / Lektion)

1 — Willkommen!
2   Wir fangen mit dem Rundgang durch die Fabrik an.
    (von jetzt / wir / [Bzw] / Fabrik / [Erg. 4. F.] / [höflich]-Führung-machen wir)

ANMERKUNGEN

(1) Diese japanische Grußformel bedeutet wörtlich: „Sie sind gut angekommen".

(2) 私共 watakushidomo „wir", aber nur in offizieller Sprache. Hier steht das „wir" für die ganze Firma.

(3) ご案内 go annai. 案内 annai alleinstehend bedeutet „Führung". Wenn man das Wort ご go dazufügt, wird die höhere Stufe des Substantives gebildet. Das ist auch manchmal die Funktion von お o (vgl. Lektion 34, Satz 9).

3 ここ で は 電気 製品 を 主に 作って います。

4 どうぞ、こちら へ。足元 に 気 を つけて 下さい。

5 ここ は できあがった 電気 製品 の 倉庫 です。できた 年代 ごと に 置いて あります。

6 右 の 建物 は 事務所 です。左 の 建物 は 製造 工場 です。

7 -すみません が、ちょっと 質問 が ある の です けれども…。

3 Hier fertigen wir hauptsächlich Elektrowaren an.
(hier / [Ort] / [Verstärkung] / elektrisch-Fertigware / [Erg. 4. F.] / hauptsächlich / [umstandswörtlich] / anfertigen)

4 Hierher, bitte. Passen Sie auf, wohin Sie gehen.
(ich bitte Sie / diese Seite / [Richtungsangabe]) (Fuß-Basis / [Ziel] / Ihre Aufmerksamkeit / [Erg. 4. F.] / heften Sie)

5 Hier sind die Lager für die Endprodukte. Sie werden chronologisch nach ihrer Herstellung sortiert.
(hier / [Hinweis] / gefertigt sein / elektrisch-hergestellte Ware / [Bzw] / Lager / das ist) (gefertigt sein / chronologische Reihenfolge / [umstandswörtlich] / angelegt sein)

6 Im Gebäude rechts sind die Büros. Im Gebäude links die Werkstätten.
(rechts / [Bzw] / Gebäude / [Hinweis] / Büro / das ist) (links / [Bzw] / Gebäude / Herstellung-Fabrik / das ist)

7 — Entschuldigen Sie bitte, aber ich möchte eine Frage stellen.
(entschuldigen Sie / aber // ein wenig / Frage / [Sgg] / sich befinden / nämlich / obwohl)

8 - どうぞ。何 です か。
   dô zo. nan de su ka

9 - 工員 が 全然 見えません が、
   kô in ga zen zen mi e ma se n ga,

   どこ に いる の です か。
   do ko ni i ru no de su ka

10 - 前 は 工員 が して いた
    mae wa kô in ga shi te i ta

    仕事 を 今 は ロボット が
    shi goto o ima wa ro bo t to ga

    全部 して います。
    zen bu shi te i ma su

11 コンピュータ が ロボット を
    ko n pyû ta ga ro bo t to o

    動かして います。
    ugo ka shi te i ma su

12 - 失業者 は 出なかったのですか。(4)
    shitsu gyô sha wa de na ka t ta no de su ka

13 - 工員 は 私達 が 持って
    kô in wa watakushi tachi ga mo t te

    いる ロボット を 作る 工場
    i ru ro bo t to o tsuku ru kô jô

    と コンピュータ を 組立てる
    to ko n pyû ta o kumi ta te ru

    工場 で 働いて います。
    kô jô de hatara i te i ma su

8 — Bitte sehr, was wollen sie wissen?
(bitte / was / das ist / [Frage])

 9 — Ich sehe nirgends Arbeiter, wo sind sie?
(Arbeiter / [Sgg] / überhaupt nicht / nicht sichtbar sein / aber // wo / [Ort] / sich befinden / nämlich / [Frage])

10 — Jetzt haben wir Roboter, die die ganze Arbeit leisten, die früher die Arbeiter gemacht haben.
(vor / [Verstärkung] / Arbeiter / [Sgg] / gemacht haben / Arbeit / [Erg. 4. F.] / jetzt / [Verstärkung] / Roboter / [Sgg] / ganz / machen)

11   Und die Roboter werden von Computern gesteuert.
(Computer / [Sgg] / Roboter / [Erg. 4. F.] / bewegen machen)

12 — Hat es da nicht Arbeitslose gegeben?
(Arbeitsloser / [Hinweis] / nicht erschienen sein / nämlich / [Frage])

13 — Die Arbeiter arbeiten in einer Fabrik, die Roboter herstellt und in einer Fabrik, die Computer zusammensetzt, beide Fabriken gehören uns.
(Arbeiter / [Hinweis] / wir / [Sgg] / besitzen / Roboter / [Erg. 4. F.] / erzeugen / Fabrik / und / Computer / [Erg. 4. F.] / zusammensetzen / Fabrik / [Ort] / arbeiten)

ANMERKUNGEN (Fortsetzung)
(4) 出なかった *denakatta,* niedrige Stufe von 出ませんでした *demasen deshita* „nicht erschienen sein, weggegangen sein".

*****

はつおん
発音

hatsu.on (hazu.on) Aussprache:
koodschoo **3.** ßejhin **4.** dooSo ... kotschila **6.** dschimuscho ... ßejSoo **9.** SenSen **10.** Sembu.

練習
renshû

1. すみません、郵便局 は どこ に あります か。
   sumimasen, yûbinkyoku wa doko ni arimasu ka

2. この 駅 から は 主に 西の 方 へ 行く 汽車 が 出発 します。
   kono eki kara wa omo ni nishi no hô e iku kisha ga shuppatsu shimasu

3. 私共 は 自動車 を 組み立てる 工場 と 電話 を 作る 工場 を 持って います。
   watakushidomo wa jidôsha o kumitateru kôjô to denwa o tsukuru kôjô o motte imasu

4. 皆 入院 した ので、家 に だれも いません。
   minna nyû.in shita node, ie ni daremo imasen

5. 鞄 を 作る ロボット を 動かす コンピュータ を 作る 工場 です。
   kaban o tsukuru robotto o ugokasu konpyûta o tsukuru kôjô desu

Übungen

1. Entschuldigen Sie bitte, wo ist die Post?
2. Von diesem Bahnhof fahren hauptsächlich Züge in Richtung Westen.
3. Unsere Firma besitzt eine Automontagefabrik und eine Fabrik zur Herstellung von Telefonen.
4. Da sie alle im Krankenhaus sind, ist niemand daheim.
5. Das ist eine Fabrik, die Computer herstellt, die Roboter steuern, die Taschen herstellen.

…に 言葉 を 入れ なさい。

... ni kotoba o ire nasai

1. *Passen Sie auf die Autos auf.*

   jidôsha . . . .

2. *Die Firma, bei der ich angestellt war, stellte Elektrowaren her.*

   watashi ga . . . . wa . . . . .

   . . . .

3. *Die Roboter machen die ganze Arbeit, aber es hat keine Arbeitslosen gegeben.*

   . . . .

   . . . . demasen . . . . . .

4. *Ich verstehe überhaupt nichts.*

   . . . .

5. *In diesem Augenblick sind wir dabei, das Bürogebäude zu bauen.*

   . . . . tate . . . .

Antwort:
1. - ni ki o tsukete kudasai. 2. - hataraite ita kaisha - denki seihin o tsukutte imashita. 3. robotto ga shigoto o zenbu shite imasu ga shitsugyôsha wa - deshita. 4. zenzen wakarimasen. 5. ima jimusho o - te imasu.

LEKTION 40

第四十一課　変わった人
だい よん じゅう いっ か　　か わ っ た ひと
dai yon jû ik ka　　ka wa t ta hito

1 ─ 私 の 友達 の マノリータ
watashi no tomo dachi no ma no lî ta

に 会った こと が ありますか。
ni a t ta ko to ga a ri ma su ka

2 ─ 会った こと が ありません。
a t ta ko to ga a ri ma se n

3 ─ とても おもしろい アルゼンチン人
to te mo o mo shi ro i a ru ze n chi n jin

です。(1)
de su

4 ─ 職業 は？
shoku gyô wa ?

5 ─ 作曲家 です。
sak kyoku ka de su

6 ─ 女 の 作曲家 です か。
onna no sak kyoku ka de su ka.

めずらしい です ね。
me zu ra shi i de su ne

7 ─ そう です ね。でも マノリータ
sô de su ne. de mo ma no lî ta

は 変わった 人 です。
wa ka wa t ta hito de su

248

Einundvierzigste Lektion
(ste / vier-zehn-eins / Lektion)

Ein origineller Mensch
(verändert haben / Mensch)

1 — Haben Sie schon meine Freundin Manolita kennengelernt?
(ich / [Bzw] / Freund / [Bzw] / Manolita / [Ziel] / getroffen haben / die Tatsache, daß / [Sgg] / sich befinden / [Frage])

2 — Nein.
(getroffen haben / die Tatsache, daß / [Sgg] / sich nicht befinden)

3 — Sie ist eine wirklich amüsante Argentinierin.
(sehr / amüsant sein / Argentinien-Mensch / das ist)

4 — Was macht sie?
(Beruf / [Hinweis])

5 — Sie ist eine Komponistin.
(Komponist / das ist)

6 — Eine Komponistin? Das ist ungewöhnlich!
(Frau / [Bzw] / Komponist / das ist / [Frage]) (selten sein / das ist / [ü.einst.])

7 — Ja. Aber Manolita ist sehr originell!
(ja) (aber / Manolita / [Hinweis] / verändert haben / Mensch / das ist)

ANMERKUNGEN
(1) アルゼンチン人 *aruzenchinjin*, vgl. Lektion 28, Absatz 1.

8. 今 オペラ を 作曲 して いる そう です。
   ima opera o sakkyoku shite iru sô desu.

9. とても いそがしい と 言って います。他の 約束は 断るのに、マージャン に 誘う と 必ず 来ます。(2)
   totemo isogashii to itte imasu. hoka no yakusoku wa kotowaru noni, mâjan ni sasou to kanarazu kimasu

10. この 間 も、アルゼンチン 料理 を ごちそう して くれる と いった ので、楽しみ に して いました。
    kono aida mo, aruzenchin ryôri o gochisô shite kureru to itta node, tanoshimi ni shite imashita

11. 三 時間 前 に 電話 が かかって きました。
    san jikan mae ni denwa ga kakatte kimashita

*****

8 Zur Zeit heißt es, sie schreibt eine Oper.
   (jetzt / Oper / [Erg. 4. F.] / Komposition-machen / es heißt, daß)

9 Sie sagt, sie sei sehr beschäftigt. Aber obwohl sie alle anderen Verabredungen absagt, kommt sie ganz sicher, wenn man sie zu einem Mah-Jong-Spiel einlädt.
   (sehr / beschäftigt sein / [Zitat] / sagen) (andere / [Bzw] / Verabredung / [Hinweis] / absagen / obwohl // Mah-Jong / [Ziel] / einladen / wenn // sicherlich / kommen)

10 Neulich hat sie uns versprochen, ein argentinisches Essen zu kochen, und wir haben uns sehr darauf gefreut.
   (dieser / Zwischenzeit / auch / Argentinien-Küche / [Erg. 4. F.] / Festessen-machen / machen für uns / [Zitat] / gesagt haben / weil // Freude / [Ziel] gemacht haben)

11 Drei Stunden vorher hat das Telefon geläutet.
   (drei-Stunde-vor / [Zeitangabe] / Telefon / [Sgg] / angehängt sein / gekommen sein)

ANMERKUNGEN (Fortsetzung)

(2) Mah-Jong ist ein ursprünglich chinesisches Spiel, das in den zwanziger Jahren auch im Westen in Mode war. Für die japanischen Angestellten ist es heutzutage obligatorisch gleichsam; es wird viel Geld gesetzt, und manchmal geht ein schöner Teil des Gehalts dabei darauf. Das Spiel kommt seit kurzem auch wieder im Westen in Mode.

*****

251

12 前の日から病気だったそうです。ですからお料理は作れなくなったそうです。でも食後にするマージャンは大丈夫だと言うのです。(3)
mae no hi kara byô ki da t ta sô de su. de su ka ra o ryô ri wa tsuku re na ku na t ta sô desu. de mo shoku go ni su ru mâ ja n wa dai jô bu da to i u no de su

13 マノリータはいつもこの調子ですが、とても温かい人なので、友達がたくさんいます。
ma no lî ta wa i tsu mo ko no chô shi de su ga, to te mo atata ka i hito na no de, tomo dachi ga ta ku sa n i ma su

14 今度紹介します。
kon do shô kai shi ma su

発音
hatsu.on (hazu.on) Aussprache:

1. tomodatschi **3.** omoschiloj ... aluSentschindschin **6.** meSulaschi.i **9.** maadschan ... ßaßo.u **10.** gotschißoo **12.** dajdschoobu **13.** tschooschi ... atatakaj.

練習
renshû

1. 二階だてのイギリスのバスに
ni kai date no igirisu no basu ni

12 Angeblich war sie seit dem Abend vorher krank. Sie konnte daher nichts zum Essen machen. Aber sie sagte, daß sie immer noch einverstanden sei, nach dem Essen Mah-Jong zu spielen.
(vor / [Bzw] / Tag / von / Krankheit / das war / es scheint als) (aus diesem Grund / [ungezwungen]-Küche / [Hinweis] / nicht herstellen können / gekommen sein / es scheint als) (trotzdem / nach dem Essen / [Zeitangabe] / machen / Mah-Jong / [Hinweis] / ohne Hindernis / das ist / [Zitat] / sagen / nämlich)

13 Mit ihr ist das immer so, aber da sie ein sehr herzlicher Mensch ist, hat sie viele Freunde.
(Manolita / [Hinweis] / immer / Weise / das ist / aber // sehr / herzlich sein / Mensch / das ist / weil // Freund / [Sgg] / viele / sich befinden)

14 Ich werde sie Ihnen bei der nächsten Gelegenheit vorstellen.
(nächstes Mal / Vorstellung-machen)

ANMERKUNGEN (Fortsetzung)

(3) だった *datta,* niedrige Stufe von でした *deshita* „das war".

乗った こと が あります か。
notta koto ga arimasu ka

2. この 建物 だけ 倉庫 です。他 の
kono tatemono dake sôko desu. hoka no

建物 は 皆 事務所 です。
tatemono wa minna jimusho desu

3. 仕事 が いそがしい のに 山 へ
shigoto ga isogashii noni yama e

行く の です か。
iku no desu ka

4. 簡単 な ので すぐ できました。
   かんたん
   kantan na node sugu dekimashita

5. 雨 が 降って いる そう です。
   あめ   ふ
   ame ga futte iru sô desu

…に 言葉 を 入れ なさい。
   ことば   い
... ni kotoba o ire nasai

1. *Haben Sie schon japanisch gegessen?*

   . . . .

2. *Gestern bin ich deinem amerikanischen Freund begegnet.*

   kinô anata no . . . .

   . . aimashita

3. *Sie haben zwei Kinder.*

   . . . . . . ga . . . .

****

第四十二課　　　　　まとめ
だい よん じゅう に か
dai yon jû ni ka　　　　　ma to me

1. Jetzt haben Sie sicherlich keine Schwierigkeiten mehr mit der Aussprache. Also werden wir nur noch schwierige Fälle in der umschriebenen Lautschrift am Ende des Dialogs angeben.

2. Wir haben schon lange nicht mehr von **der Schrift** gesprochen. Heute wollen wir eine Eigenheit des Kanji behandeln. Sie haben schon gesehen, daß jedes Kanji einer, zwei oder manchmal sogar drei verschiedenen

Übungen

1. Sind Sie schon einmal in einem zweistöckigen englischen Bus gefahren?
2. Nur dieses Gebäude ist ein Lager. Alle anderen sind Büros.
3. Werden Sie in die Berge fahren, obwohl Sie so beschäftigt sind?
4. Da es leicht ist, ist es mir sofort gelungen.
5. Man sagt, es regnet.

---

4. *Man sagt, daß es in den Bergen Bären gibt.*

. . . .

5. *Da ich das sehr gern habe, habe ich alles gekauft.*

. . . .

Antwort:
1. nihon ryôri o tabeta koto ga arimasu ka. 2. - amerikajin no tomodachi ni -. 3. kodomo - futari imasu. 4. yama ni kuma ga iru sô desu. 5. daisuki na node, zenbu kaimashita.

****

Zweiundvierzigste Lektion
(ste / vier-zehn-zwei / Lektion)
Wiederholung und Anmerkungen

Silben entspricht. Wenn es sich um ein zusammengesetztes Wort handelt, kann man ganz genau sagen, welche Silbe(n) welchem Kanji entspricht (entsprechen).
Zum Beispiel: 建物 *tatemono* „Gebäude", 建 entspricht *tate* („bauen") und 物 *mono* („Sache"). Aber - und es gibt immer ein aber - in gewissen Fällen entsprechen zwei Kanji einer oder mehreren Silben, ohne daß man sagen könnte, welches Kanji nun genau welcher Silbe entspricht. Ein Beispiel ist „heute" (vgl. Lektion 11, Satz 6

und Lektion 16, Satz 1): 今日 Das sind zwei zusammengesetzte Kanji, die als *kyô* ausgesprochen werden. Ein zweites Beispiel ist „gestern" (vgl. Lektion 8, Satz 1 und Lektion 12, Satz 13): 昨日 Hier werden die zwei zusammengesetzten Kanji als *kinô* ausgesprochen, ohne daß man die einzelnen Silben mit einem bestimmten Kanji identifizieren kann. Ein drittes Beispiel ist „morgen" (vgl. Lektion 2, Satz 7): 明日 diese zwei zusammengesetzten Kanji werden *ashita* ausgesprochen, man kann sie nicht trennen. Dasselbe Phänomen finden wir bei Verwandtschaftsbezeichnungen:

伯父 *oji*, „mein Onkel", Lektion 32, Satz 1;
お祖父さん *ojiisan*, „Großvater";
お祖母さん *obaasan*, „Großmutter", vgl. Lektion 39, Satz 1.

3. In jeder Sprache gibt es einige entscheidende Wörter, im Japanischen ist こと *koto* eines davon. Seine Bedeutung ist „Sache, Ereignis, Tatsache, Element". Das Wort こと *koto* wird in folgenden Konstruktionen verwendet: ein Verb + こと *koto* + eine Partikel + ein zweites Verb. Wir haben schon die wichtigsten gesehen:

● ... こと に します (する)

koto ni shimasu (suru) (wörtlich: die Tatsache, daß / [Ziel] / machen) in der Bedeutung von „entscheiden" (vgl. Lektion 32, Satz 3 und Lektion 37, Satz 7).

● ... こと に なります (なる)

koto ni narimasu (naru) (wörtlich: die Tatsache, daß / [Ziel] / werden) in der Bedeutung von „an dem Punkt ankommen, daß..." (vgl. Lektion 32, Satz 12 und Lektion 36, Satz 8).

● ... こと が できます (できる)

koto ga dekimasu (dekiru) (wörtlich: die Tatsache, daß / [Sgg] / möglich sein) in der Bedeutung von „können" und seine Negation (vgl. Lektion 34, Satz 14 und Lektion 39, Satz 12).

- Ein Verb in der niedrigen Stufe, das auf *u* endet + こと が あります (ある) *koto ga arimasu (aru)* (wörtlich: die Tatsache, daß / [Sgg] / sich befinden) in der Bedeutung von „es kommt vor, daß" und die entsprechende Verneinungsform (vgl. Lektion 36, Satz 3). Bitte verwechseln Sie die Konstruktion nicht mit dem Verb in der niedrigen Stufe, das auf *ta* endet + こと が あります(ある) *koto ga arimasu (aru)* in der Bedeutung von „schon die Gelegenheit gehabt haben, zu..." (vgl. Lektion 41, Sätze 1 und 2).

- Eine weitere Konstruktionsmöglichkeit: こと は *koto wa* + Adjektiv in der Bedeutung von „es ist... zu" (vgl. Lektion 32, Satz 6 und Lektion 36, Satz 14).

- In der Lektion 38, Satz 3 finden wir: と いう こと です *to iu koto desu* oder Lektion 38, Satz 9: の こと です *no koto desu*, um eine Erklärung zu verstärken.

4. Wir wollen unsere Wiederholungslektion mit einem Blick auf die **Verben** beschließen. Sie haben schon selbst festgestellt, daß die Verben nicht so viele verschiedene Formen haben wie im Deutschen. (Es ist unnötig, seitenlange Konjugationen auswendig zu lernen, wie das im Deutschen der Fall ist.) Es ist aber trotzdem wichtig zu wissen, wie die Formen der einzelnen Verben gebildet werden. Und damit werden wir uns heute beschäftigen. Die überwiegende Anzahl der Verben wird aus einem chinesischen Substantiv, das normalerweise aus zwei Kanji und einem japanischen Verb besteht, gebildet: します *shimasu* (mittlere Stufe), する *suru* (niedrige Stufe) bedeutet „machen". Wir haben dieses Verb schon oft verwendet, und wir werden es noch oft finden. Wir benutzen die niedrige Stufe der Gegenwart/Zukunft. Lektion 15, Satz 3 und Lektion 25, Satz 8: 結婚する *kekkon suru* (Hochzeit-machen), „heiraten". Lektion 15, Satz 9: 再婚する *saikon suru* (Wiederverheiratung-ma-

chen), ,,sich wiederverheiraten''. Lektion 20, Satz 12: 禁煙する kin.en suru (Ende des Rauchens-machen), ,,Rauchen aufgeben''. Lektion 23, Satz 2: 卒業する sotsugyô suru (Diplom-machen), ,,diplomiert sein'' und Satz 9: 入院する nyû.in suru (Eingang ins Krankenhaus-machen), ,,ins Krankenhaus kommen''; Satz 13: 退院する tai.in suru (Ausgang aus dem Krankenhaus-machen), ,,aus dem Krankenhaus kommen''; Satz 14: 安心する anshin suru (Ruhe-machen), ,,beruhigt sein''. Lektion 25, Satz 4: 出版する shuppan suru (Veröffentlichung-machen), ,,veröffentlichen''. Lektion 27, Satz 12: 心配する shinpai suru (Beunruhigung-machen), ,,sich beunruhigen''. Lektion 32, Satz 1: 出発する shuppatsu suru (Abreise-machen), ,,abreisen''; Satz 9: 旅行する ryokô suru (Reise-machen), ,,reisen''. Lektion 34, Satz 13: 入居する nyûkyo suru (Eingang in das Haus-machen), ,,in ein Haus einziehen''. Lektion 38, Satz 1: 説明する setsumei suru (Erklärung machen), ,,erklären''; Satz 12: 入学する nyûgaku suru (Eingang in die Schule-machen), ,,in eine Schule oder Universität eintreten''. Lektion 40, Satz 2: 案内する annai suru (Führung-machen), ,,führen''. Lektion 41, Satz 8: 作曲する sakkyoku suru (Komposition-machen), ,,komponieren''; Satz 10: ごちそうする gochisô suru (Festessen-machen), ,,ein Essen vorbereiten, kochen''; Satz 14: 紹介する shôkai suru (Vorstellung-machen), ,,vorstellen''.

Das war eine lange Liste, und es gibt hunderte derlei Fügungen. Es genügt, ein einziges Verb zu kennen: する suru, um hunderte von Verben derselben Art bilden zu können. Die niedrige Stufe wird durch する suru ausgedrückt, alle anderen Formen werden von der Grundform し shi abgeleitet. Also: ,,ich (du, er...) mache'': する suru (niedrige Stufe), します shimasu (mittlere Stufe); ,,ich mache nicht'': しない shinai (niedrige Stufe), しません

shimasen (mittlere Stufe); „ich habe gemacht (du, er usw.)": した *shita* (niedrige Stufe), しました *shimashita* (mittlere Stufe); „ich habe nicht gemacht: しなかった *shinakatta* (niedrige Stufe), しません でした *shimasen deshita* (mittlere Stufe).

Die Formen, die man für „im Begriff sein, etwas zu tun", gebraucht, bildet man folgendermaßen: „ich bin gerade dabei, etwas zu tun": して いる *shite iru* (niedrige Stufe), して います *shite imasu* (mittlere Stufe); „ich bin nicht gerade dabei, etwas zu tun: して いない *shite inai* (niedrige Stufe); して いません *shite imasen* (mittlere Stufe); „ich war gerade dabei, etwas zu tun": して いた *shite ita* (niedrige Stufe), して いました *shite imashita* (mittlere Stufe). Das sind ja keine neuen Formen, nicht wahr? Was geschieht genau genommen? Wir haben eine Grundform し *shi*, an die die verschiedenen Endungen angefügt werden. Auf diese Art und Weise werden alle Verbformen gebildet. **Alle Verben haben dieselben Endungen.** Die einzige Schwierigkeit besteht darin, daß manchmal ein und dasselbe Verb verschiedene Grundformen, je nach Endung, hat. Aber das kommt alles viel später - in der nächsten Wiederholungslektion. In der Zwischenzeit können Sie selbst die Verben in den kommenden Lektionen betrachten!

5. Noch einige Bemerkungen zu bestimmten Verben: Das Verb 聞く *kiku* heißt entweder „hören" (vgl. Lektion 29, Satz 8) oder „fragen, ausfragen, verhören" (vgl. Lektion 39, Satz 4). Das Verb できる *dekiru* hat auch zwei Bedeutungen, und zwar „möglich sein" (vgl. Lektion 13, Satz 9; Lektion 18, Satz 12; Lektion 26, Sätze 2, 3, 4; Lektion 30, Satz 6; Lektion 34, Satz 14) und „geschehen, sich ereignen" (vgl. Lektion 40, Sätze 5 und 12).

第四十三課　　　　　S.F.
dai yon jû san ka　　　　esu efu

1 -あさって 映画を 見に 行きます。
　 a sa tte　ei ga　o　mi ni　i ki ma su

2 -どんな 映画を 見る の です か。
　 do n na　ei ga　o　mi ru　no　de su　ka

3 -僕 は S.F. が 大好き です。
　 boku　wa　esu efu　ga　dai su ki　de su

4 あさって 見に 行こう と 思って
　 a sa tte　mi ni　i kô　to　o mo tte

いる 映画 は「宇宙 冒険」と
i ru　ei ga　wa　u chû　bô ken　to

いいます。(1)
i i ma su

5 -僕 は もう 見ました。おもしろい
　 boku　wa　mô　mi ma shi ta. o mo shi ro i

です よ。
de su　yo

6 それ は 二千 五百 六 年 に
　 so re　wa　ni sen　go hyaku　roku　nen　ni

起こる 物語 です。
o ko ru　mono gatari　de su

*****

Die Science-fiction   Dreiundvierzigste Lektion
(Science-fiction)   (ste / vier-zehn-drei / Lektion)

1 — Übermorgen gehe ich ins Kino.
   (übermorgen / Kino / [Erg. 4. F.] / anschauen / [Ziel] / gehen)

2 — Was für einen Film wirst du sehen?
   (was für ein / Film / [Erg. 4. F.] / anschauen / nämlich / [Frage])

3 — Ich mag Science-fiction-Filme sehr gern.
   (ich / [Hinweis] / Science-fiction / [Sgg] / sehr geliebt sein / das ist)

4   Der Film, den ich mir übermorgen anschauen will, heißt „Weltraumabenteuer".
   (übermorgen / anschauen / [Ziel] / gehen wir / [Zitat] / denken / Film / [Hinweis] / Weltraum-Abenteuer / [Zitat] / sagen)

5 — Ich habe ihn gesehen. Der ist gut!
   (ich / [Hinweis] / schon / angeschaut haben)
   (interessant sein / das ist / [behauptend])

6   Diese Geschichte spielt im Jahre 2506.
   (das / [Hinweis] / zwei tausend-fünfhundert-sechs-Jahr / [Zeit] / sich ereignen / Geschichte / das ist)

ANMERKUNGEN

(1) 行こう *ikô*, „gehen wir", niedrige Stufe von 行きましょう *ikimashô*. Die niedrige Stufe ist vor と 思って いる **to** *omotte iru* obligatorisch (vgl. Lektion 28, Absatz 4).

*****

7 地球 の ロケット の 出発点
は 月 です。

8 そして 他 の 星 と 惑星
へ そこ から 飛び立つ の です。

9 でも 宇宙 の 果て から 地球
を 侵略 する 悪者 が 出て
きます。

10 ヒーロー は 地球 の 安全 を
守る ため に、宇宙 の 彼方
まで 冒険 に 行く の です。

11 そして 敵国 の 悪者 の
妹 に 恋 を する の です。
最後 は ハッピ・エンド です。

7 Ausgangspunkt der Raketen ist der Mond.
(Erde / [Bzw] / Rakete / [Bzw] / Ausgangspunkt / [Hinweis] / Mond / das ist)

8 Von dort fliegt man zu den anderen Sternen und Planeten.
(dann / andere / [Bzw] / Stern / und / Planet / [R.Ang.] / dort / von / abfliegen / nämlich)

9 Aber vom äußersten Rand des Universums taucht ein Bösewicht auf, der über die Erde herfällt.
(aber / Universum / [Bzw] / äußerster Rand / von / Erde / [Erg. 4. F.] / Invasion-machen / böse Person / [Sgg] / erscheinen kommen)

10 Um die Erde zu retten, bricht der Held zum anderen Ende des Universums auf.
(Held / [Hinweis] / Erde / [Bzw] / Sicherheit / [Erg. 4. F.] / erhalten / um zu // Universum / [Bzw] / Ferne / bis / Abenteuer / [Ziel] / gehen / nämlich)

11 Dann verliebt er sich in die jüngere Schwester des Bösewichts aus dem feindlichen Land. Und alles nimmt ein glückliches Ende.
(dann / feindliche Land / [Bzw] / böse Person / [Bzw] / jüngere Schwester / [Ziel] / Liebe / [Erg. 4. F.] / machen / nämlich) (Ende / [Hinweis] / happy end / das ist)

12 -それなら 宇宙 冒険 では
so re na ra u chû bô ken de wa

ありません ね。恋 の 冒険
a ri ma se n ne. koi no bô ken

です ね。
de su ne

13 話 の 内容 を 全部 聞いて
hanashi no nai yô o zen bu ki te

しまった ので もう 見に 行く
shi ma t ta no de mô mi ni i ku

気 が しません。僕 に は、恋
ki ga shi ma se n. boku ni wa, koi

の 冒険 なんて 興味 が
no bô ken na n te kyô mi ga

ありません。
a ri ma se n

発音
hatsu.on

1. ejga **4.** utschüü **7.** tschikjüü ... schüp'pazuten **8.** uakußej **10.** anSen **11.** ko.i ... ßajgo **13.** naj.joo.

練習
renshû

1. 来年 の 春 アパート を 買おう と
rainen no haru apâto o kaô to

思って います。
omotte imasu

12 — Unter diesen Umständen ist das kein Weltraumabenteuer. Das ist ein Liebesabenteuer!
(unter diesen Umständen / Weltraum-Abenteuer / das ist nicht / [ü.einst.]) (Liebe / [Bzw] / Abenteuer / das ist / [ü.einst.])

13 Da ich die ganze Geschichte gehört habe, habe ich keine Lust mehr, sie mir anzuschauen. Mich interessieren Liebesabenteuer nicht.
(Geschichte / [Bzw] / Inhalt / [Erg. 4. F.] / vollständig / hören / machen bis zum Ende / weil // von jetzt an / anschauen / [Ziel] / gehen / Geist / [Sgg] / nicht machen) (ich / [Erg. 3. F.] / [Vstk] / Liebe / [Bzw] / Abenteuer / das, was man nennt / Interesse / [Sgg] / sich nicht befinden)

---

2. このごろ は とても いそがしい です
   konogoro wa totemo isogashii desu
   から もう 旅行 に 行く 気 が
   kara mô ryokô ni iku ki ga
   しません。
   shimasen

3. 自動車 を 作る ため に 工場 を
   jidôsha o tsukuru tame ni kôjô o
   建てます。
   tatemasu

4. パン を 作る ため に 小麦 を
   pan o tsukuru tame ni komugi o
   使います。
   tsukaimasu

*****

5. それなら 先生(せんせい) も S.F. に 興味(きょうみ)
   sorenara sensei mo esu efu ni kyômi

   が ある でしょう。
   ga aru deshô

…に 言葉(ことば) を 入(い)れ なさい。

... ni kotoba o ire nasai

1. *Was für Lieder haben Sie gern?*

   . . . . . uta . . . .

2. *Ich habe ein Buch gekauft, das interessant aussieht.*

   . . . . hon . . . .

3. *Es heißt: „Abfahrt zu den Sternen".*

   . . . .

****

第四十四課(だいよんじゅうよんか)　　　　ホテル

dai yon jû yon ka　　　　**ho te ru**

1 －おはよう ございます。 プリンス・
   o ha yô　　go za i ma su.　　pu ri n su

  ホテル で ございます。(1)
  ho te ru de go za i ma su

ANMERKUNGEN

(1) で ございます *de gozaimasu*. Hier ist eine kleine Wiederholung notwendig: gehen wir zur Lektion 21, Absatz 4, zurück. Hier sehen wir zum ersten Mal ein Verb in

Übungen

1. Ich habe vor, nächstes Frühjahr eine Wohnung zu kaufen.
2. Da ich zur Zeit sehr beschäftigt bin, habe ich keine Lust mehr, auf Reisen zu gehen.
3. Um Autos herzustellen, baut man Fabriken.
4. Man verwendet Weizen, um Brot zu backen.
5. Unter diesen Umständen, Herr Professor, interessieren sogar Sie sich für Science-fiction.

---

4. *Es hat 1 298 Seiten.*

. . . . pêji ga . . . .

5. *Interessieren Sie sich für Tennis?*

. . . .

6. *Ich habe es schon gesehen.*

. . . .

Antwort:
1. donna - ga suki desu ka. 2. omoshirosô na - o kaimashita. 3. hoshi e no shuppatsu to iimasu. 4. sen ni hyaku kyû jû hachi - arimasu. 5. tenisu ni kyômi ga arimasu ka. 6. mô mimashita.

****

Im Hotel	**Vierundvierzigste Lektion**
(Hotel)	(ste / vier-zehn-vier / Lektion)

1 — Guten Tag. Hier Prinzhotel.
    (guten Tag) (Prinzhotel / das ist)

ANMERKUNGEN (Fortsetzung)

der höheren Stufe. Die gebräuchlichsten Verben bilden die höhere Stufe nicht mit einer anderen Form, sondern regelrecht mit einem anderen Verb. Wir haben das schon bei dem gebräuchlichsten Adjektiv gesehen: いい *ii* (vgl. Lektion 23, Anmerkung 5). で ございます *de gozaimasu* ist die höhere Stufe von です *desu* „das ist", wenn man von sich selbst oder nahen Verwandten spricht.

LEKTION 44

2 - 部屋 の 予約 を おねがい
　　heya no yoyaku o onegai

　　したい の です けれども…(2)
　　shitai no desu keredomo

3 - お 一人 さま です か。(3)
　　o hitori sama desu ka

4 - いいえ、家内 と 子供 が
　　iie, kanai to kodomo ga

　　二人 います。
　　futari imasu

5 - 大人 二人、子供 二人、全部
　　otona futari, kodomo futari, zenbu

　　で 四名 さま です ね。ご 滞在
　　de yonmei sama desu ne. go taizai

　　は いつ まで です か。
　　wa itsu made desu ka

6 - 来月 の 十二日 から 十五日
　　raigetsu no jûninichi kara jûgonichi

　　まで おねがい したい の です が…
　　made onegai shitai no desu ga

7 - 来月 は 大変 混んで おります
　　raigetsu wa taihen konde orimasu

　　ので、ちょっと 離れた 二部屋
　　node, chotto hanareta futaheya

　　です が、よろしい でしょう か。(4)(5)
　　desu ga, yoroshii deshô ka

2 — Ich möchte ein Zimmer reservieren...
(Zimmer / [Bzw] / Reservierung / [Erg. 4. F.] / Anfrage-machen wollen / nämlich / obwohl)

3 — Für eine Person?
([höflich]-eine Person-Herr / das ist / [Frage])

4 — Nein, für meine Frau und meine beiden Kinder.
(nein / meine Frau / und / Kind / [Sgg] / zwei Personen / sich befinden)

5 — Zwei Erwachsene und zwei Kinder, zusammen also vier Personen. Wie lange bleiben Sie?
(Erwachsener / zwei Personen / Kind / zwei Personen / insgesamt / [Mittel] / vier Personen-Herr / das ist / [ü.einst.]) ([höflich]-Aufenthalt / [Hinweis] / wann / bis / das ist / [Frage])

6 — Ich möchte vom 12. bis zum 15. nächsten Monats reservieren.
(nächster Monat / [Bzw] / zehn-zwei-Tag / von / zehn-fünf-Tag / bis / Anfrage-machen wollen / nämlich / aber)

7 — Nächsten Monat haben wir viele Gäste, sind Sie mit auseinanderliegenden Zimmern einverstanden?
(nächster Monat / [Vstk] / sehr / überfüllt sein / weil // ein bißchen / entfernt sein / zwei-Zimmer / das ist / aber // gut sein / Sie denken, daß / [Frage])

ANMERKUNGEN (Fortsetzung)

(2) けれども *keredomo,* am Ende eines Nebensatzes, bedeutet „obwohl"; aber man verwendet das Wort auch wie hier in einem abgeschwächten Sinn, wie etwa „aber" auf deutsch, wenn man sagt: „Entschuldigen Sie, aber..." (vgl. auch die Lektion 40, Satz 7).

(3) お 一人 さま *o hitori sama.* „Eine einzige Person" bedeutet 一人 *hitori.* Das お *o* und das さま *sama* werden hier als Ausdruck der Höflichkeit verwendet (vgl. auch Satz 5).

(4) おります *orimasu* ist die höhere Stufe von います *imasu,* wenn man von sich oder seinen nahen Verwandten spricht.

(5) よろしい *yoroshii,* vgl. Lektion 23, Anmerkung 5.

LEKTION 44

8 －同^{おな}じ 階^{かい} です か。
   ona ji   kai   de su ka

9 －はい、 そう で ございます。(6)
   ha i,   sô   de go za i ma su

10 －よろしく おねがい します。
    yo ro shi ku o ne ga i shi ma su

11 －チェック・イン の 時間^{じかん} は 正午^{しょうご}
    che k ku   i n   no ji kan   wa shô go

   から で ございます。(1)
   ka ra de go za i ma su

12 －(妻^{つま} に) 部屋^{へや} の 予約^{よやく} をしたよ。
    (tsuma ni) he ya no yo yaku o shi ta yo.

   ちょっと 離^{はな}れて いる 部屋^{へや} だ
   cho t to   hana re te   i ru   he ya   da

   けど 同^{おな}じ フロア だって。(7)(8)
   ke do ona ji   fu ro a   da t te

13 －それじゃ、 仕方^{しかた} が ない わ ね。
    so re ja,   shi kata ga na i wa ne.

   まあ、 いい わ。
   ma a,   i i   wa

発音^{はつおん}

hatsu.on

1. goSa.imaß' **2.** onega.i schitaj **4.** kanaj **5.** jonmej ... tajSaj **6.** lajgezu ... dschüü ni nitschi **7.** tajhen **13.** ßole dscha ... naj.

8 — Sind sie im selben Stock?
 (selbe / Stock / das ist / [Frage])

9 — Ja.
 (ja / so / das ist)

10 — Gut, ich verlasse mich auf Sie.

11 — Sie können ab Mittag ankommen.
 (Registrierung / [Bzw] / Zeit / [Hinweis] / Mittagszeit / ab / das ist)

12 — (zu seiner Frau) Ich habe die Zimmer reserviert. Sie hat gesagt, daß die Zimmer etwas auseinanderliegen, aber trotzdem im selben Stock sind.
 (seine Frau / [Erg. 3. F.]) (Zimmer / [Bzw] / Reservierung / [Erg. 4. F.] / gemacht haben / [behauptend]) (ein bißchen / entfernt sein / Zimmer / das ist / obwohl // selbe / Stock / sie hat gesagt, daß)

13 — Da kann man nichts machen! Es wird schon gehen!
 (dann / Möglichkeit zu handeln / [Sgg] / sich nicht befinden / [abschwächend] / [ü.einst.]) (gut / gut sein / [abschwächend])

ANMERKUNGEN (Fortsetzung)

(6) そう で ございます *sô de gozaimasu*, vgl. Anmerkung 1. Höhere Stufe von そう です *sô desu*, „das ist es, ja".

(7) けど *kedo*, Abkürzung von けれども *keredomo* „obwohl", in der Umgangssprache.

(8) だって *datte*. In der Umgangssprache wird damit wiedergegeben, was jemand gesagt hat (indirekte Rede).

*****

練習
renshû

1. もしもし 上原 で ございます。
   moshimoshi uehara de gozaimasu

2. 小さい バッグ しか ありません が、
   chiisai baggu shika arimasen ga,

   よろしい でしょう か。
   yoroshii deshô ka

3. 二十一日 から 三十日 まで
   ni jû ichi nichi kara san jû nichi made

   プリンス・ホテル に います。
   purinsu-hoteru ni imasu

4. 正午 に ホテル の 前 で 会いましょう。
   shôgo ni hoteru no mae de aimashô

5. 切符 を 三 枚 おねがい したい の
   kippu o san mai o negai shitai no

   です けれども…
   desu keredomo...

…に 言葉 を 入れ なさい。

... ni kotoba o ire nasai

1. *Die Ferien dauern vom 23. bis zum 26.*

   . . . . kara

   . . . . made desu

2. *Wir sind zu zweit.*

   . . . .

Übungen

1. Hallo, hier spricht Herr UEHARA.
2. Wir haben nur kleine Taschen, paßt Ihnen das?
3. Ich werde vom 21. bis zum 30. im Prinzhotel sein.
4. Treffen wir uns zu Mittag vor dem Hotel.
5. Ich möchte gerne drei Karten, bitte.

---

3. *Da kann man nichts machen!*

. . . . desu ne

4. *Ab nächsten Monat arbeite ich nur nachmittags.*

. . . . wa . . . .

. . . .

5. *Da wir im selben Hotel gebucht haben, fahren wir gemeinsam ab!*

. . . . ni . . . . , ...

. . . . ikimashô

それじゃ、 仕方 が ない わ ね。

Antwort:
1. yasumi wa ni jû san nichi - ni jû roku nichi -. 2. futari desu. 3. shikata ga nai -. 4. raigetsu kara - gogo shika hatarakimasen. 5. onaji hoteru - yoyaku shita node, isshô ni -.

LEKTION 44

第四十五課 (だいよんじゅうごか / dai yon yû go ka)

銀行 (ぎんこう / gin kô)

1 ー度々 日本 に 来る から、口座 を 開きたい の です が…
   tabi tabi ni hon ni kuru kara, kô za o hira ki ta i no de su ga

2 口座 は 簡単 に 開く こと が できます か。(1)
   kô za wa kan tan ni hira ku ko to ga de ki ma su ka

3 ーはい。普通 口座 なら、外国人 でも 開く こと が できます。
   ha i. fu tsû kô za na ra, gai koku jin de mo hira ku ko to ga de ki ma su

4 ーそれでは、私 も 口座 を 開きましょう。
   so re de wa, watakushi mo kô za o hira ki ma shô

5 後 二日 で カナダ へ 帰ります。
   ato futsu ka de ka na da e kae ri ma su

6 帰国 の 前 に、残った 日本円 を 預けて いく こと に します。(2)
   ki koku no mae ni, noko t ta ni hon en o azu ke te i ku ko to ni shi ma su

Die Bank   **Fünfundvierzigste Lektion**
(Bank)   (ste / vier-zehn-fünf / Lektion)

1 — Da ich häufig nach Japan reise, möchte ich ein Bankkonto eröffnen.
(häufig / Japan / [Ort] / kommen / weil // Bankkonto / [Erg. 4. F.] / eröffnen wollen / nämlich / aber)

2   Kann man leicht ein Konto eröffnen?
(Bankkonto / [Hinweis] / leicht / [umstandswörtlich] / eröffnen / die Tatsache, daß / [Sgg] / möglich sein / [Frage])

3 — Ja. Wenn es sich um ein laufendes Konto handelt, kann sogar ein Ausländer eines eröffnen.
(ja) (gewöhnlich-Konto / wenn es sich handelt um / Ausländer / sogar / eröffnen / die Tatsache, daß / [Sgg] / möglich sein)

4 — Also werde ich eines eröffnen.
(also / ich / auch / Konto / [Erg. 4. F.] / eröffnen wir)

5   In zwei Tagen fahre ich nach Kanada zurück.
(nach-zwei Tagen / [Zeit] / Kanada / [R.ang.] / zurückkehren)

6   Vor meiner Rückreise möchte ich die Yen, die mir übrigbleiben, einzahlen.
(zurück zum Land / [Bzw] / vor / [Zeit] / geblieben sein / Japan-Yen / [Erg. 4. F.] / übergeben / gehen / die Tatsache, daß / [Erg. 4. F.] / machen)

ANMERKUNGEN

(1) Vgl. Lektion 42, Absatz 3.
(2) Vgl. Lektion 42, Absatz 3.

*****

7 − 普通 口座 でも 利子 が
　　fu tsû　kô za　de mo　ri shi　ga

つきます から、来年 の 冬 また
tsu ki ma su　ka ra,　rai nen　no　fuyu　ma ta

日本 に 遊び に 来る 時、
ni hon　ni　aso bi　ni　ku ru　toki,

お 金 が 増えて います。(3)
o　kane　ga　fu e te　i ma su

8　じゃ、明日 一時半 に 銀行
　　ja,　ashita　ichi ji han　ni　gin kô

の 前 で 会いましょう。
no　mae　de　a i ma shô

翌日、銀行 の 前 で。
yoku jitsu,　gin kô　no　mae　de

9 − 予定外 の 買物 を した ので、
　　yo tei gai　no　kai mono　o　shi ta　no de,

お 財布 が 空っぽ に なって
o　sai fu　ga　kara p po　ni　na t te

しまいました。
shi ma i ma shi ta

10　だから 口座 を 開く こと が
　　da ka ra　kô za　o　hira ku　ko to　ga

できなく なりました。
de ki na ku　na ri ma shi ta

*****

7 — Da es sogar für ein laufendes Konto Zinsen gibt, werden Sie, wenn Sie nächsten Winter wieder auf Urlaub nach Japan kommen, mehr Geld haben.
(laufendes Konto / sogar / Zinsen / [Sgg] / haften / weil // nächstes Jahr / [Bzw] / Winter / nochmals / Japan / [Ort] / sich vergnügen / [Ziel] / kommen / Zeit // [ungezwungen]-Geld / [Sgg] / vergrößern)

8 Gut, also treffen wir uns morgen um halb zwei Uhr vor der Bank.
(gut / morgen / eins-Stunde-halb / [Zeit] / Bank / [Bzw] / vor / [Ort] / treffen wir uns)

Am nächsten Tag, vor der Bank.
(nächster Tag / Bank / [Bzw] / vor / [Ort])

9 — Ich habe einige unvorhergesehene Einkäufe gemacht, und meine Geldbörse ist hoffnungslos leer!
(unvorhergesehen / [Bzw] / Einkauf / [Erg. 4. F.] / gemacht haben / weil // [ungezwungen]-Geldbörse / [Sgg] / komplett leer / [Ziel] / werden / gemacht haben bis zum Ende)

10 Also kann ich kein Konto mehr eröffnen.
(also / Konto / [Erg. 4. F.] / eröffnen / die Tatsache, daß / [Sgg] / nicht möglich sein / geworden sein)

ANMERKUNGEN (Fortsetzung)
(3) 遊ぶ *asobu*. Dieses Verb ist das Gegenteil von 働く *hataraku* „arbeiten". Es bezeichnet daher all das, was nicht als Arbeit empfunden wird.

*****

11 それに 空港 まで の バス代
   so re ni　kû kô　ma de　no　ba su dai

   も なく なって しまいました。
   mo na ku　na t te　shi ma i ma shi ta

12 空港 で は 飛行場 使用料
   kû kô　de　wa　hi kô jô　shi yô ryô

   も 払わなければ なりません。
   mo　ha ra wa na ke re ba　na ri ma se n

13 こんな お願いで 悪い けれど、
   ko n na　o nega i de　waru i　ke re do,

   一万円 貸して くれません か。(4)
   ichi man en　ka shi te　ku re ma se n ka

発音
hatsu.on

1. kooSa ... hilakitaj 3. gajkokudschin 6. aSukete 7. lajnen
8. itschidschikan ... a.imaschoo ... jokudschizu 9. jotejgaj
... schima.imasch'ta 12. hikoodschoo.

練習
renshû

1. 一緒 に 行った 方 が いい です。
   issho ni itta hô ga ii desu

2. カナダ人 の 友達 から もらった
   kanadajin no tomodachi kara moratta
   お 酒 は 全部 飲んで しまいました。
   o sake wa zenbu nonde shimaimashita

3. 山口 さん の ところ へ 度々 遊び
   yamaguchi san no tokoro e tabitabi asobi

11 Außerdem habe ich nicht einmal mehr genug, um den Bus zum Flughafen zu bezahlen.
(außerdem / Flughafen / bis / [Bzw] / Preis der Busfahrkarte / auch / verschwinden / gemacht haben bis zum Ende)

12 Und dort muß man auch noch die Flughafengebühr zahlen.
(Flughafen / [Ort] / [Vstk] / Flughafengebühr / auch / man muß zahlen)

13 Es ist wirklich ungehörig von mir, aber könnten sie mir 10.000 Yen leihen?
(so ein / [höflich]-Anfange / [Mittel] / schlecht sein / obwohl // eins-zehntausend-Yen / leihen / nicht machen für mich / [Frage])

ANMERKUNGEN (Fortsetzung)

(4) けれど *keredo*. Wiederum eine Abkürzung von けれども *keredomo*, „obwohl", in der Umgangssprache (vgl. Lektion 44, Anmerkung 7).

に 行きます。
ni ikimasu

4. そんな に 簡単 な 料理 なら 子供
sonna ni kantan na ryôri nara kodomo

でも できます。
demo dekimasu

5. 遠い です けれども、ぜひ 行きたい
   tooi desu keredomo, zehi ikitai

   と 思います。
   to omoimasu

…に 言葉 を 入れ なさい。

... ni kotoba o ire nasai

1. *Kommen Sie uns einmal besuchen!*

   zehi . . . . kite kudasai

2. *Ich entschließe mich, ein Konto zu eröffnen.*

   . . . .

3. *Obwohl er noch ein Kind ist, interessiert er sich für die Oper.*

   mada . . . .

   . . . .

****

第四十六課　　　　　医者
dai yon jû rok ka　　　　　　　　　　i sha

1 ‒あなた が 胃 が 痛い と 言って
   a na ta　　ga　i ga ita　i to　i tte

   いました ので、私 が 知って
   i ma shi ta　no de, watashi　ga　shi t te

   いる お 医者 さま に 予約 を
   i ru　o　i sha sa ma ni yo yaku　o

   取りました。(1)
   to ri ma shi ta

Übungen

1. Ich gehe besser mit Ihnen.
2. Ich habe die Flasche, die mir mein kanadischer Freund gegeben hat, ganz ausgetrunken.
3. Ich gehe oft zu Yamaguchis.
4. Ein ganz leichtes Rezept, sogar den Kindern gelingt es.
5. Obwohl es weit ist, möchte ich unbedingt dorthin gehen.

---

4. *Ich will darüber noch ein wenig nachdenken.*

   mô chotto shirabe . . . . . omoimasu

5. *Wenn Sie nächsten Winter wiederkommen, werde ich ihn Ihnen vorstellen.*

   mata . . . . kuru . . . . ,
   . . . .

Antwort:
1. - asobi ni -. 2. kôza o hiraku koto ni shimasu. 3. - kodomo desu keredomo opera ni kyômi ga arimasu. 4. - tai to -. 5. rainen no fuyu - toki, shôkai shimasu.

****

Beim Arzt	**Sechsundvierzigste Lektion**
(Arzt)	(ste / vier-zehn-sechs / Lektion)

1 — Da du mir gesagt hast, daß du Magenschmerzen hast, habe ich einen Termin bei einem Arzt ausgemacht, den ich kenne.
  (du / [Sgg] / Magen / [Sgg] / schmerzhaft sein / [Zitat] / gesagt haben / weil // ich / [Sgg] / kennen / [höflich]-Arzt-Herr / [Ort] / Termin / [Erg. 4. F.] / genommen haben)

ANMERKUNGEN
(1) お 医者 さま *o isha sama*, vgl. Lektion 44, Anmerkung 3.

LEKTION 46

2 -ありがとう ございます。胃潰瘍
　 a ri ga tô　　go za i ma su.　　i kai yô

では ないか と 心配 して
de wa nai ka to　shin pai　shi te

います。(2)
i ma su

3 -それ は 早く お医者 さん へ
so re　wa　haya ku　o　i sha　san e

行った 方 が いい です ね。
i t ta　hô　ga　i i　de su　ne

4 このごろ は 胃潰瘍 でも 早く
ko no go ro　wa　i kai yô　de mo　haya ku

治療 する と、 問題 なく 直る
chi ryô　su ru　to,　mon dai　na ku　nao ru

そう です から。
sô　de su　ka ra

5 -それで 予約 は いつ ですか。
so re de　yo yaku　wa　i tsu　de su　ka

6 -再来週 の 水曜日 の 午後
sa rai shû　no　sui yô bi　no　go go

四時 十五分 前 です。(3)
yo ji　jû go fun　mae　de su

*****

2 — Danke vielmals. Ich mache mir Sorgen, vielleicht ist es ein Magengeschwür?
(danke vielmals) (Magengeschwür / das ist nicht / [Frage] / [Zitat] / Unruhe-machen)

3 — Es ist besser, schnell zu einem Arzt zu gehen!
(das / [Hinweis] / schnell / [höflich]-Arzt-Herr / [R.Ang.] / gegangen sein / Seite / gut sein / das ist / [ü.einst.])

4 Heutzutage soll sogar ein Magengeschwür problemlos heilen, wenn man es schnell behandelt.
(heutzutage / [Vstk] / Magengeschwür / sogar / schnell / Pflege-machen / da // problemlos / heilen / es erscheint, daß / weil)

5 — Und wann ist der Termin?
(und / Termin / [Hinweis] / wann / das ist / [Frage])

6 — Mittwoch in zwei Wochen, am Nachmittag um drei Viertel vier.
(Woche nach der nächsten Woche / [Bzw] / Mittwoch / [Bzw] / Nachmittag / vier Uhr-fünfzehn Minuten-vor / das ist)

ANMERKUNGEN (Fortsetzung)

(2) Vgl. Lektion 36, Anmerkung 6. 心配 する *shinpai suru* „sich beunruhigen" wird als Akt der Überlegung angesehen. Daher wird der Inhalt dieser Beunruhigung dem Verb vorangestellt und mit ihm durch das Wort と *to* verbunden.

(3) 四時 *yo ji*. Wenn es sich um die Uhrzeit handelt, benutzt man für „vier" das Wort よ *yo* und nicht よん *yon* - schauen Sie sich doch noch einmal genau die Nummer der heutigen Lektion an!

*****

びょういん
病院
byô in

7 - お かけ 下さい。 どう なさいました か。(4)

8 - 食後 一時間 ぐらい 経つ と、胃 が じんと 痛く なります。胃潰瘍 では ない でしょう か。(5)

9 - ちょっと 見て みましょう。舌 を 出して 下さい。その ベッド に 横 に なって 下さい。

10 ここ を 押す と、痛い ですか。
　 - いいえ。

11 - ここ は？ - いいえ。 - ここ は？
　 - いいえ。

Im Krankenhaus
(Krankenhaus)

7 — Bitte nehmen Sie Platz. Was haben Sie?
(setzen Sie sich) (wie / gemacht haben / [Frage])

8 — Ungefähr eine Stunde nach jedem Essen spüre ich einen starken Schmerz im Magen. Könnte das nicht ein Magengeschwür sein?
(nach dem Essen / eins-Stunde / ungefähr / verstreichen / dann // Magen / [Sgg] / plötzlich und stark / schmerzhaft sein / werden) (Geschwür / das ist nicht / man kann denken / [Frage])

9 — Wir werden sehen. Zeigen Sie mir Ihre Zunge. Legen Sie sich auf das Bett.
(ein wenig / anschauen / versuchen wir) (Zunge / [Erg. 4. F.] / machen Sie ausgehen) (dieses / Bett / [Ort] / Seite / Ziel / werden Sie)

10 Tut es Ihnen weh, wenn ich hier drücke? - Nein.
(hier / [Erg. 4. F.] / drücken / da // schmerzhaft sein / das ist / [Frage]) (nein)

11 — Hier? - Nein. - Hier? - Nein.

ANMERKUNGEN (Fortsetzung)

(4) なさいました *nasaimashita*. Die höhere Stufe von しました *shimashita*, da der Gesprächspartner der Satzgegenstand ist: „**Sie** haben gemacht".

(5) じんと *jin to* - wiederum eines dieser fast unübersetzbaren Wörter (vgl. Lektion 39, Anmerkung 5); diesmal handelt es sich um alle möglichen Arten von Sinneseindrücken. In dem Satz drückt es aus, wie Schmerz erzeugt wird: als ob er von sehr weit herkommt, aber dann plötzlich ziemlich stark auftaucht. Wie kann man nur all das mit einem einzigen Wort ausdrücken?

*****

12 - 大丈夫 です。わかりました。
dai jô bu de su. wa ka ri ma shi ta.

何でも ありません。ただ の
nan de mo a ri ma se n. ta da no

食べすぎ です。
ta be su gi de su

13 一週間 ぐらい 胃 を 休ませる
is shû kan gu ra i i o yasu ma se ru

ため に、少し 食物 を 控えて
ta me ni, suko shi tabe mono o hika e te

下さい。
kuda sa i

14 -でも 今晩、昇進 祝い に
de mo kon ban, shô shin iwa i ni

フランス・レストラン に 行くこと
fu ra n su re su to ra n ni i ku ko to

に なって います が…
ni na t te i ma su ga

発音
hatsu.on

1. itaj 2. ikaj.joo 4. tschiljoo 6. ßalajschüü ... jodschi ... dschüügofun 7. kudaßaj ... naßa.imasch'ta 8. dschinto 13. ischschüükan gulaj 14. iua.i.

練習
renshû

1. 事故 に 会った の で は ない か
   jiko ni atta no de wa nai ka

12 — Das ist nicht schlimm. Ich sehe schon. Es ist nichts. Sie essen ganz einfach zuviel.
(außer der Gefahr / das ist) (verstanden haben) (nichts / das ist nicht) (einfach / [Bzw] / überessen / das ist)

13 Verringern Sie die Nahrungsmenge in den nächsten acht Tagen, um Ihren Magen ausruhen zu lassen.
(eine Woche / ungefähr / Magen / [Erg. 4. F.] / ausruhen lassen / um zu // ein wenig Nahrung / [Erg. 4. F.] / enthalten Sie)

14 — Aber heute Abend muß ich in ein französisches Restaurant gehen, um meine Beförderung zu feiern...
(aber / heute Abend / Beförderung-Feier / [Ziel] / Frankreich-Restaurant / [Ort] / gehen / die Tatsache, daß / [Ziel] / werden / aber)

ANMERKUNGEN (Fortsetzung)

(6) こと に なって います *koto ni natte imasu,* vgl. Lektion 42, Absatz 3.

と 心配 して います。
to shinpai shite imasu

2. 足 が 痛い。

3. 三時 二十五分 前 に 工場 を 出ました。
san ji ni jû go fun mae ni kôjô o demashita

4. お誕生日祝い に 芝居 を 見 に 行きましょう。
o tanjôbi iwai ni shibai o mi ni ikimashô

5. 医者 の ところ へ 行く と、いつも 何か こわい です。
isha no tokoro e iku to, itsumo nanika kowai desu

…に 言葉 を 入れ なさい。
... ni kotoba o ire nasai

1. *Er sagt, er hat Ohrenschmerzen.*

. . . .

2. *Danke.*

. . . .

****

Übungen

1. Ich bin in Sorge: sie haben vielleicht einen Unfall gehabt.
2. Ich habe Fußschmerzen.
3. Ich habe die Fabrik um zwei Uhr fünfunddreißig verlassen.
4. Gehen wir ins Theater, um deinen Geburtstag zu feiern.
5. Ich habe immer ein wenig Angst, wenn ich zum Arzt gehe.

---

3. *Wir werden um drei Viertel vier Uhr ankommen.*

. . . . tsukimasu

4. *Es ist besser, die Karten schnell zu kaufen.*

. . . . katta . . . .

5. *Zufällig gehe ich heute nachmittag zum Arzt.*

watakushi . . kyô no . . . . o . . . .

. . . . iku . . . . . . natte imasu

Antwort:
1. mimi ga itai to itte imasu. 2. arigatô gozaimasu. 3. yo ji jû go fun mae ni -. 4. kippu o hayaku - hô ga ii desu. 5. - mo - gogo - isha san no tokoro e - koto ni -.

****

LEKTION 46

第四十七課　　　　　音楽
dai yon jû nana ka　　　　　on gaku

カクテル・パーティー で。
ka ku te ru　　pâ tî　　de

1 －何か お 飲み に なります か。
　　nani ka　o　no mi　ni　na ri ma su　ka.

　シャンペン は お 好き です か。
　sha n pe n　wa　o　su ki　de su　ka

　(1)

2 　加藤 さん から 音楽 が お
　　ka tô　sa n　ka ra　on gaku　ga　o

　好き だ と うかがいました が…
　su ki　da　to　u ka ga i ma shi ta　ga

　(2)

3 －はい。 特 に クラシック 音楽
　　ha i.　toku　ni　ku ra shi k ku　on gaku

　が 好き です。
　ga　su ki　de su

4 －何か 楽器 を なさいます か。
　　nani ka　gak ki　o　na sa i ma su　ka

*****

Die Musik
(Musik)

Siebenundvierzigste Lektion
(ste / vier-zehn-sieben / Lektion)

Auf einer Cocktailparty
(Cocktailparty / [Ort])

1 — Möchten sie etwas trinken? Haben Sie Champagner gern?
(etwas / [höflich]-trinken / [Ziel] / werden / [Frage])
(Champagner / [Hinweis] / [höflich]-geliebt sein / das ist / [Frage])

2 Ich habe von Herrn Katô gehört, daß Sie ein Musikliebhaber sind.
(Katô-Herr / von / Musik / [Sgg] / [höflich]-geliebt sein / das ist / [Zitat] / gehört haben / aber)

3 — Ja. Besonders klassische Musik.
(ja) (hauptsächlich / [umstandswörtlich] / klassisch-Musik / [Sgg] / geliebt sein / das ist)

4 — Spielen Sie ein Instrument?
(etwas / Musikinstrument / [Erg. 4. F.] / machen / [Frage])

ANMERKUNGEN

(1) お飲みになります *o nomi ni narimasu,* vgl. Lektion 44, Anmerkung 1. Wir sagten, daß die gebräuchlichsten Verben in der höheren Stufe andere Verben verwenden. Andererseits gibt es Zeitworte, die für die höhere Stufe von der niedrigen ausgehen, wie z.B. hier das Wort 飲む *nomu,* „trinken", das zwischen den Wörtern お *o* und になります *ni narimasu* steht. Da der Gesprächspartner der Satzgegenstand ist, bilden die beiden Teile die höhere Stufe: „**Sie** trinken". Wir haben dieselbe Konstruktion bei お *o* vor 好き *suki* „**Sie** haben gern", also wiederum eine höhere Stufe.

(2) うかがいました *ukagaimashita,* höhere Stufe von 聞きました *kikimashita,* wenn der Satzgegenstand „ich" ist: „**ich** habe sagen hören".

5 －はい。オーボエ を 趣味 で やって います。

6 －もう どのぐらい なさって いる の です か。(3)

7 －五六年 です。高等学校 の 時 クラブ 活動 で 始めた の が きっかけ です。(4)

8 卒業 して から なかなか 吹く 機会 が ありません。

9 ですから 最近 は 自分 で 吹く より、もっぱら レコード や カセット や ラジオ を 聞いて います。

*****

5 — Ja. Ich spiele Oboe in meiner Freizeit.
(ja) (Oboe / [Erg. 4. F.] / Freizeittätigkeit / [Mittel] / machen)

6 — Wie lange spielen Sie schon?
(schon / wieviel ungefähr / machen / nämlich / [Frage])

7 — Seit fünf oder sechs Jahren. Ursprünglich habe ich damit in einem Klub begonnen, als ich noch in der Schule war.
(fünf-sechs-Jahr / das ist) (Gymnasium / [Bzw] / Zeit / Klub-Aktivität / [Mittel] / begonnen haben / die Tatsache, daß / [Sgg] / Gelegenheit zu Beginn / das ist)

8 Seit ich die Schule verlassen habe, hatte ich wenig Gelegenheit zum Spielen.
(Ende der Studien-machen / seit / schwierig / blasen / Gelegenheit / [Sgg] / sich nicht befinden)

9 Anstatt Musik zu machen, höre ich heutzutage vor allem Schallplatten, Kassetten oder Radio.
(daher / heutzutage / [Vstk] / selbst / [Mittel] / blasen / eher als / lieber / Schallplatte / und / Kassette / und / Radio / [Erg. 4. F.] / hören)

ANMERKUNGEN (Fortsetzung)

(3) なさって いる *nasatte iru,* vgl. Lektion 46, Anmerkung 4: „**Sie** machen".

(4) 始めた の が *hajimeta no ga.* Wir kennen das Wort こと *koto* schon in der Bedeutung von „die Tatsache, daß + ein Verb" (vgl. Lektion 42, Absatz 3). Abgesehen von all den Ausdrücken, wo es obligatorisch ist, こと *koto* zu verwenden, findet man oft の *no* in der Bedeutung von „die Tatsache, daß". Hier, wörtlich: „Die Tatsache begonnen zu haben als Klubaktivität ist der Ursprung gewesen".

*****

10 家 に いる 時 は ラジオ を
   ie ni i ru toki wa ra ji o o
つけっぱなし です。
tsu ke p pa na shi de su

11 -僕 の 家 に 音楽 好き の
   boku no ie ni on gaku zu ki no
仲間 が 十二 人 ぐらい 日曜日
naka ma ga jû ni nin gu ra i nichi yô bi
に 隔週 で 集まります。
ni kaku shû de atsu ma ri ma su.
よろしかったら、いらっしゃいません
yo ro shi ka t ta ra, i ra s sha i ma se n
か。(5) (6)
ka

12 -ぜひ 仲間 に 入れて 下さい。
   ze hi naka ma ni i re te kuda sa i.
その 方 が 一人 で 練習
so no hô ga hito ri de ren shû
する より 楽しい です。
suru yo ri tano shi i de su

発音

hatsu.on

7. hadschimeta **8.** kikaj **9.** ßajkin ... dschibun ... ladschijo
10. ije **11.** ongakuSuki ... nitschijoobi **12.** Sehi.

ANMERKUNGEN (Fortsetzung)

(5) Wenn Personen gezählt werden, sagt man: Eine Person 一人 *hitori* (vgl. Lektion 44, Satz 3), zwei Per-

10 Wenn ich daheim bin, ist das Radio die ganze Zeit an.
(Haus / [Ort] / sich befinden / Zeit / [Vstk] // Radio / [Erg. 4. F.] / offen lassen / das ist)

11 — Jeden zweiten Sonntag kommen ein Dutzend Freunde - passionierte Musikliebhaber - bei mir zusammen. Wollen Sie nicht auch kommen, wenn es Sie interessiert?
(ich / [Bzw] / Haus / [Ort] / Musik-geliebt sein / [Bzw] / Kamerad / [Sgg] / zehn-zwei-Personen / ungefähr / Sonntag / [Zeit] / eine Woche in zwei / [Mittel] / sich einfinden) (wenn das gut ist / nicht kommen / [Frage])

12 — Wenn sie so freundlich sind, mich unter Ihren Freunden aufzunehmen. Das ist viel angenehmer, als allein zu üben.
(um jeden Preis / Feund / [Ort] / lassen Sie mich Zutritt haben) (diese / Seite / [Sgg] / allein / Übung-machen / eher als / angenehm sein / das ist)

一人 で 練習 する より 楽しい です。

ANMERKUNGEN (Fortsetzung)

sonen: 二人 *futari* (vgl. Lektion 44, Satz 4). Wenn man von drei und mehr Personen spricht, nimmt man ganz einfach die Ziffer und fügt 人 *nin* an, wenn es eine Aufzählung ist, oder die Ziffer und 名 *mei*, wenn es eine offizielle Angabe ist (vgl. Lektion 44, Satz 5).

(6) いらっしゃいません *irasshaimasen* ist die höhere Stufe von 来ません *kimasen*, wenn der Gesprächspartner der Satzgegenstand ist: „**Sie** kommen nicht".

練習
renshû

1. このごろ は 映画 を 見 に 行く
   konogoro wa eiga o mi ni iku

   より もっぱら テレビ で 見る の です。
   yori moppara terebi de miru no desu

2. 日本 へ 両親 を つれて 行った の
   nihon e ryôshin o tsurete itta no

   が きっかけ です。
   ga kikkake desu

3. 生け花 を 趣味 で やって います。
   ikebana o shumi de yatte imasu

4. ざんねん です が、日本語 で 話す
   zannen desu ga, nihongo de hanasu

   機会 が なかなか ありません。
   kikai ga nakanaka arimasen

5. 伯父 さん から 歌舞伎 が お 好き
   oji san kara kabuki ga o suki

   だ と 聞きました。
   da to kikimashita

…に 言葉 を 入れ なさい。

... ni kotoba o ire nasai

1. *Es waren 200 Personen auf dem Cocktail gestern.*

   . . . . . . kakuteru-pâtî ni hito ga . . . .

   . . . .

Übungen

1. Heutzutage sehe ich mir Filme eher im Fernsehen als im Kino an.
2. Die Gelegenheit dazu ist die Reise nach Japan mit meinen Eltern gewesen.
3. In meiner Freizeit mache ich Blumengestecke.
4. Es ist schade, aber ich habe fast keine Gelegenheit, japanisch zu sprechen.
5. Ich habe von Ihrem Onkel gehört, daß Sie Kabuki gern haben.

---

2. *Wie lange haben Sie Deutsch gelernt?*

   . . . .   nasaimashita ka

3. *Jeden zweiten Samstag gehe ich ins Konzert.*

   . . . . ongakkai . . . .

4. *Ich höre gerne Jazz.*

   jazu o kiku . . ga suki desu

5. *Spielen ist schöner als zuhören.*

   kiku . . . . fuku . . . .

Antwort:
1. kinô no - ni hyaku nin imashita. 2. doitsugo wa donogurai -.
3. doyôbi ni kakushû de - ni ikimasu. 4. - no -. 5. - yori - hô ga tanoshii desu.

*****

第四十八課　　秋の日の…
dai yon jū hak ka　　aki no hi no

1 ー もう そろそろ 夏 が 終わります
　　mô so ro so ro　natsu ga o wa ri ma su

　ね。
　ne

2　秋 の 足音 が 聞こえる みたい
　　aki no ashi oto ga ki ko e ru mi ta i

　です ね。
　de su ne

3　いわし雲 が 浮かんで いる 空
　　i wa shi gumo ga u ka n de i ru sora

　や 夕焼け を 見る と、 この
　ya yû ya ke o mi ru to, ko no

　世 が 空しく なります。(1)
　yo ga muna shi ku na ri ma su

4　枯葉 が 落ちる の を 見て
　　kare ha ga o chi ru no o mi te

　いる と 悲しく なります。(2)
　i ru to kana shi ku na ri ma su

*****

Achtundvierzigste Lektion
(ste / vier-zehn-acht / Lektion)

... vom Herbst...
(Herbst / [Bzw] /Tag / [Bzw])

1 — Der Sommer wird bald vorüber sein...
   (schon / ganz langsam / Sommer / [Sgg] / aufhören / [ü.einst.])

2 Es ist als ob man die Schritte des Herbstes hörte.
   (Herbst / [Bzw] /Fuß-Geräusch / [Sgg] / hörbar sein / das ist wie / das ist / [ü.einst.])

3 Wenn ich den Sonnenuntergang betrachte und den Himmel, an dem die Herbstwolken vorüberziehen, erscheint mir die Welt ganz leer.
   (Kumulus / [Sgg] / schweben / Himmel / und / Dämmerung / [Erg. 4. F.] / betrachten / wenn // diese / Welt / [Sgg] / leer / werden)

4 Wenn ich die welken Blätter fallen sehe, werde ich traurig.
   (welkes Blatt / [Sgg] / fallen / die Tatsache, daß / [Erg. 4. F.] / betrachten / wenn // traurig / werden)

ANMERKUNGEN

(1) いわし雲 *iwashigumo.* Das sind große breitflächige sehr dünne Wolkendecken, die aussehen wie Wellen und sich in Gruppen auflösen, die wie Flecken am Himmel stehen. In der Meteorologie werden sie Zirrus-Kumuluswolken genannt, aber diesem Ausdruck geht die Poesie ab! Wörtlich bedeutet der japanische Ausdruck „Wolke-Sardine", was auch nicht gerade poetisch ist. Aber der Ausdruck ist untrennbar mit Herbstgedichten verbunden.
(2) の *no* (vgl. Lektion 47, Anmerkung 4). Wörtlich bedeutet Satz 4: „ Wenn ich **die Tatsache** sehe, **daß** die welken Blätter fallen", und der Satz 6: „Wenn ich **die Tatsache** sehe, **daß** die Sonnenstrahlen... scheinen...".

5 全く「秋の日のビオロンの溜息…」の詩のようですな。(3)

6 夏の終わりの日暮れの太陽の光が庭の柿の木の葉に輝いているのを見ると、もう秋になってしまったのかと思います。(4)

7 時があまりにも早く過ぎるので、寂しい気持になります。

8 人の命なんてはかないものですね。

5   Es ist genauso wie in dem Gedicht: „Die sehnsüchtigen Seufzer der Geigen des Herbstes..."
    (genau / Herbst / [Bzw] / Tag / [Bzw] / Geige / [Bzw] / seufzen / [Bzw] / Gedicht / [Bzw] / Ähnlichkeit / das ist / [überlegend])

6   Wenn ich die Sonnenstrahlen am Ende eines Sommertages auf den Blättern des Kakibaumes im Garten leuchten sehe, spüre ich, daß der Herbst gekommen ist.
    (Sommer / [Bzw] / Ende / [Bzw] / Tagesende / [Bzw] / Sonne / [Bzw] / Strahl / [Sgg] / Garten / [Bzw] / Kaki / [Bzw] / Baum / [Bzw] / Blatt / [Ort] / leuchten / die Tatsache, daß / [Erg. 4. F.] / betrachten / wenn // schon Herbst / [Ziel] / werden / machen bis zum Ende / nämlich / [Frage] / [Zitat] / denken)

7   Die Zeit vergeht zu schnell, das macht mich melancholisch.
    (Zeit / [Sgg] / zu / schnell / vergehen / weil // melancholisch sein / Gefühl / [Ziel] / werden)

8   Das menschliche Leben wiegt nicht schwer!
    (Mensch / [Bzw] / Leben / das, was man nennt / flüchtig sein / Sache / das ist / [ü.einst.])

ANMERKUNGEN (Fortsetzung)

(3) 秋あきの日ひのビオロンの溜息ためいき
aki no hi no bioron no tameiki...

Das sind die ersten berühmten Worte der japanischen Übersetzung des noch viel berühmteren Gedichtes von Verlaine, von dem Dichter UEDA Bin, 1874-1916.

Übrigens... die Japaner haben schon immer viel übersetzt. Vielleicht bleibt Japan deshalb heute noch das Land, in dem man die meisten literarischen Übersetzungen aus anderen Ländern finden kann (auf Japanisch natürlich).

(4) 柿かき *kaki*. Der Kakibaum trägt leuchtend orange Früchte im Herbst.

9 —あら、あなた の ご 主人 は ロマンティック な 方 です ね。(5)
   a ra, a na ta no go shu jin wa ro man ti k ku na kata de su ne

10 いつも こんな 風 です か。
   i tsu mo ko n na fû de su ka

11 —いいえ。酔っ払った 時 だけ です。お 酒 を 飲んで いない 時 は 現実的 な 人 です よ。
   i i e. yo p para t ta toki da ke de su. o sake o no n de i na i to ki wa gen jitsu teki na hito de su yo

12 そう で なければ、どうやって 冷凍 食品 を 売る 商売 が できます か。
   sô de na ke re ba, dô ya t te rei tô shoku hin o u ru shô bai ga de ki ma su ka

発音
hatsu.on

2. mitaj 3. jüüjake 4. otschilu 6. taj.joo ... kagaja.ite 8. inotschi ... hakanaj 9. schüdschin 11. inaj ... gendschizu 12. lejtoo.

* * * * *

9 — Na, Ihr Mann ist romantisch!
(na / Ihr / [Bzw] / [höflich]-Mann / [Hinweis] / romantisch / das ist / Mensch / das ist / [ü.einst.])

10 Ist er immer so?
(immer / so ein / Weise / das ist / [Frage])

11 — Nein. Nur wenn er getrunken hat. Wenn er nüchtern ist, ist er eher ein Realist.
(nein) (betrunken sein / Zeit / nur / das ist) ([ungezwungen]-Alkohol / [Erg. 4. F.] / nicht trinken / Zeit / [Vtsk] // Realist / das ist / Mensch / das ist / [behauptend])

12 Wie könnte er sonst seine Arbeit machen - er verkauft Tiefkühlprodukte.
(so / wenn das nicht ist / wie / tiefgekühlte-Nahrungsmittel / [Erg. 4. F.] / verkaufen / Handel / [Sgg] / möglich sein / [Frage])

ANMERKUNGEN (Fortsetzung)

(5) 方 *kata,* obwohl es ein Substantiv ist, kann man es auch als höhere Stufe von 人 *hito:* „ein Mensch, eine Person" verwenden.

練習
renshû

1. そう で なければ、どうやって この
   sô de nakereba, dô yatte kono
   工場 で 働く こと が できます か。
   kôjô de hataraku koto ga dekimasu ka
2. 水族館 の 中 に 入る みたい です。
   suizokukan no naka ni hairu mitai desu
3. 銀行 に 入る と、すぐ 右 に
   ginkô ni hairu to, sugu migi ni
   あります。
   arimasu
4. 一人 で 散歩 する の が 大好き
   hitori de sanpo suru no ga daisuki
   です。
   desu
5. 海 の よう です。
   umi no yô desu

…に 言葉 を 入れ なさい。

... ni kotoba o ire nasai

1. *Wenn ich den Mond aufgehen sehe, werde ich traurig.*

   . . . . deru

   . . . .

****

Übungen

1. Wie könnte er sonst in dieser Fabrik arbeiten?
2. Man könnte glauben, ein Aquarium zu betreten.
3. Das ist gleich rechts, wenn man zur Bank hereinkommt.
4. Ich gehe sehr gerne allein spazieren.
5. Es sieht aus wie das Meer.

---

2. *Ihr Mann ist ein Realist.*

go shujin . . . .

3. *Das ist nur dann der Fall, wenn er viel gegessen hat.*

takusan . . . .

4. *Es ist schwierig, etwas Gutes herzustellen.*

. . mono . . . .

. . . .

5. *Ich sehe wie der Regen fällt.*

. . . . . . futte iru . . . mi . . . .

Antwort:
1. tsuki ga - no o miru to, kanashiku narimasu. 2. - wa genjitsuteki na kata desu ne. 3. - tabeta toki dake desu. 4. ii - o tsukuru no wa muzukashii desu. 5. ame ga - no o - te imasu.

LEKTION 48

****

第四十九課 まとめ
dai yon jû kyû ka — matome

Phantastisch - Sie haben sich bis zum Ende des ersten Bandes durchgearbeitet! Mit der heutigen Wiederholungslektion beenden wir die passive Lernphase, das heißt die Phase, in der Sie zunächst einmal die japanische Sprache kennengelernt haben. Sie sind jetzt gut für die aktive Phase vorbereitet, das heißt, Sie können all das anwenden, was Sie gelernt haben und gleichzeitig Neues dazulernen.

Diese Phase beginnt mit der 50. Lektion im zweiten Band. Sie wollen sich bestimmt sofort darauf stürzen, aber... zuerst müssen wir unser Wissen überprüfen, damit wir im zweiten Band davon profitieren können.

1. Gleich zu Beginn sprechen wir nochmals von **den Verben**. Wir müssen sie zerlegen, damit Sie sie in allen Stufen ohne Schwierigkeiten verwenden können. Erinnern Sie sich an Lektion 42, Absatz 4? Das Prinzip ist einfach und nicht ausgefallen, da es für die meisten Sprachen gilt, einschließlich für die deutsche: Endungen werden an eine der Grundformen angehängt. Wir kennen bereits fast alle Endungen.

Zur **mittleren Stufe** ist nichts weiter zu sagen, wir kennen sie schon lange, es ist die Stufe, die auf ます *masu* und seine Abteilungen endet. Wir brauchen sie hier gar nicht mehr anzuführen, aber wenn Sie Ihr Gedächtnis auffrischen wollen, so schlagen Sie doch bei Lektion 7, Absatz 1 nach, wo wir bereits die ganze Reihe wiederholt haben und in der Lektion 35, Absatz 4.

Die Endungen der **niedrigen Stufe** sind Ihnen vielleicht noch nicht so geläufig, aber wir haben sie schon fast alle

Neunundvierzigste Lektion
(ste / vier-zehn-neun / Lektion)
Wiederholung und Anmerkungen

am Beispiel von する *suru* in der Lektion 42, Absatz 4, wiederholt.

— ない *nai* wird zur Verneinung verwendet:

Lektion 29, Satz 2: 行かない *ika***nai** „nicht gehen".

Lektion 38, Satz 1: わからない *wakara***nai** „nicht verständlich sein".

Lektion 41, Satz 12: 作れない *tsukure***nai** „nicht herstellen können".

Lektion 48, Satz 11: 飲んで いない *nonde i***nai** „nicht dabei sein zu trinken".

— なかった *nakatta* wird zur Verneinung in der Vergangenheit verwendet (vgl. Lektion 40, Satz 12): 出なかった *de***nakatta** „nicht erschienen sein".

— たい *tai* wird verwendet, wenn man sagen will: „Ich **will** dies oder jenes tun" (vgl. Lektion 27, Satz 6): 会いたい *ai***tai** „ich will treffen".

Lektion 31, Satz 1: 買いたい *kai***tai** „ich will kaufen".

Lektion 34, Satz 3: 住みたい *sumi***tai** „ich will wohnen".

Lektion 45, Satz 1: 開きたい *hiraki***tai** „ich will eröffnen".

Schauen wir uns also an, wie die Formen gebildet werden: Nehmen wir einige der Verben in ihrer niedrigen Form, die Form, die man im Wörterbuch findet. Es ist die neutrale Form. „Gehen" (vgl. Lektion 43, Satz 13 und Lektion 46, Satz 14) heißt: 行く *ik***u**. „Erscheinen", „ausgehen" (vgl. Lektion 31, Satz 1) heißt: 出る *der***u**. Wir haben schon lange gelernt, daß diese Form auf *u* endet. Das gilt für alle Verben, z.B. „trinken" wird 飲む *nom***u**, „verständlich sein" wird わかる *wakar***u**.

Nehmen wir uns nochmals „gehen" 行く *iku* und „erscheinen, ausgehen" 出る *deru* vor. Jetzt bedarf es etwas Scharfsichtigkeit: Wenn wir die Verben in der mittleren Stufe verwenden wollen, müssen wir die Endung ます *masu* anhängen.

出る *deru* 　　　　行く *iku*
出ます *demasu* 　　行きます *ikimasu*

Fällt Ihnen etwas auf? Die Endung ます *masu* ist dieselbe in beiden Fällen. Was aber ist verschieden? Bei der Form 出る *deru* wird *ru* durch ます *masu* ersetzt, so daß die neue Form 出ます *demasu* ist. Schauen wir uns die anderen Formen an: 出ない *denai* „nicht ausgehen", 出なかった *denakatta* „nicht ausgegangen sein", 出たい *detai* „ich will ausgehen" und sogar 出た *deta* „ausgegangen sein" (vgl. Lektion 27, Satz 13, niedrige Stufe mit Endung た *ta* für die Vergangenheit, von der wir weiter unten noch sprechen werden).

Sie haben gesehen, daß dieses Verb nur eine Grundform hat: 出 *de,* und alle Endungen werden an diesen Stamm angehängt. Das ist nicht schwierig! Ein Teil der Verben funktioniert also auf diese Art und Weise. In der neutralen Form (die, die im Wörterbuch steht) enden diese Verben immer auf *iru* oder *eru.* Um die Formen zu bilden, wird *ru* weggelassen und die Endungen werden angefügt. Achtung: Nicht alle Verben, die auf *iru* oder *eru* enden, gehören notwendigerweise dieser Gruppe an!

Versuchen wir es nun mit einem Zeitwort, das nach dieser Anleitung gebildet wird: „essen" 食べる *taberu: ru* wird weggelassen, es bleibt also *tabe*; „essen" (mittlere Stufe) 食べます **tabe**masu; „nicht essen" (niedrige Stufe) 食べない **tabe**nai, „gegessen haben" (niedrige Stufe) 食べた **tabe**ta und „ich will essen" 食べたい **tabe**tai.

Versuchen wir es nun mit „schauen" 見る *miru: ru* wird weggelassen, es bleibt *mi*; „schauen" (mittlere Stufe) 見ます **mi**masu, „nicht schauen" (niedrige Stufe) 見ない **mi**nai, „geschaut haben" 見た **mi**ta. Ist es klar? Mit diesen Verben gibt es keine Probleme, mit anderen wird es etwas komplizierter.

Nehmen wir uns noch einmal unser „gehen" 行く *iku* vor, 行きます *ikimasu*. Hier hat sich nur ein Vokal geändert, aus *iku* wurde *ikimasu*. **ik** bleibt, aber zwischen *ik* und den Endungen wird immer ein Vokal eingeschoben, und der Vokal verändert sich je nach Endung. Nehmen wir die Formen, die wir schon gut kennen: „gehen" (mittlere Stufe): 行きます *ik**i**masu*, „ich will gehen", 行きたい *ik**i**tai*, aber „nicht gehen" 行かない *ik**a**nai*. Die Regel ist also folgende: vor der Gruppe ます *masu* und vor たい *tai* wird der Vokal *i* eingeschoben, vor ない *nai* wird der Vokal *a* eingeschoben. Man verwendet auch den Vokal *e* und *o*. Aber nicht alles auf einmal! Wir haben uns schon bei Beginn des Kurses vorgenommen, uns Zeit zu lassen. Im Moment genügt es, daß Sie sich die Vokale *i* und *a* merken. Manchmal wird es Ausnahmen geben, aber wir werden darauf hinweisen. Zum Beispiel gibt es Ausnahmen, wenn wir die Endung た *ta* der Vergangenheit oder て *te* verwenden. Aber wir haben ja noch 50 Lektionen vor uns, also keine Panik!

Sie werden sehen, wie wir langsam die Verben verarbeiten und verdauen werden.

2. Jetzt müssen wir noch etwas über die **höhere Stufe** sagen, denn wir werden sie in der Zukunft immer mehr verwenden. Die höhere Stufe unterscheidet sich durch zwei Besonderheiten von den beiden anderen.

Über die eine Besonderheit haben wir schon gesprochen (vgl. Lektion 47, Anmerkung 1): Die gebräuchlichsten Verben wie „gehen", „kommen", „sich befinden", „das ist" haben keine abgeleiteten Formen von der Grundform, sondern werden mit neuen Worten gebildet.

Wir haben in der Lektion 44, in den Sätzen 1 und 9 gesehen: で ございます *de gozaimasu* „das ist".
Lektion 46, Satz 7 und Lektion 47, Satz 4: なさる *nasaru* für する *suru* „machen".
Lektion 47, Satz 2: うかがう *ukagau* für „sagen hören".
Lektion 47, Satz 11: いらっしゃる *irassharu* unter anderen für 来る *kuru* „kommen".
Für die Verben, die nicht so gebräuchlich sind, gibt es mehrere Arten, die höhere Form zu bilden. Wir haben schon eine in der Lektion 47 gesehen, Satz 1, Anmerkung 1.
Die zweite Besonderheit ist neu, sehr ungewohnt für uns. Die Formen der mittleren Stufe sind dieselben, egal ob man „ich" oder „Sie" verwendet, den „ich" anspreche. Blättern Sie zur Lektion 3 zurück. Dort war die Frage: ... 食べます か。 *tabemasu ka* „essen **Sie**...?" und die Antwort: ... 食べます。 *tabemasu* „**ich** esse...". Dieselbe Form kann aber auch heißen: „Sie essen". Dies ist nun bei der höheren Stufe unmöglich. **Eine Form bezieht sich auf „ich" und eine auf „Sie", nie aber auf beide**.
Schauen Sie sich die Lektion 47 an. Ein junger Mann trifft eine junge Frau auf einer Cocktailparty. Um sie zu fragen, was sie mag, sagt er: ... お 好き です か **o** *suki desu ka* (vgl. Satz 2), was nur „haben **Sie** gern...?" heißen kann (wörtlich: „... geliebt sein von Ihnen?"). Sie antwortet im Satz 3: ... 好き です *suki desu*, die einzige mögliche Antwort: „**Ich** habe gern".

****

Bei den Verben in der höheren Stufe finden wir dieselbe Verwendung. Eine Form wie (vgl. Lektion 47, Satz 1, Anmerkung 1): お飲みになります *o nomi ni narimasu ka* kann sich nur auf „Sie" beziehen: „**Sie** trinken". Man findet diese Form am häufigsten in Fragen. Bei den Verben, die am gebräuchlichsten sind und deren höhere Stufe von einem anderen Verb gebildet wird, gibt es zwei verschiedene Verben, das eine für „ich", das andere für „Sie". Also: なさる *nasaru* „machen" wird nur für „Sie" verwendet (vgl. Lektion 46, Satz 7 und Lektion 47, Satz 4). いらっしゃる *irassharu* „kommen" wird nur für „Sie" verwendet (vgl. Lektion 47, Satz 11).

Im Gegenteil dazu aber wird で ございます *de gozaimasu* (vgl. Lektion 44, Sätze 1 und 9), das soviel wie „das ist" bedeutet, nur für „ich" verwendet, also: „Was **mich** betrifft, das ist". Wie auch immer, wir werden natürlich immer auf die höhere Stufe hinweisen und die wörtliche Übersetzung auch angeben, ob es für „ich" oder für „Sie" steht.

Das ist alles. Es war ein bißchen lang, aber wir mußten die erste Phase mit all diesen Informationen beenden, damit Sie sich umso leichter in der zweiten Phase zurechtfinden.

****

Auf Wiedersehen im zweiten Band!

Die Hepburn-Transkription

Es gibt drei große Systeme, mit denen die japanischen Silbenschriften Hiragana und Katakana in die lateinische Schrift transkribiert werden: Das **Hepburn**-System, benannt nach dem US-amerikanischen Arzt und Missionar Dr. James Curtis Hepburn, ist heute in Japan und auch weltweit am meisten verbreitet. Daher verwenden wir es auch in den Silbenschrifttabellen dieses Buches. Dr. James Curtis brachte 1867 das erste japanisch-englische Wörterbuch heraus und definierte dann 1885 gemeinsam mit einer Kommission aus japanischen und ausländischen Gelehrten diese Transkriptionsart. Das **Nippon**-System wurde 1885 von dem Naturwissenschaftler Tanakadate Aikitsu eingeführt, und das **Kunrei**-System wurde 1937 durch die Regierung angeordnet.

Hier eine kleine Übersicht über die Unterschiede zwischen den drei Transkriptionssystemen:

System	Charakteristika	Beispiele
Hepburn-System (**Hebon-shiki**)	• Basiert auf der tatsächlichen Aussprache des Japanischen, dargestellt nach englischer Orthographie	だ **da**, ぢ **ji**, づ **zu**, で **de**, ど **do**
Nippon-System (**Nippon-shiki**)	• Weist die regelmäßigste Struktur auf • Ist eine abgewandelte Version des Hepburn-Systems und sollte einige logische Schwächen dieses Systems beseitigen	だ **da**, ぢ **di**, づ **du**, で **de**, ど **do**
Kunrei-System (**Kunrei-shiki**)	• Stellt einen Kompromiß zwischen Struktur und Aussprache dar • Ist eine abgewandelte Version des Nippon-Systems und sollte zur Standardisierung der lateinischen Zeichen beitragen • Unterlegt z.T. einigen Buchstaben Lautwerte, die sich aus der japanischen Systematik ergeben, die sie aber sonst nirgendwo auf der Welt haben.	だ **da**, ぢ **zi**, づ **zu**, で **de**, ど **do**

ANHANG I: HIRAGANA- UND KATAKANA-TABELLEN

Wie Sie ja mittlerweile wissen, teilen sich die „Kana" noch einmal in Hiragana und Katakana auf. Auf den folgenden Seiten finden Sie zwei Tabellen: eine mit den Zeichen des Silbenschriftsystems HIRAGANA und eine mit denen des Silbenschriftsystems KATAKANA. Bei jedem Zeichen steht die jeweilige Aussprache in offizieller Transkription dabei.

Wenn Sie die Tabellen betrachten, stellen Sie fest, daß sie – wie alle klassischen japanischen Texte – von rechts nach links und von oben nach unten gelesen werden.

Dieselben Tabellen finden Sie noch einmal auf den letzten Buchseiten, allerdings dort im Hochformat. So können Sie sie beim Lesen der japanischen Lektionstexte parallel aufschlagen und die Zeichen im Lektionstext mit den Zeichen in den Tabellen vergleichen.

Sie können zwar versuchen, das Schreiben der Zeichen zu üben, Sie können sich aber auch noch bis zum Band 2 von „Japanisch ohne Mühe" gedulden, in dem Sie genaue Erklärungen und Strich-für-Strich-Anleitungen zum Schreiben der Hiragana- und Katakana-Zeichen finden.

Hiragana ist neben Kanji, Rōmaji und Katakana eine der vier Schriften der japanischen Sprache. Der Grundstock der heute gebräuchlichen Hiragana-Silben beläuft sich auf 45 Zeichen. Jedes Hiragana repräsentiert entweder einen Vokal oder einen Konsonanten mit nachfolgendem Vokal, mit Ausnahme des später hinzugekommenen Zeichens ん, das für einen Nasallaut steht. Hinzu kommen zwei diakritische Zeichen: Das *dakuten* verwandelt einen stimmlosen Konsonanten in einen stimmhaften, und das *handakuten* macht aus einem *h* ein *p*.

Die weichen, gerundeten Hiragana sind gut von den aus einem bis vier geraden oder leicht gebogenen Strichen und meist spitzen Winkeln bestehenden Katakana-Zeichen zu unterscheiden.

In einem typischen Satz werden alle drei japanischen Schriften jeweils für verschiedene Satzelemente gebraucht. Während Nomen normalerweise in Kanji oder Katakana stehen, wird bei Verben nur der Wortstamm in Kanji geschrieben und die Okurigana, der grammatische Teil, in Hiragana hinten angehängt. Auch Partikeln werden in Hiragana geschrieben. Hiragana werden außerdem benutzt, um seltene Kanji oder ungewöhnliche Kanji-Lesungen zu verdeutlichen. Die Aussprache waagerecht geschriebener Zeichen steht dann in Hiragana über dem Schriftzeichen, bei senkrechter Schreibung wird sie rechts daneben gestellt. Diese Aussprachehilfen nennt man Furigana.

Hiragana wird für den indigenen, also einheimischen, Wortschatz verwendet. Japanische Schulkinder lernen zunächst die Hiragana-Zeichen; viele werden bereits im Kindergarten mit ihnen vertraut gemacht. So kommen in Kinderbüchern in der Regel ausschließlich Hiragana-Zeichen vor, höchstens vereinzelt einfache Kanji mit Furigana-Lesung.

Katakana stellt die zweite japanische Silbenschrift neben Hiragana dar; außerdem werden noch chinesische Schriftzeichen, die Kanji, verwendet. Katakana ist für die Transkription von Fremdwörtern und ausländischen Namen reserviert.

Die Katakana entwickelten sich aus chinesischen Schriftzeichen, indem aus einem Zeichen mit der entsprechenden Lesung Striche weggelassen wurden. Katakana besitzen daher nur einen bis vier gerade oder leicht gebogene Striche und meist spitze Winkel und unterscheiden sich vom Schriftbild her deutlich von den weichen, gerundeten Hiragana. Das Lernen von Katakana kann manchmal schwierig sein, da sich einige Zeichen stark ähneln. Die Unterschiede sind deutlicher zu erkennen, wenn die Symbole mit einem Schreibpinsel gezeichnet werden.

Die Katakana werden nach der 50-Laute-Tafel angeordnet. Hierbei handelt es sich um eine um das Jahr 1000 entwickelte systematische Zusammenstellung der Grundlaute der japanischen Silbenschriften Hiragana und Katakana, die eigentlich nur aus 46 Zeichen besteht. Die eine Achse wird mit *dan* bezeichnet. *Ka-dan* steht also für die Reihe *ka, ki, ku, ke, ko*. Die andere Achse wird mit *kō* bezeichnet. *U-kō* steht also für *u, ku, su, zu, nu, fu, mu, yu, ru*.

Die 46 Grundzeichen bilden die sog. *geraden Laute*. Mit dem diakritischen Zeichen *dakuten* oder *nigori*, zwei kleinen Strichen, werden 20 weitere Silben, die sog. *getrübten Laute* geschrieben. Mit dem diakritischen Zeichen *handakuten*, einem kleinen Kreis, kommen fünf *halbgetrübte Laute* hinzu.

Katakana finden Verwendung in der traditionellen japanischen Musik für die Schreibung der Noten, in den zahlreichen onomatopoetischen Ausdrücken der Manga-Literatur, in medizinischen Termini, in Begriffen aus der Tier-, Pflanzen- und Mineralienwelt, wo Katakana zur Vereinfachung der oft seltenen Kanjis eingesetzt werden, sowie in Nachnamen japanischer Familienunternehmen und Firmennamen (z.B. die heutigen Großunternehmen Suzuki und Toyota). Katakana dienen in der Schriftsprache auch als Blickfang und zur Betonung, vor allem auf Schildern und in Werbeanzeigen.

ANHANG II: INDEX

Sie finden auf den folgenden Seiten die Liste aller Wörter, die in den Lektionen dieses Bandes vorkommen. In der ersten Spalte finden Sie das Wort in Rōmaji-Umschrift, in der zweiten Spalte das Wort in japanischer Schrift, danach folgt die Übersetzung sowie die Nummer der Lektion, in der das Wort zum ersten Mal im Text auftaucht. Weitere Ziffern geben die Lektionen an, in denen das betreffende Wort näher in einer Anmerkung behandelt wird.

Ihnen wird auffallen, dass die Reihenfolge der Wörter sich an der Reihenfolge der Silben in den Hiragana- und Katakana-Tabellen orientiert. Da die japanische Schrift eine Silbenschrift und keine Buchstabenschrift ist, gibt es natürlich auch kein Alphabet wie bei uns. Die Silben werden von rechts nach links und von oben nach unten gelesen, also in der Reihenfolge A, I, U, E, O, KA, KI, KU, KE, KO, SA, SI, SU, SE, SO usw. Diese Abfolge finden Sie auch in Wörterbüchern, Telefonbüchern, Katalogen und Listen aller Art.

INDEX

A

aikyô	愛嬌	Drolligkeit	39
aida	間	Zwischenzeit, -raum	37
au	会う	treffen	23
aoi	青い	blau sein (od. bestimmte Grüntöne)	31
aoyama	青山	AOYAMA *(Ortsname)*	34
akai	赤い	rot sein	31
aki	秋	Herbst	48
akita	秋田	AKITA *(Ortsname)*	37
akirameru	あきらめる	aufgeben, verlassen	34
asa	朝	früh	11
asatte	あさって	übermorgen	43
asahi	朝日	aufgehende Sonne	30
ashi	足	Fuß, Bein	40
ashioto	足音	Geräusch von Schritten	48
ashita	明日	morgen	2
asoko	あそこ	dort	1
asobu	遊ぶ	sich vergnügen, spielen	45
azukeru	預ける	anvertrauen, übergeben	45
atashi	あたし	ich, mir, mich *(Frauen)*	29
atatakai	温かい	warm, herzlich sein	41
atari	辺り	Umgebung	32
atsui	暑い	sehr warm sein	1
atsumaru	集まる	sich ähneln	47
ato	後	nach	45
anata	あなた	du, dir, dich	29

ani	兄	mein älterer Bruder	27
ane	姉	meine ältere Schwester	31
afurika	アフリカ	AFRIKA	39
apâto	アパート	Wohnung	24
amarinimo	あまりにも	zu viel	48
ame	雨	Regen	31
amerika	アメリカ	AMERIKA, USA	8
arawasu	表す	ausdrücken	36
arigatô (gozaimasu)	ありがとう（ございます）	danke	9,18
aru	ある	existieren, sich befinden *(von Gegenst.)*	4,35
aru (+ nom)	ある	ein gewisser	37
aruku	歩く	zu Fuß gehen	6
aruzenchin	アルゼンチン	ARGENTINIEN	41
anshin	安心	Friede, Ruhe	23
anzen	安全	Sicherheit	43
annai (suru)	案内	führen	40

I

i	胃	Magen	46
ii	いい	gut, schön sein	2
iie	いいえ	nein	9
iu	言う	sagen, sich nennen	33
ie	家	Haus	34
ikaiyô	胃潰瘍	Magengeschwür	46
ikaga	いかが	wie?	16
iku	行く	gehen	1
ikutsu	いくつ	wieviele?	15

ikura	いくら	wieviel? *(Preis)*	17
ikebana	生け花	Blumengestecke	34
igirisu	イギリス	ENGLAND	22
isha	医者	Arzt	46
issho ni	一緒に	zusammen	5
isogashii	いそがしい	beschäftigt sein	41
isogu	急ぐ	sich beeilen	32
- ijô	…以上	mehr als	39
itai	痛い	schmerzhaft sein	46
ichi	一	eins	11
ichinichi	一日	ein Tag	39
ichinichijû	一日中	der ganze Tag	30
itsu	いつ	wann?	12
itsumo	いつも	immer	32
inaka	田舎	Land	36
inu	犬	Hund	33
inochi	命	Leben	48
ihan	違犯（違反）	Übertreibung	32
ima	今	jetzt	12
imi	意味	Bedeutung	36
imôto	妹	meine jüngere Schwester	39
irassharu	いらっしゃる	gehen, kommen, sein *(höhere Stufe)*	12,18,47
iru	いる	existieren, s. befinden *(von Lebewesen)*	15,35
ireru	入れる	stecken	1,47
iro	色	Farbe	30
iwai	祝い	Feier	46
iwashigumo	いわし雲	Herbstwolke, Zirrokumulus	48
indo	インド	INDIEN	39

U

ue	上	über, oben	23
ueno	上野	UENO *(Ortsname)*	39
ukagau	うかがう	hören, fragen *(höhere Stufe)*	47
ukabu	浮かぶ	schweben, schwimmen	48
ugokasu	動かす	in Bewegung setzen	40
ushiro	後ろ	hinter	22
uta	歌	Lied, Gedicht	19
utau	歌う	singen	19
uchû	宇宙	Universum	43
utsukushii	美しい	schön, hübsch sein	19
umareru	生まれる	geboren werden	38
umi	海	Meer	30
ura	裏	Rückseite	17
urayamashii	うらやましい	neidisch sein	30
uru	売る	verkaufen	48
urusai	うるさい	lästig, beschwerlich sein	24

E

e	へ	[Richtungsangabe], (R.Ang.)	1,7
ea.tâminaru	エア・ターミナル	Endstation	27
eiga	映画	Film, Kino	8
ee	ええ	ja *(familiär)*	12
eki	駅	Bahnhof	6
esu.efu	S. F.	Science-fiction	43
eda	枝	Ast	39
edo	江戸	EDO *(Ortsname)*	17

enoshima	江の島	ENOSHIMA *(Ortsname)*	16
ehagaki	絵葉書	Ansichtskarte	39
en	円	Yen	17
ensô	演奏	Vorstellung	29

o

o	を	[Erg. 4. F.]	2,7
oikosu	追い越す	überholen	32
oishii	おいしい	köstlich sein	9
ooi	多い	zahlreich sein	34
ookii	大きい	groß sein	20
ooshima	大島	OSHIMA *(Ortsname)*	30
ooyorokobi	大喜び	große Freude	39
o kake kudasai	お かけ ください	setzen Sie sich	46
o kage sama de	お かげ さま で	Dank Ihnen	23
o kashi	お菓子	Kuchen	12
o ki no doku ni	お 気 の 毒 に	wie ärgerlich!	23
okiru	起きる	aufstehen	11
oku	置く	(hin)setzen, (hin)stellen, (hin)legen	40
okuru	送る	senden, begleiten	33
okoru	起こる	vorkommen	43
oshieru	教える	unterrichten, lehren	29
osu	押す	drücken	46
ôsutoraria	オーストラリア	AUSTRALIEN	38

osoi	遅い	spät sein	11
oji	伯父	mein Onkel	31
ojiisan	お祖父さん	Großvater	39
ojôsan	お嬢さん	Ihre Tochter	15
ochiru	落ちる	fallen	48
oto	音	Geräusch, Laut	24
otoko no ko	男の子	Junge	15
ototoi	おととい	vorgestern	39
otona	大人	Erwachsener	44
o tomo suru	お供する	mitgehen, begleiten *(höhere Stufe)*	26
odoroku	驚く	erstaunen	39
onaji	同じ	der, die, dasselbe, identische	36
o negai shimasu	おねがいします	bitte	9,16
o hayô gozaimasu	お はよう ございます	guten Tag	3
o hisashiburi desu	お 久しぶり です	es ist eine Weile her	30
obaasan	お祖母さん	Großmutter	39
ôboe	オーボエ	Oboe	47
oboeru	覚える	sich erinnern	36
obotchan	お坊ちゃん	Ihr kleiner Sohn	15
opera	オペラ	Oper	41
omedetô gozaimasu	おめでとう ございます	herzliche Glückwünsche!	23
omo ni	主に	hauptsächlich	40
omou	思う	denken	25
omoshiroi	おもしろい	interessant sein	6

oyogu	泳ぐ	schwimmen	30
ori	檻	Käfig	39
owari	終り	Ende	48
owaru	終る	aufhören, beenden	48
ongaku	音楽	Musik	47
ongakkai	音楽会	Konzert	29
onna	女	Frau, weibliches Geschlecht	41
onna no ko	女の子	Mädchen	15

KA

ka	か	[Frage]	2
kai	階	Stockwerk	24
kaigan	海岸	Strand	30
kaisha	会社	Gesellschaft, Firma	23
kainushi	飼い主	Herr *(für ein Tier)*	37
kaimono	買物	Einkäufe	5
kairui	貝類	Muscheln	30
kau	買う	kaufen	5
kau	飼う	aufziehen *(von einem Tier)*	33
kaeru	帰る	nach Hause zurückkommen	31,35
kakaru	かかる	hängen	31
kakaru	かかる	nehmen *(Zeit)*	32
kaki	柿	Kakibaum	48
kaku	書く	schreiben	17
kakushû	隔週	jede zweite Woche	47
kakuteru.pâtî	カクテル・パーティー	Cocktail	47

kakeru (denwa o)	かける (電話 を)	telefonieren	16
kagayaku	輝く	leuchten	48
kasa	傘	Schirm	31
kashu	歌手	Sänger, Sängerin	19
kasu	貸す	leihen	32
kasetto	カセット	Kassette	47
kata	方	eine Person *(höhere Stufe)*	48
katsudô	活動	Tätigkeit, Aktivität	47
kanai	家内	meine Ehefrau	18
kanashii	悲しい	traurig sein	48
kanata	彼方	dort	43
kanada	カナダ	KANADA	45
kanarazu	必ず	sicherlich, unfehlbar	27
kanarazushimo *(+ Verneinung)*	必ずしも	nicht notwendigerweise	36
kane	金	Geld	31
kaban	鞄	Tasche	31
kabuki	歌舞伎	Kabuki	29
kamera	カメラ	Fotoapparat	4
kayôbi	火曜日	Dienstag	29
kara *(nach Substantiv)*	から	von	6,7
kara *(nach Verb)*	から	weil	24,3
karappo	からっぽ	ganz leer *(familiär)*	45
kareha	枯葉	welkes Blatt	48
kawa	側	Seite	20
kawa	川	Fluß	36
kawaii	可愛い	lieblich sein	33

kawari	代り	Ersatz, Stellvertretung	39
kawaru	変る	wechseln	41
kangae	考え	Idee	16
kankei	関係	Beziehung	23
kankô	観光	Tourismus, Fremdenverkehr	26
kansai	関西	KANSAI (Ortsname)	32
kanshin	感心	Bewunderung	33
kantan	簡単	leicht, einfach	18

KI

ki	木	Baum	39
ki o tsukeru	気をつける	auf etwas aufmerksam machen	40
ki ga suru	気がする	Lust haben auf	43
ki ni iru	気に入る	gefallen	24
kikai	機会	Gelegenheit	19
kikkake	きっかけ	günstige Gelegenheit	47
kiku	聞く	hören, fragen	29,42
kikoeru	聞こえる	hörbar sein	24
kikoku	帰国	zurück in die Heimat	45
kissaten	喫茶店	Kaffeehaus	12
kisha	汽車	Zug (Fernverkehr)	32
kisetsu	季節	Jahreszeit	39
kitto	きっと	sicherlich	39
kinô	昨日	gestern	8
kippu	切符	Karte	29
kimaru	決まる	entschieden worden sein	27
kimochi	気持	Gefühl	48
kyaku	客	Gast	34

kyô	今日	heute	11
kyokashô	許可証	Erlaubnisschein	38
kyômi	興味	Interesse	43
kirin	きりん	Giraffe	39
kirei	きれい	schön	30
kiro	キロ	Kilometer	32
kinen	禁煙	sich vom Rauchen enthalten, Rauchverbot	20

KU

kûkô	空港	Flughafen	27
kuge	公家	Hofadliger	36
kutsushita	靴下	Socken	5
..kudasai	…下さい	geben Sie mir	9
kudasaru	下さる	für mich machen *(höhere Stufe)*	45
kuni	国	Land	38
kubi	首	Hals	39
kuma	熊	Bär	39
kumitateru	組み立てる	versammeln	40
kurai	くらい	ungefähr	25
kurashikku	クラシック	klassisch	47
kurabu	クラブ	Klub, Gruppe	38
kuru	来る	kommen	8
kuruma	車	Wagen	34
kureru	くれる	für mich machen	29

KE

kekkô	けっこう	vollkommen	4,12
kekkon	結婚	Heirat	15
kesa	今朝	heute Morgen	13
kedo	けど	*familiär für keredomo*	44
keredo	けれど	*familiär für keredomo*	45
keredomo	けれども	obwohl	24
- ken *(nach Ziffer)*	…軒	um Häuser zu zählen	34
kengaku	見学	Studienaufenthalt	40

KO

koi	恋	Liebe	43
kôin	工員	Arbeiter, Angestellter	40
kokuseki	国籍	Staatsangehörigkeit	32
kokudô	国道	Bundesstraße	32
kôkû	航空	Luftverkehr	22
koko	ここ	hier	5
kôsui	香水	Parfum	31
kôsokudôro	高速道路	Autobahn	32
kôza	口座	Bankkonto	45
kôjô	工場	Fabrik	40
kotaeru	答える	antworten	39
kochira	こちら	hierher	40
kôtsû	交通	Verkehr	23
koto	こと	Tatsache, Ereignis	32,42
kôtôgakkô	高等学校	Gymnasium	47
kotoshi	今年	dieses Jahr	23
kotoba	言葉	Wort	1

kotowaru	断る	ablehnen, absagen	41
kodomo	子供	Kind	15
kono	この	dieser, diese, dieses *(vor ich)*	18
kono aida	この 間	neulich	31
konogoro	このごろ	heutzutage	46
kôhî	コーヒー	Kaffee	3
komaru	こまる	verlegen sein	13
komu	混む	überfüllt sein	32
komugi	小麦	Weizen	30
kore	これ	dies	17
korekara	これから	von jetzt an	40
kowai	こわい	erschreckt sein, erschreckend	39
konsâto	コンサート	Konzert	19
kondo	今度	diesmal	19
konna	こんな	so ein, so eine	45
konna ni	こんな に	so	39
konnichi wa	こんにち は	guten Tag	12
konban	今晩	heute Abend	9
konpyûta	コンピュータ	Computer	40

GA

ga *(nach Substantiv)*	が	[Satzgegenstand] [Sgg]	4,7
ga *(nach Verb)*	が	aber	19
gaikokujin	外国人	Fremder	45
gaun	ガウン	Morgenrock	31
gakki	楽器	Musikinstrument	47
- gatera	…がてら	während	31
garêji	ガレージ	Garage	34

GI

girisha	ギリシャ	GRIECHENLAND............ 22
ginkô	銀行	Bank 31

GU

gurai	ぐらい	vlg. kurai

GE

- getsu *(nach Ziffer + ka)*

	…月	Monat *(30/31 Tage)*............ 34
getsuyôbi	月曜日	Montag..................... 26
genki	元気	Gesundheit 23
genjitsuteki	現実的	Realist..................... 48

GO

go	五	fünf........................ 15

- go *(nach Landesname)*

	…語	*Sprache dieses Landes*........... 26

- go *(nach Substantiv der Zeitangabe)*

	…後	nach 31
gogatsu	五月	Mai 23
gogo	午後	Nachmittag................. 11
gozen	午前	Vormittag.................. 27
gochisô	ごちそう	Festessen 41
gomen nasai	ごめん なさい	
		entschuldigen Sie mich bitte...... 17

SA

- sai *(nach Ziffer)*	…歳	Jahre *(Alter)*	15
saikin	最近	heutzutage, neulich	47
saikon	再婚	Wiederverheiratung	15
saigo	最後	letzter, Ende	43
saisho	最初	erster, Anfang	32
saifu	財布	Geldbörse	45
sakana	魚	Fisch	9
sakkyokuka	作曲家	Komponist	41
sake	酒	Alkohol, Sake	4
sagasu	捜す	suchen	34
sasou	誘う	einladen	16
sabishii	寂しい	traurig, melancholisch sein	48
- sama	…さま	*nach Personennamen (höhere Stufe)*	44
saraishû	再来週	in zwei Wochen	46
saru	猿	Affe	39
san	三	drei	11
- san	…さん	*nach Personennamen*	12,1
sandouitchi	サンドウィッチ	Sandwich	16
sanpo	散歩	Spaziergang	31

SHI

shi	詩	Poesie	48
shiasatte	しあさって	überübermorgen in drei Tagen	27

shîzun	シーズン	Jahreszeit	10
shika *(+ Verneinung)*	しか	nur	30
shikashi	しかし	aber	26
shikata ga nai	仕方 が ない	man kann nichts machen	44
shikikin	敷金	Kaution	34
shigatsu	四月	April	23
shigoto	仕事	Arbeit	23
shizuoka	静岡	SHIZUOKA *(Ortsname)*	32
shizen	自然	Natur	36
shita	舌	Zunge	46
shichi	七	sieben	27
shitsugyôsha	失業者	Arbeitsloser	40
shitsumon	質問	Frage	40
shinu	死ぬ	sterben	37
shibai	芝居	Theater	29
shibuya	渋谷	SHIBUYA *(Ortsname)*	6
shima	島	Insel	30
shimau	しまう	beenden	31
shashin	写真	Fotografie	19
shanpen	シャンペン	Champagner	47
shûkan	週間	Woche	46
shujin	主人	mein Ehemann	31
shujinkô	主人公	Held *(in einem Roman)*	25
shuppatsu	出発	Abreise	32
shuppan	出版	Veröffentlichung	32
shûmatsu	週末	Wochenende	32
shumi	趣味	persönlicher Geschmack, Freizeittätigkeit	47

shôkai	紹介	Vorstellung	15
shokugyô	職業	Beruf	38
shokugo	食後	nach dem Essen	41
shokuji	食事	Speise	26
shokuhin	食品	Nahrungsmittel	48
shôgo	正午	Mittagszeit	44
shôshô	しょうしょう	ein bißchen	18
shôshin	昇進	Beförderung	46
shôsetsu	小説	Roman	25
shôbai	商売	Handel	48
shiyôryô	仕用料	Gebühr	45
shorui	書類	Formular	38
shiraberu	調べる	untersuchen	22
shiru	知る	wissen	6
shiroi	白い	weiß sein	31
shiwa	しわ	Falte	39
shinseki	親戚	Verwandte	36
shinsen	新鮮	frisch	30
shinpai	心配	Beunruhigung	27
shinryaku	侵略	Invasion	43

SU

suizokukan	水族館	Aquarium *(Gebäude)*	6
suiheisen	水平線	Meereshorizont	30
suiyôbi	水曜日	Mittwoch	46
suiri shôsetsu	推理小説	Kriminalroman	25
suu	吸う	einatmen	20
suki	好き	geliebt sein	10

sukoshi	少し	ein wenig	26
sugiru	過ぎる	vergehen, vorübergehen	48
sugu	すぐ	sofort	16
sugoi	すごい	furchtbar sein	32
sushi	寿司	Sushi *(ein japanisches Gericht)*	16
susumu	進む	vorwärtsgehen	32
susumeru	すすめる	beraten	18
subarashii	すばらしい	herrlich sein	30
supai	スパイ	Spion	25
supîdo	スピード	Geschwindigkeit	32
sûpu	スープ	Suppe	9
supein	スペイン	SPANIEN	38
sumimasen	すみません	entschuldigen Sie mich	40
sumu	住む	wohnen	15
sumô	相撲	Sumo *(Sport)*	10
suru	する	tun, machen	8,20,42

SE

seigen	制限	Beschränkung	32
seizô	製造	Herstellung	40
seihin	製品	hergestellte Ware	40
setsumei	説明	Erklärung	38
setonaikai	瀬戸内海	SETONAIKAI, das Binnenmeer	30
semai	狭い	eng sein	24
sen	千	tausend	17
senshû	先週	letzte Woche	29
sensei	先生	Professor	33
sensô	戦争	Krieg	18

SO

sô	そう	so	1
soko	そこ	dort	6
sôko	倉庫	Lagerhaus	40
soshite	そして	und dann	30
sotsugyô	卒業	Diplom	23
sono	その	jener, jene, dieser, diese	17
sono uchi ni	その うち に	wenig später	37
sonogo	その後	dann, danach	23
sono mama	そのまま	so wie es ist (war)	32
sora	空	Himmel	48
sore	それ	jenes	4
sorekara	それから	dann	6
soretomo	それとも	oder auch	29
soredewa	それでは	also, so	3
soredemo	それでも	trotzdem	11
sorenara	それなら	in diesem Fall	11
sore ni	それ に	außerdem	26
sorehodo	それほど	an diesem Punkt, so	24
sorosoro	そろそろ	langsam	48
sonna ni	そんな に	so	20

ZA

zannen	ざんねん	bedauerlich, schade	19

JI

-ji	…時	Uhr	11
jikan	時間	Stunde	13

jiko	事故	Unglück, Unfall	23
jitsu ni	実に	in Wirklichkeit	15
jidai	時代	Zeit, Epoche	17
jidôsha	自動車	Wagen	23
jibun	自分	sich selbst	18
jimusho	事務所	Büro	40
jazu	ジャズ	Jazz	19
jû	十	zehn	11
jûsho	住所	Adresse	38
jûsu	ジュース	Fruchtsaft	16
- jô	…畳	*um Tatamis zu zählen*	34
joyû	女優	Schauspielerin	19
- jin *(nach Landesnamen)*	…人	*Einwohner dieses Landes*	13,27
jin to	じんと	plötzlich und stark *(Schmerz)*	46

ZU

zuibun	随分	sehr	13
-zutsu	…ずつ	jeder	39

ZE

zeikan	税関	Zoll	4
zehi	是非	um jeden Preis, jedenfalls	19
zenzen *(+ Verneinung)*	全然	überhaupt nicht	24
zenbu	全部	ganz, vollständig	31

ZO

zô	象	Elefant	39

TA

ta	田	Reisfeld	36
taiin (suru)	退院（する）	aus dem Krankenhaus entlassen werden	23
taizai	滞在	Aufenthalt	38
taihen	大変	außerordentlich	11
taiyô	太陽	Sonne	30
taoru	タオル	Handtuch	31
takai	高い	teuer sein, hoch sein	5
takusan	たくさん	viel	6
tasukaru	たすかる	gerettet sein	20
tatsu	経つ	verstreichen *(Zeit)*	46
tatsu	立つ	stehen	24
tatemono	建物	Gebäude	40
tateru	建てる	bauen	37
tatoeba	たとえば	zum Beispiel	36
tada	ただ	einfach	46
tanoshii	楽しい	angenehm sein	39
tanoshimi ni suru	楽しみ に する	sich freuen	41
tanomu	頼む	bitten	29
tabako	タバコ	Zigarette	20
tabakoya	タバコ屋	Tabaksladen	20
tabitabi	度々	oft	45
tabesugi	食べすぎ	Überessen	46
tabemono	食べ物	Nahrungsmittel	46
taberu	食べる	essen	3
tamago	卵	Ei	3
tame *(nach Substantiv)* ため		für	16

tame *(nach Verb)*	ため	um... zu 38
tameiki	溜息	Seufzer 48
tariru	足りる	genügen 32
tawâ	タワー	Turm 6
tanjôbi	誕生日	Geburtstag 29

CHI

chiisai	小さい	klein sein 27
chekku.in	チェック・イン	Registrierung 44
chikai	近い	nahe sein 6
chikatetsu	地下鉄	Metro 31
chikyû	地球	Globus, Erde 43
cha	茶	Tee 34
chawan	茶碗	Teetasse 17
- chan	…ちゃん	*nach einem Personennamen (familiär)* 39
chûkaryôri	中華料理	chinesische Küche 9
chûgoku	中国	CHINA 26
chôshi	調子	Weise 41
chôshoku	朝食	Frühstück 3
chotto	ちょっと	ein wenig, ein bißchen 17
chôdo	ちょうど	gerade 24
chiryô	治療	ärztliche Behandlung 46

TSU

tsukau	使う	benutzen 31
tsukaeru	仕える	zu Dienst stehen, dienen 37

tsukamaru	捉まる	ergreifen	32
tsuki	月	Mond	43
tsuku	着く	ankommen	5
tsuku	つく	haften	31
tsukuru	作る	anfertigen, machen	18
tsukeppanashi	つけっぱなし	in Betrieb sein *(Radio)*	47
tsukeru	つける	anhängen, heften	36
tsugi	次	nächste	19
tsugô	都合	Umstand	19
tsuzuki	続き	Fortsetzung	37
tsuzuku	続く	fortsetzen	20
tsutome	勤め	Beschäftigung, Beruf	23
tsutomeru	勤める	arbeiten, angestellt sein	23
tsuma	妻	meine Frau	34
tsumori	つもり	Absicht	25
tsuyoi	強い	stark sein	30
tsurai	つらい	beschwerlich sein	20
tsuru	釣る	fischen	30
tsureru	連れる	begleiten	26

TE

tegami	手紙	Brief	39
tekikoku	敵国	feindliches Land	43
tenisu	テニス	Tennis	38
terebi	テレビ	Fernsehen	10
- ten	…展	Ausstellung	2
ten	点	Punkt	43

tenki	天気	Wetter	16
tenpura	てんぷら	Tempura (japanisches Gericht)	29

TO

to	と	und (zwischen zwei Substantiven)	4
to	と	[Zitat]	15,36,37
to (après verbe)	と	wann, wenn	46
- tô	…頭	um große Tiere zu zählen	39
tooi	遠い	weit sein	20
toki	時	Moment, Zeit	32
tokidoki	時々	manchmal	10
tôkyô	東京	TOKIO	6
toku ni	特に	besonders	47
tokoro	所	Ort	27
totemo	とても	sehr	9
tôdai	東大	die Universität von Tokio	23
tonari	隣	Nachbar	20
tobiutsuru	飛び移る	von einem Platz zum anderen springen	39
tobitatsu	飛び立つ	abfliegen	43
tomodachi	友達	Freund	8
torakku	トラック	Lastwagen	32
toranku	トランク	Koffer	4
toru	取る	nehmen, ergreifen	9

DA

dai (+ chiffre)	第	(Ziffer) ste	1
- dai	…台	um Autos zu zählen	34
daietto	ダイエット	Diät	12

daigaku	大学	Universität	23
daisuki	大好き	sehr geliebt, beliebt	9
daijôbu	大丈夫	ohne Problem	27
daidokoro	台所	Küche *(eines Hauses oder Wohnungs-)*	34
dainingu	ダイニング	Eßzimmer	34
dakara	だから	daher	34
dake	だけ	nur	4
dasu	出す	herausbringen	46
datte	だって	[Zitat]	44
- darake	…だらけ	bedeckt mit	39
dare	誰	wer?	19
daremo (+ *Verneinung*) だれも		niemand	30
dandan	段々	allmählich	36

DE

de	で	[Mittel], [Ortsangabe]	6,14
dekiagaru	できあがる	fertig machen	40
dekiru	できる	möglich sein	13,4
de gozaimasu で ございます		das ist *(höhere Stufe)*	44
desukara	ですから	daher	30
depâto	デパート	Kaufhaus	5
demo	でも	aber	5
deru	出る	ausgehen, verlassen	27
dewa	では	also, denn, nun	17
denki	電気	Elektrizität	40
densha	電車	Zug *(Nahverkehr)*	6,32
denwa	電話	Telefon	13

denwachô	電話帳	Telefonbuch	36

DO

dô	どう	wie?	6
doitsu	ドイツ	DEUTSCHLAND	13
doko	どこ	wo?	1
dokoka	どこか	irgendwo	29
dôshite	どうして	warum?	36
dôzo	どうぞ	ich bitte Sie	9
dôzô	銅像	Bronzestatue	3
dochira	どちら	welcher von beiden?	10
dotchi	どっち	welcher von beiden?	29
donogurai	どのぐらい	wieviel ungefähr?	25
dôbutsuen	動物園	Tiergarten	39
dômo (arigatô)	どうも（ありがとう）	danke	17
doyôbi	土曜日	Samstag	19
dôryô	同僚	Kollege	32
donna	どんな	was für ein...?	19

NA

na	な	[überlegend]	19
naiyô	内容	Inhalt	43
naoru	直る	heilen	46
naka	中	Innenseite, innen	4
nagai	長い	lang sein	25
nakanaka (+ Verneinung)	なかなか	überhaupt nicht	47
nakama	仲間	Kamerad	47

nagame	眺め	Aussicht	24
naku	泣く	weinen	39
nakunaru	なくなる	sterben, verschwinden	37
nasaru	なさる	tun, machen *(höhere Stufe)*	46
naze	なぜ	warum?	33
natsu	夏	Sommer	30
-nado *(nach Substantiv)* ···など		diese Art von Sachen	33,3
namae	名前	Personenname	36
nara *(nach Substantiv)* なら		es handelt sich um	29
narabu	並ぶ	Schlange stehen	39
narita	成田	NARITA *(Ortsname)*	27
naru	なる	werden	22
nan / nani	何	was?	2
nanika	何か	etwas	34
nanimo *(+ Verneinung)* 何も		nichts	24
nante	なんて	das, was man nennt, was heißt	43

NI

ni	に	[Ortsangabe], [Ziel], [umstandswörtlich] [ustw]	4,14
ni	に	[Aufzählung]	16
ni	に	[Passiv Konstruktion]	35
ni	二	zwei	24
niku	肉	Fleisch	9
nikkô	日航	Japan Air Lines	27
nishi	西	Westen	30
nitchû	日中	Mittag	30
nichiyôbi	日曜日	Sonntag	16
nihon	日本	JAPAN	18

nimotsu	荷物	Gepäck	27
nyûin (suru)	入院(する)	ins Krankenhaus eintreten	23
nyûgaku (suru)	入学(する)	in eine Schule eintreten	38
nyûkyo (suru)	入居(する)	beziehen *(Haus)*	34
nyûsu	ニュース	Nachrichten *(Radio, Fernsehen)*	10
niru	似る	ähnlich sehen	39
niwa	庭	Garten	34
- nin	…人	*um Personen zu zählen*	47

NE

ne	ね	[übereinstimmend] [ü.einst.]	1
negai	願い	Frage	45
nemui	眠い	schläfrig sein	39
neru	寝る	schlafen	11
- nen	…年	Jahr *(Datum oder Dauer)*	15
- nenkan	…年間	Jahr *(Dauer)*	37
nendai	年代	Periode	40

NO

no	の	[Beziehungswort] [Bzw]	4
no	の	[Frage]	29
no	の	[ersetzend]	38
no	の	die Tatsache, daß	47
nokoru	残る	bleiben	45
node	ので	weil	31,33
noni	のに	obwohl	41
nomi no ichi	のみの市	Flohmarkt	17
nomu	飲む	trinken	3

noru	乗る	einsteigen 31

HA

hai	はい	ja 4
ha	葉	Blatt eines Baumes 48
- hai	…杯	*um volle Gläser zu zählen* 37
hairu	入る	eintreten, hineingehen 5
hakanai	はかない	flüchtig sein 48
hako	箱	Schachtel 17
hakozaki	箱崎	HAKOZAKI *(Ortsname)* 27
hagaki	葉書	Postkarte 22
hashi	箸	Eßstäbchen 9
hashiru	走る	laufen, fahren 32
hajimete	初めて	zum ersten Mal 39
hajimeru	始める	beginnen, eröffnen 47
hataraku	働く	arbeiten 11
hachi	八	acht 32
hatsuon	発音	Aussprache 35
hate	果て	äußerster Rand, Ende 43
hanashi	話	Geschichte 25
hanasu	話す	sprechen, erzählen 33
hanareru	離れる	entfernt sein 44
happi.endo	ハッピ・エンド	Happy-End, guter Ausgang 43
hayai	早い	früh sein 27
		schnell sein 32
hayaku	早く	schnell 1
harau	払う	zahlen 32

haru	春	Frühling	26
- han	…半	- und halb	30

HI

hi	日	Sonne, Tag	30
hikaeru	控える	enthalten	46
hikari	光	Licht	30
hikôki	飛行機	Flugzeug	27
hikôjô	飛行場	Flughafen	27
higure	日暮れ	Tagesende	48
hitsuyô	必要	notwendig	34
hito	人	Mensch	19
hitobito	人々	die Leute	37
hitori	一人	eine Person	44
hitori de	一人で	allein	47
hidari	左	links	17
hima	暇	freie Zeit	26
hyaku	百	hundert	22
hiraku	開く	öffnen	45
hirune	昼寝	Siesta	30
hîrô	ヒーロー	Held *(Film)*	43

FU

fû	風	Art und Weise	48
fasshon.moderu	ファッション・モデル	Mannequin	25
fueru	増える	vergrößern	45
fôku	フォーク	Gabel	9

fuku	吹く	blasen	47
futatsu	二つ	zwei *(Gegenstände)*	27
futari	二人	zwei Personen	15
fuchi	縁	Rand, Bord	31
futsû	普通	gewöhnlich	45
futsuka	二日	zwei Tage	45
fudôsanya	不動産屋	Immobilienmakler	34
fuyu	冬	Winter	45
furansu	フランス	FRANKREICH	13
furu	降る	fallen *(Regen, Schnee)*	31
furui	古い	alt sein	17
furoa	フロア	Stockwerk	44
fun	分	Minute	24

HE

heimín	平民	Volk	36
heiwa	平和	Frieden	18
heya	部屋	Zimmer	44
hen	辺	Umgebung	20

HO

hô	方	Seite, Richtung	32
hoeru	吠える	brüllen	39
hoka	他	andere	41
hoshi	星	Stern	43
hoshii	ほしい	gewünscht sein, erwünscht sein	34
hoteru	ホテル	Hotel	44
hotondo	ほとんど	fast alle, fast total	36

hômu.dorama	ホーム・ドラマ	Fernsehserie	10
hon	本	Buch	4
hontô	本当	wirklich	19
honya	本屋	Buchhandlung	18

BA

bâ	バー	Bar	11
bakkin	罰金	Strafe	32
bâgen	バーゲン	Ausverkauf	31
baggu	バッグ	Reisetasche	27
basu	バス	Bus	6
ban	晩	Abend	26

BI

bioron	ビオロン	Geige	48
byôin	病院	Krankenhaus	46
byôki	病気	Krankheit	41
biru	ビル	Gebäude	24,32
bîru	ビール	Bier	3
-bin *(nach Ziffer)*	…便	*Flugnummer*	27

BU

buke	武家	Krieger	36
bun	分	Teil	34

BE

beddo	ベッド	Bett	46
benri	便利	praktisch	24

BO

boku	僕	ich, mir, mich *(Männer)*	20
bôken	冒険	Abenteuer	43

PA

pato.kâ	パト・カー	Polizeiauto	32
pan	パン	Brot	3
panda	パンダ	Pandabär	39

PI

piano	ピアノ	Klavier	29
pikunikku	ピクニック	Picknick	16
pînattsu	ピーナッツ	Erdnüsse	39

PE

pea	ペア	Paar	31
pêji	ページ	Seite	25

MA

- mai	…枚	*um dünne Gegenstände zu zählen*	22
maiasa	毎朝	jeden Morgen	30
maido (arigatô gozaimasu)	毎度(ありがとう ございます)	(danke) für jedes Mal	18
mainichi	毎日	jeden Tag	37
mae	前	vor *(örtlich und zeitlich)*	13,1
magaru	曲がる	abbiegen	20
mâjan	マージャン	Mah-Jong	41
massugu	まっすぐ	geradeaus	20
mazu	先ず	zuerst	6
mata	また	wiederum	9

mattaku	全く	völlig, ganz, genau	48
matsu	待つ	warten	13
mada	まだ	noch nicht *(+ Verneinung)*	2
made	まで	bis	6,7
mamoru	守る	erhalten	43
man	万	zehntausend	17

MI

mieru	見える	sichtbar sein	8
mikka	三日	drei Tage	20
mikan	みかん	Mandarine	16
migi	右	rechts	17
mise	店	Geschäft	6,19
miseru	見せる	zeigen	17
mizu	水	kaltes Wasser	31
- mitai	…みたい	das ist wie	48
michi	道	Straße, Weg	20
mitsukaru	みつかる	gefunden worden sein	24
mitsukoshi	三越	MITSUKOSHI *(Eigenname)*	31
mina/minna	皆	alle	36
mimi	耳	Ohr	39
miyage	みやげ	Geschenk	6
myôji	苗字	Familienname	36
miru	見る	anschauen, sehen	2

MU

mukai	向かい	gegenüber	24
mukaeru	迎える	entgegengehen	27

mukashi	昔	früher	36
mukô	向こう	gegenüber, dort	39
mushamusha	むしゃむしゃ	*eine Art zu kauen*	39
musuko	息子	mein Sohn	26
musuko san	息子さん	Ihr Sohn	23
muzukashii	むずかしい	schwierig sein	32
munashii	空しい	leer sein	48
mura	村	Dorf	30
muri	無理	unvernünftig	19

ME

- me	…目	(…) ste	31
me	目	Auge	39
- mei	…名	*um Personen zu zählen (offiziell)*	44
meibutsu	名物	Spezialität	30
megane	眼鏡	Brille	8
meguro	目黒	MEGURO *(Ortsname)*	6
mezurashii	めずらしい	selten sein	41

MO

mo	も	auch	6
mô	もう	schon	25
mokuyôbi	木曜日	Donnerstag	39
moshimoshi	もしもし	hallo	27
môsu	もうす	heißen, sagen *(höhere Stufe)*	15
motsu	持つ	besitzen, haben	4
moto	元	Basis	40
motto	もっと	mehr	19

modoru	戻る	umkehren	32,35
mono	物	Sache, Gegenstand	17
monogatari	物語	Erzählung	4
moppara	もっぱら	hauptsächlich	47
morau	もらう	erhalten	31
mondai	問題	Problem	46

YA

yakusoku	約束	Verabredung	13
yakeru	焼ける	brennen	30
yasui	安い	billig sein	31
yasumi	休み	Urlaub	30
yasumu	休む	sich ausrasten	46
yachin	家賃	Miete	24
yatto	やっと	endlich	24
yama	山	Berg	36
yameru	やめる	aufhören, verlassen, aufgeben	5
yaru	やる	machen *(familiär)*	17

YU

yûgata	夕方	Abend	33
yukkuri	ゆっくり	langsam, ruhig	39
yûbin	郵便	Kurier	22
yûbinkyoku	郵便局	Postamt, Post	22
yûmei	有名	berühmt	37
yûyake	夕焼	Dämmerung	48
yûryô	有料	zahlend	32

YO

yo	よ	[behauptend]	2
yo	世	Welt	48
yô	よう	Art und Weise	48
yoku	よく	gut, wohl	8
yoku	よく	oft	10
yokujitsu	翌日	nächster Tag	45
yoko	横	Seite	31
yô koso irasshaimashita ようこそ いらっしゃいました		willkommen	40
yosan	予算	Budget	32
yôchien	幼稚園	Kindergarten	24
yotei	予定	Vorhersehung	45
yonaka	夜中	Nacht	11
yôfuku	洋服	Kleidung	4
yopparau	酔っ払う	betrunken sein	48
yoyaku	予約	Reservierung	44
yori	より	*(Adjektiv + -er)* als	19
yoru	よる	vorbeigehen an	31
yoru	夜	Abend, Nacht	11
yoroshii	よろしい	gut sein *(höhere Stufe)*	23
yon / yo	四	vier	24,

RA

raion	ライオン	Löwe	39
raigetsu	来月	nächster Monat	44
raishû	来週	nächste Woche	23
rainen	来年	nächstes Jahr	26

rakuda	らくだ	Gemse 39
rajio	ラジオ	Radio..................... 47

RI

rishi	利子	Interesse 45
ribingu	リビング	Wohnzimmer 34
rimujin.basu	リムジン・バス	
		Autobus 27
ryôkin	料金	Preis, Tarif 22
ryokô	旅行	Reise 31
ryôshin	両親	die beiden Eltern, Vater und Mutter 39
ryôri	料理	Küche *(Zubereitung der Speisen)*... 9
ringo	りんご	Apfel 3

RU

rusu	留守	Abwesenheit 18

RE

reikin	礼金	Gebühren 34
reitô	冷凍	Tiefkühlung 48
rekôdo	レコード	Schallplatte 47
resutoran	レストラン	Restaurant 46
renshû	練習	Übung 1,47

RO

roku	六	sechs 30
roketto	ロケット	Rakete 43
robotto	ロボット	Roboter 40

romantikku ロマンティック romantisch 48

WA

wa	は	[Verstärkung] [Vstk.] 11
wa	は	[Hinweis] 15
wa	わ	[abschwächend] 27
wakaru	わかる	verständlich sein................ 1
wakareru	別れる	getrennt sein 34
wakusei	惑星	Planet 43
wake	わけ	Grund 36
washitsu	和室	japanisches Zimmer............ 34
wasureru	忘れる	vergessen 8
watakushi, watashi	私	ich, mir, mich................. 9,12
watakushidomo	私供	wir *(offiziell)* 40
watashitachi	私達	wir............................ 39
wataru	渡る	durchqueren 36
warui	悪い	schlecht sein, böse sein......... 19
warumono	悪者	ein Bösewicht.................. 43

LITERATURHINWEISE

Sie möchten Ihr Studium der japanischen Sprache fortsetzen oder mehr über die japanische Sprache, über Land und Leute erfahren?

Dann finden Sie hierfür in der folgenden Literaturliste bestimmt das Richtige!

Zum Weiterlernen

Garnier, Catherine; Mori, Toshiko:
Japanisch ohne Mühe Band 2.
Deutsche Übersetzung und Bearbeitung von Dorothea McEwan.
Assimil Verlag 1990.
ISBN 978-2-7005-0151-3.

Dies ist der zweite Band und damit die Fortsetzung des Bandes 1 von „Japanisch ohne Mühe". Er umfasst die Lektionen 50–99 sowie das Gesamtwörterverzeichnis der Bände 1 und 2. Arbeitsweise und Aufbau sind identisch mit Band 1. In „Japanisch ohne Mühe (Band 2)" erlernen Sie ca. 1.000 weitere Vokabeln. Zu diesem Lehrbuch sind Tonaufnahmen auf vier Audio-CDs erhältlich (ISBN 978-3-89625-149-7).

Garnier, Catherine; Mori, Toshiko:
Japanisch ohne Mühe – Die Kanji-Schrift. Deutsche Übersetzung und Bearbeitung von Dorothea McEwan.
Assimil Verlag 1991.
ISBN 978-2-7005-0152-0.

In diesem Buch finden Sie neben vielen interessanten Details zur Geschichte und Entwicklung der Kanji-Schrift sowie den verschiedenen Lesarten ausführliche Informationen zur Bedeutung der ca. 1.000 Kanji-Zeichen aus den Bänden 1 und 2 von „Japanisch ohne Mühe", genaue Strich-für-Strich-Anleitungen für die Schreibung aller Zeichen sowie zahlreiche Wortspiele.

Sprachführer

Lutterjohann, Martin:
Japanisch – Wort für Wort.
Band 6. RKH-Verlag Bielefeld.
ISBN: 978-3-8317-6485-3.

Wer sechs Jahre lang täglich drei Stunden Schriftzeichen (kanji) paukt, so sagt man, kann dann endlich mit Hilfe eines Wörterbuchs japanische Tageszeitungen lesen. Das klingt in der Tat reichlich kompliziert. Wem es aber genügt, Japanisch zu sprechen, wird feststellen, dass das mit Hilfe dieses völlig neuen Sprachführers gar nicht so schwierig ist.

Japanisch ist aufgrund der über 120 Millionen Bewohner des japanischen Archipels eine der großen Sprachen der Welt. Es rangiert in der Zahl der Sprecher noch vor dem Deutschen. Wegen der wirtschaftlichen Bedeutung Japans in Asien und der Welt, ist es heute an vielen ausländischen Schulen bereits Wahlfach und wird an Universitäten gelehrt. Andere Sprachen spielen in Japan keine wesentliche Rolle.

Lonely Planet Sprachführer Japanisch.
Mit Wörterbuch. 6. Auflage. Verlag MAIRDUMONT Ostfildern.
ISBN: 978-3-8297-2168-4.

Rein ins Land und rein in die Sprache – klein, aber fein ist der Lonely Planet Reise-Sprachführer „Japanisch". Cooles Design und handliches Format - der ideale Reisebegleiter für unterwegs mit Grundlagen, Schlüsselwörtern und Kernsätzen für den Alltag sowie „Oft zu hören"-Kästen und Redewendungen. Jedes Wort hat seine Entsprechung in Lautschrift und eingestreute Kulturtipps informieren über gesellschaftliche Besonderheiten. Für jeden Traveller ein absolutes Muss für die Reise – damit Sie niemals sprachlos unterwegs sind!

Landeskunde

Lutterjohann, Martin:
KulturSchock Japan.
12. neu bearb. u. aktual. Auflage
RKH-Verlag Bielefeld 2017.
ISBN: 978-3-8317-2971-5.

Japan – das ruft Bilder von Kirschblüten, dem schneebedeckten Vulkan Fuji, Samurais und Geishas hervor. In dieses von natürlicher Schönheit und Tradition geprägte Japan-Bild mischen sich Markenzeichen, Firmennamen, Hightech-Produkte und unsere Vorstellungen von der Metropole Tokyo mit ihrer Dichte und Geschäftigkeit. Dieser Band beleuchtet diese für uns Außenstehende verwirrend wirkenden Gegensätze. Er legt Denk- und Verhaltensweisen der Einwohner dar, erklärt geschichtliche, religiöse und soziale Hintergründe und bietet somit eine Brücke zum besseren Verständnis und zum staunenden Beobachten.

Familienleben, Moralvorstellungen und Anstandsregeln werden ebenso erläutert wie Umgangsformen, religiöse Gebote oder Tischsitten. Der Autor, der mehrere Jahre in Japan gelebt hat und mit einer Japanerin verheiratet ist, beschreibt die Geheimnisse der japanischen Denk-, Sicht- sowie Lebensweise und nennt Verhaltensregeln, die jeder beherzigen sollte, ob er nun als Tourist oder als Geschäftsreisender ins Land kommt.

Ebenfalls bei Assimil erschienen

Philippe Kantor: **Chinesisch ohne Mühe**.

Band 1: Assimil Verlag Köln 1995/2020.
ISBN 978-2-7005-0177-3.

Band 2: Assimil Verlag Köln 1994.
ISBN 978-2-7005-0178-0.

Zweibändiger Komplettsprachkurs für Anfänger und Wiedereinsteiger mit 105 Lektionen, der die Niveaustufen A1-B2 des Europäischen Referenzrahmens für Sprachen umfasst. Nach der bewährten Assimil-Methode führt der Kurs in das moderne Hochchinesisch ein und vermittelt ca. 800 chinesische Zeichen. Tonaufnahmen auf Audio-CDs (für Band 1 auch auf MP3-CD) erhältlich.

Philippe Kantor:
Die chinesische Schrift.
Assimil Verlag Köln 1995,
ISBN 978-2-7005-0179-7.

Das Buch gibt anhand der ca. 800 gebräuchlichsten Schriftzeichen der modernen chinesischen Sprache, die aus den 105 Lektionen des Kurses „Chinesisch ohne Mühe" stammen, eine Einführung in die chinesische Schrift mit Angabe des Radikals jedes Schriftzeichens und dessen Bedeutung sowie einer Strich-für-Strich-Anleitung zum Schreiben der Zeichen. Mit diesem Buch können Sie auch lernen, ohne den Kurs durchzuarbeiten – alles, was Sie benötigen, ist kariertes Papier und ein geeignetes Schreibinstrument.

Đỗ Thế Dũng, Lê Thanh Thủy:
Vietnamesisch ohne Mühe.
Assimil Verlag Köln 2001/2015.
ISBN 978-3-89625-009-4.

Dieser progressiv aufgebaute ASSiMiL-Selbstlernkurs bietet Ihnen einen leichten Einstieg in die vietnamesische Sprache und ermöglicht es Ihnen, in 63 Lektionen umfassend die Grundlagen des Vietnamesischen und einen Wortschatz von ca. 1.100 Vokabeln zu erlernen. Am Ende erreichen Sie das sprachliche Niveau der Stufe B1, was ungefähr 4–5 Semestern VHS entspricht. Der Sprachkurs richtet sich an Einsteiger, die die vietnamesische Sprache gerade erst für sich entdeckt haben sowie an Fortgeschrittene, die ihre Kenntnisse auffrischen und vertiefen möchten. Die in den Lektionen vermittelten Strukturen und der erlernte Wortschatz machen Sie fit für die Kommunikation mit Vietnamesen in vielen Alltagssituationen. Ergänzend zum Lehrbuch gibt es Tonaufnahmen auf Audio-CDs.

Weitere Informationen finden Sie auf **www.assimilwelt.com**.

Persönliche Notizen:

Persönliche Notizen:

KATAKANA

A ア	I イ	U ウ	E エ	O オ
KA カ	KI キ	KU ク	KE ケ	KO コ
GA ガ	GI ギ	GU グ	GE ゲ	GO ゴ
SA サ	SI シ	SU ス	SE セ	SO ソ
ZA ザ	JI ジ	ZU ズ	ZE ゼ	ZO ゾ
TA タ	CHI チ	TSU ツ	TE テ	TO ト
DA ダ	JI ヂ	ZU ヅ	DE デ	DO ド
NA ナ	NI ニ	NU ヌ	NE ネ	NO ノ
HA ハ	HI ヒ	FU フ	HE ヘ	HO ホ
BA バ	BI ビ	BU ブ	BE ベ	BO ボ
PA パ	PI ピ	PU プ	PE ペ	PO ポ
MA マ	MI ミ	MU ム	ME メ	MO モ
YA ヤ		YU ユ		YO ヨ
RA ラ	RI リ	RU ル	RE レ	RO ロ
WA ワ				(W)O ヲ
		N ン		

次に大切な事は続けることです。